im
Unternehmen A1

Kurs- und Übungsbuch

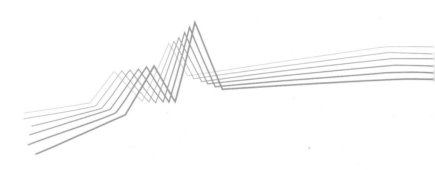

Ilse Sander
Andreea Farmache
Regine Grosser
Claudia Hanke
Viktoria Ilse
Klaus F. Mautsch
Daniela Schmeiser
Udo Tellmann

Ernst Klett Sprachen
Stuttgart

Symbole in DaF im Unternehmen A1:

▶ 1|4	Verweis auf CD und Tracknummer
› G: 1.2	Verweis auf den entsprechenden Abschnitt in der Grammatik zum Nachschlagen
› ÜB: A2	Verweis auf die passende Übung im Übungsbuch
› KB: A2b	Verweis auf die passende Aufgabe im Kursbuch
Ⓖ	Grammatikregel
Ⓐ	Ausspracheregel
Ⓩ	Zusatzübung
📽 Film|1	Verweis auf einen Film auf DVD oder im Netz

Alle Hörtexte und Filme als Audio-CD bzw. DVD im Medienpaket
und gratis auf: **www.klett-sprachen.de/daf-im-unternehmen-online**

1. Auflage   1 ⁵ ⁴ ³ ² ¹ | 2019 18 17 16 15

© Ernst Klett Sprachen GmbH, Stuttgart 2015. Alle Rechte vorbehalten.
Internetadresse: www.klett-sprachen.de/daf-im-unternehmen

Autoren: Ilse Sander, Andreea Farmache, Regine Grosser, Claudia Hanke,
Viktoria Ilse, Klaus F. Mautsch, Daniela Schmeiser, Udo Tellmann
Fachliche Beratung: Radka Lemmen
Beratung (Österreich): Edit Hackl (Lienz)
Beratung (Schweiz): Andrea Frater-Vogel (Schaffhausen)

Redaktion: Angela Fitz-Lauterbach, Iris Korte-Klimach
Layoutkonzeption und Herstellung: Alexandra Veigel
Gestaltung und Satz: Jasmina Car
Illustrationen: Juan Carlos Palacio
Umschlaggestaltung: Anna Wanna
Reproduktion: Meyle + Müller GmbH + Co. KG, Pforzheim
Druck und Bindung: Druckerei A. Plenk KG, Berchtesgaden
Printed in Germany

978-3-12-676440-7

DaF im Unternehmen führt in vier Bänden von A1 bis B2. Es richtet sich an Lernende, die aus beruflichen Gründen Deutsch lernen wollen, weil sie bereits in Deutschland, Österreich oder der Schweiz arbeiten, dort später arbeiten wollen oder mit deutschsprachigen Geschäftspartnern zu tun haben. Es eignet sich auch für junge Erwachsene, die noch nicht im Berufsleben stehen, aber wirtschaftsbezogenes Deutsch lernen wollen, weil es ihnen in ihrem beruflichen Werdegang nützlich sein könnte.

DaF im Unternehmen vermittelt eine umfassende Handlungsfähigkeit am Arbeitsplatz, indem es von der ersten Lektion an grundlegende berufliche Kompetenzen und Kommunikationssituationen trainiert. Im Fokus steht die handlungsorientierte Vermittlung wichtiger sprachlicher und berufsbezogener Fertigkeiten, wie z. B. geschäftliche E-Mails verstehen und schreiben, sich mit Kollegen austauschen oder seine Firma vorstellen. Da es für die Lernenden aber auch immer ein Leben außerhalb der Arbeitswelt gibt, werden auch Sprachkenntnisse vermittelt, die man benötigt, um sich in alltäglichen Situationen zurechtzufinden, wie z. B. nach dem Befinden fragen und reagieren, Small-Talk-Gespräche über Wetter, Familie, Hobbys bzw. Urlaub führen oder im Restaurant bestellen und bezahlen.

🎬 Film | 1 Darüber hinaus informiert **DaF im Unternehmen** über existierende Firmen in Deutschland, Österreich und der Schweiz. Jeder Band enthält drei **Firmenporträts** – diese umfassen jeweils einen Film des Unternehmens sowie eine Doppelseite im Kursbuch mit Informationen zur Firma und Aufgaben zum Film. Die Filme finden Sie alle auf der DVD im Medienpaket sowie gratis online unter:
www.klett-sprachen.de/daf-im-unternehmen-online

DaF im Unternehmen A1 ist für Anfänger ohne Vorkenntnisse geeignet. Es besteht aus einem Kursbuch- und Übungsbuchteil mit je zehn Lektionen. Jede **Kursbuchlektion** ist in fünf Doppelseiten (A bis E) untergliedert, wovon vier (A bis D) jeweils einen thematischen Teil umfassen. Am Ende der Doppelseite D befindet sich der Abschnitt „Aussprache" mit für die Kommunikation relevanten Ausspracheübungen. Auf der Doppelseite E „Schlusspunkt" findet man auf der linken Seite kleine Szenarien, die die Möglichkeit bieten, die in der Lektion vermittelten kommunikativen Fertigkeiten in realistischen Rollenspielen selbstständig anzuwenden. Auf der rechten Seite ist der Lernwortschatz der jeweiligen Lektion aufgelistet.

Jede **Übungsbuchlektion** umfasst acht Seiten. Hier werden der Lektionswortschatz, die Redemittel und die Grammatik in sinnvollen Zusammenhängen geübt. Im Unterschied zum Kursbuch sind die vier Lerneinheiten (A bis D) unterschiedlich lang, je nachdem wie viel Übungsmaterial der Lernstoff in der Kursbuchlektion erfordert. Das Übungsmaterial ist dabei so aufbereitet, dass es in Heimarbeit erarbeitet werden kann, weshalb die Lösungen zu den Übungsbuchlektionen auch im Anhang zu finden sind. Übungen, die mehr in die Tiefe gehen oder bestimmte Aspekte besonders hervorheben, sind mit **Z** für Zusatzübung gekennzeichnet. Diese Übungen können Lernende, die nicht so viel Zeit für die Heimarbeit haben, zur Not überspringen. Bei Themen, die nur im Übungsbuch vorkommen, steht im Inhaltsverzeichnis der Hinweis: ÜB. Am Ende der siebten Seite befindet sich der Abschnitt „Rechtschreibung" mit kleinen Übungen zu Orthographie. Je nach Ausprachethema in der Lektion korrelieren diese miteinander. Jede Übungslektion endet mit der Seite „Grammatik im Überblick", auf der der Grammatikstoff der jeweiligen Lektion zusammengefasst ist.

Der Zusammenhang von Kurs- und Übungsbuch wird durch klare Verweise verdeutlicht.
› ÜB: A2 Hier wird im Kursbuch z. B. auf die Übungssequenz 2 im Teil A der Lektion im Übungsbuch verwiesen.
› KB: A2b Im Übungsbuch wiederum gibt es einen Rückverweis auf das Kursbuch, hier z. B. auf die Aufgabe 2b im Teil A.

Der Anhang enthält Wechselspiele in Form von **Datenblättern** für Partner A und Partner B, welche ein weiteres Angebot darstellen, seine kommunikativen Kompetenzen spielerisch zu trainieren. Darüber hinaus befindet sich im Anhang eine ausführliche **Grammatik zum Nachschlagen**.

› G: 1.2 Passend findet man bei jeder Grammatikaufgabe im Kurs- oder Übungsbuch einen Abschnittsverweis auf die entsprechende Erklärung in der Grammatik zum Nachschlagen, hier z. B. auf den Abschnitt 1.2.

▶ 1 | 4 Zu **DaF im Unternehmen A1** gibt es zwei Audio-CDs im Medienpaket. Bei den **Hörtexten** ist die passende CD samt Tracknummer angegeben, hier z. B. CD 1, Track 4. Darüber hinaus finden Sie alle Hörtexte gratis online unter:
www.klett-sprachen.de/daf-im-unternehmen-online

Das Autorenteam und der Verlag wünschen Ihnen viel Spaß und Erfolg bei der Arbeit mit **DaF im Unternehmen**!

Inhaltsverzeichnis

Wortschatz	Grammatik	Aussprache	Rechtschreibung	KB-S.	ÜB-S.
– Namen von Ländern, Kontinenten – Alphabet – Berufe – Zahlen: 1 bis 10 – Namen- und Adressinformationen – Kurssprache (ÜB)	– Aussagesätze – W-Fragen – Ja- / Nein-Fragen – Konjugation: erste Verben im Präsens (ich, du, er / sie, Sie)	– Satzmelodie in kurzen Aussagesätzen, W-Fragen und Ja- / Nein-Fragen	– Wortgrenzen erkennen – entscheiden, ob Groß- oder Kleinschreibung	8	114
– Abteilungen und Funktionen – Zahlen: 11 bis eine Billion – Länder, Staatsangehörigkeiten und Sprachen (ÜB) – Prozentzahlen	– bestimmter Artikel im Nominativ – Pluralbildung (ÜB) – Komposita (ÜB) – Konjugation im Präsens – Personalpronomen im Nominativ – Position von Subjekt in Aussagesätzen („Inversion")	– Rhythmus in Wort und Satz	– Zahlen als Wörter schreiben	18	122
– Büromöbel und Bürobedarf – Farben – Firmeninformationen	– Unterschied von bestimmtem und unbestimmtem Artikel – Konjugation von „haben" im Präsens – Akkusativergänzung – Nullartikel – Fragewort „Welch-?" im Nominativ (ÜB)	– Satzakzent in kurzen Sätzen	– Fehler korrigieren	28	130
				38	
– Uhrzeiten (offiziell und inoffiziell) – Tageszeiten – Wochentage – Monate – Jahreszeiten – Ordinalzahlen – Jahreszahlen (ÜB)	– Negation mit „nicht" und „kein-" – temporale Präpositionen – Personalpronomen im Akkusativ – Konjunktionen: aber, denn, und, oder	– Satzakzent und Satzmelodie	– Fragen und Antworten zu Terminen ergänzen	40	138
– Firmenbereiche und -abteilungen – Tätigkeiten – Bewertungen	– Satzklammer bei Modalverben – Modalverben im Präsens: dürfen, können, müssen, wollen, möchte- – Orts- und Terminangaben mit „in" und „an" – Konjugation von „haben" und „sein" im Präteritum	– kurze und lange Akzentvokale	– reflektieren, warum man Wörter kurz oder lang spricht	50	146

Inhaltsverzeichnis

Wortschatz	Grammatik	Aussprache	Rechtschreibung	KB-S.	ÜB-S.
– Gerichte und Getränke – Bestellung und Bezahlung im Restaurant – Wetter – Familie – Hobbys	– Possessivartikel im Nominativ / Akkusativ (ÜB) – Modalverb „mögen" (ÜB) – Verben mit Vokalwechsel im Präsens	– kurzes und langes „e" und „i"	– „e", „eh", „a" oder „ah" einfügen	60	154
				70	
– Wegbeschreibung – Verkehrsmittel – Leistungen beim Umzug	– Verben mit trennbarer Vorsilbe im Präsens – Sätze mit Modalverben und trennbaren Verben – formeller Imperativ mit „Sie" – informeller Imperativ im Singular und Plural – lokale Präpositionen (ÜB)	– Wortakzent bei Verben mit trennbarer Vorsilbe im Präsens	– Imperativformen verstehen und notieren	72	162
– Maschinenbau – Festorganisation – Aktivitäten im Sommerurlaub	– temporale Präpositionen „ab", „seit" – Vorschläge mit „Sollen wir", „Wollen wir …?", „Soll ich …?" – Modalverb „sollen" – Perfekt: regelmäßige und unregelmäßigen Verben mit „sein" – Perfekt: Satzklammer	– R-Laute: konsonantisches und vokalisches „r"	– Fremdwörter schreiben	82	170
– Abteilungen und Tätigkeiten – Reisekostenabrechnung – Computerbefehle	– Perfekt: Verben mit „haben" – Perfekt: Verben mit trenn- und untrennbarer Vorsilbe – Demonstrativartikel / -pronomen (ÜB) „dies-": Nominativ und Akkusativ – Demonstrativpronomen „der", „das", „die": Nominativ und Akkusativ – Fragewort „Welch-?" (ÜB)	– Wortakzent bei Verben mit trenn- und untrennbarer Vorsilbe im Perfekt	– von Verben Infinitiv und Partizip Perfekt schreiben	92	178
				102	
– Reiseverbindungen – Wetter – Kleidung – Firmenentwicklung – Frühstück	– „nicht / kein- (ÜB) …, sondern" – Modalverben im Präteritum	– kurze und lange Umlaute	– Umlaute und Vokale einfügen	104	186

Lösungen zum Übungsbuch | 225   **Transkriptionen zum Übungsbuch** | 234

A Herzlich willkommen!

1 Ich heiße ...

a **Betrachten Sie das Foto. Wo sind die Personen? Kreuzen Sie an.**

    a. ☐ Im Café.   b. ☐ Im Büro.

b ▶ 1|1 **Hören und lesen Sie das Gespräch in 1c.**

c **Hören Sie das Gespräch noch einmal und ergänzen Sie.** › ÜB: A1

> Ich heiße | ich bin | Ich komme aus | Ich komme aus | Mein Name ist

▶ Guten Tag. Ich bin der Praktikanten-Mentor bei TELD-Tec.
Ich heiße Axel Berg und komme aus Österreich.
Und wie heißen Sie?

▶ Guten Tag. [1] _Ich heiße_ Michèle Morel.

▶ Und woher kommen Sie?

▶ [2] _____ Frankreich.

▶ Danke, und wer sind Sie?

▶ Guten Tag. [3] _____ Paula Arias.

   [4] _____ Peru.

▶ Und [5] _____ George Peters
aus England.

▶ Und ich bin Wang Lu aus China.

▶ Vielen Dank. Und herzlich willkommen!

2 Grammatik auf einen Blick: Wortstellung – W-Fragen und Antworten › G: 1.1

a Lesen Sie die Sätze und markieren Sie die Verben.

W-Fragen:

Position 1	Position 2	
Wie	heißen	Sie?
Woher	kommen	Sie?
Wer	sind	Sie?

Antworten:

Position 1	Position 2	
Ich	heiße	Michèle Morel.
Ich	komme	aus Frankreich.
Ich	bin	George Peters.

b Lesen Sie die Sätze in 2a noch einmal und ergänzen Sie. › ÜB: A2

1. W-Fragen → Verb: Position _____
2. Antworten / Aussagesätze → Verb: Position _____

Ⓖ

3 Woher kommen Sie?

Zeichnen Sie Ihr Land. Fragen und antworten Sie. › ÜB: A3

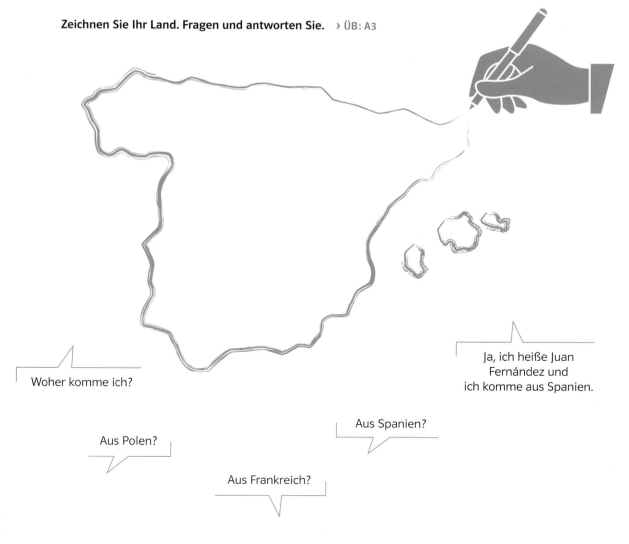

Woher komme ich?

Aus Polen?

Aus Frankreich?

Aus Spanien?

Ja, ich heiße Juan Fernández und ich komme aus Spanien.

TIPP

Ich komme …
  aus Argentinien.
  aus China.
  aus Deutschland.
  aus England.
  aus Frankreich.
  aus Italien.
  aus Japan.
  aus Österreich.
  aus Peru.
  aus Polen.
  aus Russland.
  aus Spanien.
  aus Südafrika.

Aber:
Ich komme …
  aus (dem) Irak.
  aus (dem) Iran.
  aus der Schweiz.
  aus der Türkei.
  aus den USA.
  aus den Niederlanden.

B Guten Tag, das ist...

1 Das ist Michèle Morel

a **Lesen Sie Gespräch 1 und 2 und ergänzen Sie.**

> wie heißt du | woher kommen Sie | woher kommst du

Gespräch 1

> ▶ Grüß Gott Herr Schneider. Das ist Michèle Morel, die Praktikantin. Sie kommt aus Frankreich.
> ▶ Guten Tag Frau Morel, ich bin Ralf Schneider.
> ▶ Guten Tag Herr Schneider.
> ▶ Und [1] _____ aus Frankreich?
> ▶ Ich komme aus Lyon.

Gespräch 2

> ▶ Ah, Bernd! Das ist die Praktikantin.
> ▶ Hallo, mein Name ist Bernd und [2] _____ ?
> ▶ Ich heiße Michèle.
> ▶ Und [3] _____ ?
> ▶ Aus Frankreich, aus Lyon.

b ▷ 1|2–3 **Hören und lesen Sie Gespräch 1 und 2 in 1a. Ist alles richtig?**

TIPP

Sie → formell
du → informell

Guten Tag
→ formell in Deutschland, Österreich

Grüß Gott
→ formell in Süddeutschland, Österreich

Grüezi / Grüessech
→ formell in der Schweiz

Hallo
→ informell in Deutschland, Österreich

Hoi
→ informell in der Schweiz

2 Grammatik auf einen Blick: Verben › G: 1.2

a **Lesen Sie Gespräch 1 und 2 in 1a und markieren Sie die Verben „kommen", „heißen" und „sein".**

b **Ergänzen Sie.** › ÜB: B1

	kommen	heißen	sein
ich	komm-	heiß-	
du	komm-	heiß-	bist
er / sie	komm-t	heiß-t	ist
Sie (Sg. + Pl.)	komm-	heiß-en	sind

kommen

heißen

sein

3 Wie schreibt man ...?

▷ 1|4 **Hören Sie das Gespräch. Lesen Sie dann das Gespräch zu dritt.**

> ▶ Guten Tag Frau Fischer. Das ist die Praktikantin aus Frankreich.
> ▶ Guten Tag, ich bin Frau Fischer.
> ▶ Guten Tag Frau Fischer. Mein Name ist Michèle Morel.
> ▶ Mo...? Wie schreibt man das, bitte?
> ▶ Morel: M, o, r, e, l.
> ▶ Ah, vielen Dank.
> ▶ Äh, und wie schreibt man „Fischer"?

4 Das Alphabet

a ▶ 1|5 **Hören Sie das Alphabet und sprechen Sie.**

Aa	Bb	Cc	Dd	Ee	Ff	Gg	Hh	Ii
[a:]	[be:]	[tse:]	[de:]	[e:]	[ɛf]	[ge:]	[ha:]	[i:]
Jj	Kk	Ll	Mm	Nn	Oo	Pp	Qq	Re
[jɔt]	[ka:]	[ɛl]	[ɛm]	[ɛn]	[o:]	[pe:]	[ku:]	[ɛr]
Ss	Tt	Uu	Vv	Ww	Xx	Yy	Zz	
[ɛs]	[te:]	[u:]	[faʊ̯]	[ve:]	[ɪks:]	['ʏpsilɔn]	[tsɛt]	
ß	Ää	Öö	Üü					
[ɛstsɛt]	[ɛ:]	[ø:]	[y:]					

b **Sprechen Sie das Alphabet im Rhythmus. Jeder 3 Buchstaben.**

A   B   C   D   E   F   …

c **Buchstabieren Sie Ihren Namen. Der Kurs schreibt.** › ÜB: B2

Piotr Kowalski

> Ich heiße Piotr Kowalski.
> Piotr schreibt man P – i – o – t – r.
> Kowalski schreibt man
> K – o – w – a – l – s – k – i.

5 Ich bin, das ist … Und wer sind Sie?

Gehen Sie zu zweit im Kurs herum und spielen Sie Vorstellung.

▶ Guten Tag, ich bin … Ich komme aus … Und das ist … Er / Sie kommt aus …
▶ Guten Tag. Ich bin … und komme aus … Und das ist …
▶ Guten Tag. Und woher kommen Sie?
▶ Ich komme aus …

Guten Tag, ich bin Piotr Kowalski. Ich komme aus Polen. Und das ist …

Guten Tag. Und woher kommen Sie?

Ich komme aus …

Guten Tag. Ich bin Giovanna Bariello und komme aus Italien. Und das ist …

C Kommen Sie aus …?

1 Sind Sie …?

a ▶ **1 | 6–8 Hören und lesen Sie das Gespräch 1, 2 und 3.**

Gespräch 1

▷ Guten Tag. Ich heiße Axel Berg.
▷ Guten Tag. Ich bin Stéphanie Martin.
▷ Ah. Kommen Sie aus Frankreich?
▷ Nein. Ich komme aus der Schweiz, aus Genf.
▷ Ah, aus der Schweiz. Danke.

Gespräch 2

▷ Guten Tag. Ich bin Axel Berg. Sind Sie der Praktikant aus England?
▷ Ja. Ich komme aus London.
▷ Heißen Sie George Peter?
▷ Nein. Ich heiße George Peters.
▷ Ah, o.k.

Gespräch 3

▷ Hallo. Ich bin Axel Berg.
▷ Hallo, mein Name ist Paula Arias.
▷ Ah, die Praktikantin aus Peru? Sind Sie aus Lima?
▷ Nein. Ich bin aus Puno.
▷ Aha.

b **Lesen Sie das Gespräch 1, 2 und 3 noch einmal und notieren Sie: Name, Land, Stadt.**

Name: *Stéphanie Martin*
Land: *Schweiz*
Stadt: *Genf*

Name: _____
Land: _____
Stadt: _____

Name: _____
Land: _____
Stadt: _____

2 Grammatik auf einen Blick: Wortstellung – Ja- / Nein-Fragen und Antworten › G: 1.1

a **Lesen Sie das Gespräch 1, 2 und 3 in 1a noch einmal und markieren Sie die Fragen und die Antworten.**

b **Notieren Sie die Fragen und Antworten aus 1a und markieren Sie die Verben.**

Ja- / Nein-Fragen:

Position 1	Position 2	
Kommen	Sie	aus Frankreich?
Sind	Sie	der Praktikant aus England?
Sind	Sie	aus Lima?

Antworten:

	Pos. 1	Position 2	
Nein.	Ich	komme	aus der Schweiz.
Ja.	Ich	komme	aus London.
Nein.	Ich	heiße	George Peters.

c Lesen Sie die Fragen und Antworten in 2b. Ergänzen Sie. › ÜB: C1

1. Ja- / Nein-Fragen → Verb: Position _____
2. Antworten / Aussagesätze → Verb: Position _____

Ⓖ

3 Ich bin ... von Beruf

a Berufe und Personen. Ordnen Sie die Fotos zu.
› ÜB: C2

___ Architektin

___ Ärztin

___ Bankkaufmann

___ Hotelfachfrau

___ Ingenieur

___ Journalistin

1 Koch

___ Lehrer

___ Maler

___ Sekretärin

Der Mann auf Foto 1 ist Koch.

Die Frau auf Foto 2 ist ...

b Spielen Sie die Berufe in 3a. Die anderen raten.

c Was sind Sie von Beruf? Sprechen Sie im Kurs.

Ich bin Informatiker (von Beruf). Und was machen Sie beruflich?

Ich bin Altenpflegerin.

D Mein Name ist ...

1 Daten von Axel Berg

a ▶ 1 | 9 **Hören Sie das Gespräch. Welche Zahlen hören Sie? Kreuzen Sie an.**

☐ 0 = null   ☐ 2 = zwei   ☐ 4 = vier   ☐ 6 = sechs   ☐ 8 = acht   ☐ 10 = zehn

☐ 1 = eins   ☐ 3 = drei   ☐ 5 = fünf   ☐ 7 = sieben   ☐ 9 = neun

b **Hören Sie das Gespräch noch einmal und ergänzen Sie.**

Name: *Axel Berg*   Telefonnummer: _____   Raumnummer: _____

c ▶ 1 | 10 **Hören Sie die Zahlen 0 bis 10 und sprechen Sie.** › ÜB: D1

2 Visitenkarten

a **Lesen Sie die Visitenkarte und ordnen Sie zu.** › ÜB: D2

Vorname   Familienname

Firmenname   Titel

Straße   Funktion

Postleitzahl   Hausnummer

Land   Stadt

Mobilfunknummer   Telefonnummer

E-Mail-Adresse   Internet-Adresse

> **TELD -Tec**
>
> **Axel Berg**, MBA   Schwarzstraße 7
> *Personalreferent*   D-55116 Mainz
>   Telefon +49.6131.98765
>   Mobil +49.173.323456
>   Axel.Berg@teld-tec-de.com
>   www.teld-tec.de

b **Lesen Sie die Visitenkarten und ergänzen Sie.**

> Bauingenieur | Graber | Hofgasse | 1020 Wien | bernd-dahm-bauen@xpu.de | + 41 61 – 9 78 65 |
> www.psychologie-praxis-agruber.at

Dr. Andrea _____
Psychologin

Steinstraße 9, A- _____
Tel. +43-1-46380, andrea-graber-praxis@xpu.at

Dipl.-Ing. Bernd Dahm

Mozartweg 10
D - 48143 Münster
Telefon 02 51 / 6 78 90
Mobil 0169 – 9345691
www.bauen-dahmundfunke.de

Alina Lüthi
webdesign

_____ 5b
CH-4051 Basel

📞 _____
werbung.aluethi@xpu.ch
www.werbedesign-luethi-basel.ch

c Wie heißt das Land?

Deutschland | Österreich | Schweiz

(A) _____ (CH) _____ (D) _____

d Und Ihr Land? Sammeln Sie im Kurs.

Mein Land: _____   Abkürzung: _____

e Fragen Sie und notieren Sie die Antworten. Partner A: Datenblatt A1, Partner B: Datenblatt B1.

f Nehmen Sie Ihre Visitenkarte oder schreiben Sie eine. Sprechen Sie im Kurs.

▶ Guten Tag. Mein Name ist …
▶ Danke, und hier ist meine Visitenkarte.
▶ Bitte, bitte. Auf Wiedersehen.

▶ Guten Tag. Ich bin … Hier ist meine Visitenkarte.
▶ Vielen Dank.
▶ Auf Wiedersehen.

Guten Tag. Mein Name ist Giovanna Bariello.

Guten Tag. Ich bin Nihat Celik und komme aus der Türkei. Hier ist meine Visitenkarte.

Aussprache

1 Satzmelodie

a ▷ 1 | 11 Hören Sie die Sätze und lesen Sie.

1. ▶ Woher kommen Sie?   ▶ Ich komme aus der Türkei.
2. ▶ Kommen Sie aus Russland?   ▶ Nein, ich komme aus Polen.

b Sprechen Sie die Sätze in 1a.

c ▷ 1 | 12 Hören Sie die Sätze. Ergänzen Sie und kreuzen Sie an.

1. a. ▶ Woher kommen Sie?   b. ▶ Ich komme aus Südafrika.
2. a. ▶ Kommen Sie aus Japan?   b. ▶ Nein, ich komme aus China.

(A)

1. Aussagesatz (Satz _1b_ + ___)   a. ☐ ↗   b. ☐ ↘
2. Ja- / Nein-Frage (Satz ___)   a. ☐ ↗   b. ☐ ↘
3. W-Frage (Satz ___)   a. ☐ ↗   b. ☐ ↘

Person A

Herr Aldo Alberti
aus: Italien (Rom)
Beruf: Informatiker

Begrüßen Sie Person B
und spielen Sie Vorstellung.
(formell)

Begrüßen Sie Person B
und spielen Sie Vorstellung.
(informell)

Person B

Frau Sofia Kolidi
aus: Griechenland (Athen)
Beruf: Architektin

Begrüßen Sie Person A
und spielen Sie Vorstellung.
(formell)

Begrüßen Sie Person A
und spielen Sie Vorstellung.
(informell)

Begrüßung:
▶ Guten Tag. / Grüß Gott. / Hallo.
  Ich bin … / Mein Name ist …
▶ Guten Tag. / Grüß Gott. / Hallo.
  Ich bin … / Mein Name ist …

Land / Stadt:
▶ Woher kommen Sie? /
  Kommen Sie aus …? /
  Woher kommst du? /
  Kommst du aus …?
▶ Ich komme aus … /
  Ja, / Nein, ich komme aus …

Person A

Fragen Sie:
Wie buchstabiert man
den Namen von Person B?

K – o – …?

Fragen Sie:
Was ist der Beruf von Person B?

Person B

Fragen Sie:
Wie buchstabiert man
den Namen von Person A?

A – l – …?

Fragen Sie:
Was ist der Beruf von Person A?

Buchstabieren:
▶ Wie schreibt man … / das? /
  Buchstabieren Sie … / das bitte.
▶ … schreibt man …

Beruf:
▶ Was sind Sie von Beruf? /
  Was machen Sie beruflich?
▶ Ich bin … (von Beruf).

Person A, B und C
spielen zusammen:

Person C

Frau Ana Silva
aus: Portugal (Lissabon)
Beruf: Technikerin

Name / Land / Stadt:
▶ Das ist …
  Er / Sie kommt aus …

Lektionswortschatz

Personen:
die Frau, -en
der Herr, -en
der Partner, - /
  die Partnerin, -nen
der Mentor, -en /
  die Mentorin, -nen

Berufe:
der Altenpfleger, - /
  die Altenpflegerin, -nen
der Anwalt, ⸚e /
  die Anwältin, -nen
der Architekt, -en /
  die Architektin, -nen
der Arzt, ⸚e /
  die Ärztin, -nen
der Bankkaufmann, -kauf-
  leute /
  die Bankkauffrau, -en
der Busfahrer, - /
  die Busfahrerin, -nen
der Designer, - /
  die Designerin, -nen
der Gärtner, - /
  die Gärtnerin, -nen
der Hotelfachmann, -fach-
  leute /
  die Hotelfachfrau, -en
der Informatiker, - /
  die Informatikerin, -nen
der Ingenieur, -e /
  die Ingenieurin, -nen
  Bauingenieur / -in
der Journalist, -en /
  die Journalistin, -nen
der Koch, ⸚e /
  die Köchin, -nen
der Krankenpfleger, - /
  die Krankenschwester, -n
der Lehrer, - /
  die Lehrerin, -nen
der Maler, - /
  die Malerin, -nen
der Praktikant, -en /
  die Praktikantin, -nen
der Personalreferent, -en /
  die Personalreferentin,
  -nen
der Psychologe, -n /
  die Psychologin, -nen
der Sekretär, -e /
  die Sekretärin, -nen

Visitenkarte:
der Name, -n
  Vorname
  Familienname
  Firmenname
der Titel, -
die Funktion, -en
die Straße, -n
die Postleitzahl, -en
die Stadt, ⸚e
die Nummer, -n
  Hausnummer
  Telefonnummer
  Mobilfunknummer
die Adresse, -n
  E-Mail-Adresse
  Internet-Adresse
die Abkürzung, -en

Orte:
das Büro, -s
das Café, -s
der Raum, ⸚e

Kontinente:
Afrika
Amerika
Asien
Australien
Europa

Länder:
→ 1 A, 3

Kurssprache:
fragen
die Frage, -n
antworten
die Antwort, -en
hören
lesen
schreiben
buchstabieren
sprechen
das Gespräch, -e
ankreuzen
betrachten
ergänzen
konjugieren
korrigieren
markieren
notieren
passen
sortieren
spielen
raten
rechnen
vergleichen
zeichnen
zeigen
zuordnen
das Alphabet, -e
alphabetisch
die Anweisung, -en
  Arbeitsanweisung
der Kurs, -e
der Rhythmus, Rhythmen
der Satz, ⸚e
die Seite, -n
der Tipp, -s
die Tabelle, -n
das Wort, ⸚er
falsch ≠ richtig
formell ≠ informell
laut
zu zweit

Verben:
begrüßen ≠
  verabschieden
enden
gehen
heißen
kommen
nehmen
sein

Nomen:
das Foto, -s
der Beginn (nur Sg.)
die Begrüßung, -en ≠
  die Verabschiedung, -en
die Vorstellung
  (hier nur Sg.)
die Zahl, -en

Adjektive:
groß ≠ klein

Fragewörter:
Wer?
Wie?
Woher?

Andere Wörter:
alles
aus
hier
oft
oder
und

Redemittel:
Herzlich willkommen!
Danke!
Vielen Dank!
Bitte, bitte!
noch einmal

+ Redemittel:
→ 1 E

A Neu in der Firma

1 Wie heißt die Abteilung?

Lesen Sie die Wörter und betrachten Sie die Fotos. Was passt zusammen? Schreiben Sie.

> die Marketingabteilung | das Personalbüro | die Geschäftsführung | die IT-Abteilung | die Finanzabteilung

Foto 1: *die Marketingabteilung* Foto 4: _____

Foto 2: _____ Foto 5: _____

Foto 3: _____

2 Funktionen und Tätigkeiten

▶ 1|13–17 **Hören Sie die Gespräche. Wer ist was bei Erler & Co.?**

> die Geschäftsführerin | der Finanzmanager | der Personalchef | die Marketingassistentin | der Marketingleiter | die Informatiker

1. Herr Heller: *der Personalchef* _____

2. Frau Seidel: _____

3. Frau Song und Herr Wirtz: _____

4. Herr Franken: _____

5. Frau Dr. Erler: _____

6. Herr Asamoah: _____

3 Grammatik auf einen Blick: Der Artikel › G: 2.1

a Lesen Sie die Wörter in 2 und notieren Sie die Artikel.

Maskulinum (M): _der_ Personalchef _____ Marketingleiter

Femininum (F): _____ Geschäftsführerin _____ Marketingassistentin

Neutrum (N): _das_ Gespräch

Plural (M, F, N): _____ Informatiker

TIPP

Bestimmter Artikel:

Singular → Plural
der, die, das → die

b Lesen Sie den Tipp rechts unten und schreiben Sie die Wörter in die Tabelle. Ergänzen Sie die Artikel. › ÜB: A1–2

Assistentin | Assistent | Assistenten | Assistentinnen | Büro | Büros | Chefinnen | Chef | Chefs |
Chefin | Geschäftsführerin | Geschäftsführer | Geschäftsführer | Geschäftsführerinnen | Gespräche |
Gespräch | Leiterinnen | Leiter | Leiterin | Leiter | Managerinnen | Manager | Managerin |
Manager | Praktikant | Praktikantin | Praktikantinnen | Praktikanten

Maskulinum Singular	Plural	Femininum Singular	Plural
der Assistent		die Assistentin	

Neutrum Singular	Plural
das Büro	

TIPP

Personen:

Mask. Sing.: **-er** → Pl.: **-er**
der Lehrer ↓ → die Lehrer
Fem. Sing.: **-in** → Pl.: **-innen**
die Lehrerin → die Lehrerinnen

4 Guten Morgen!

a Lesen Sie die Gespräche und ergänzen Sie das Gespräch 2. › ÜB: A3

1. Frau Müller / Frau Seidel – Marketingassistentin
2. Frau Ott / Herr Wirtz – Informatiker
3. Herr Schneider / Frau Beller – Praktikantin
4. Frau Dahn / Herr Dr. Jung – Geschäftsführer
5. Herr Heck / Frau Romano – Personalchefin
6. Frau Keller / Herr Wagner – Finanzmanager

Gespräch 1

▶ Guten Morgen Frau Müller, das ist Frau Seidel, die Marketingassistentin.
▶ Freut mich.
▶ Guten Tag Frau Müller. Freut mich auch.

Gespräch 2

▶ Guten Tag Frau Ott, das ist Herr Wirtz, der …
▶ …
▶ …

b Sprechen Sie zu dritt wie in den Gesprächen 1 und 2.

B Im Personalbüro

1 Der Personalfragebogen

Lesen Sie das Gespräch und den Personalfragebogen. Korrigieren Sie den Personalfragebogen. › ÜB: B1

Personalfragebogen　　　　**ERLER & Co.**

männlich ☐　weiblich ☒

Familienname: _Seidel_

Vorname: _Eva_

Beruf: _Marketingassistentin_

Sprachen: _____

Staatsangehörigkeit: _deutsch_

Straße / Hausnummer: _Stuttgarter Str. 69_

Postleitzahl / Wohnort: _70734_ / _Fellbach_

Telefonnummer: _0722 / 5380471_

Mobil: _____

E-Mail: _ema.seidel@xpu.de_

- ▶ Guten Morgen, Frau Seidel.
- ▶ Guten Morgen, Herr Heller.
- ▶ Hier ist der Personalfragebogen. Sie wohnen in Fellbach?
- ▶ Ja, das stimmt.
- ▶ In der Stuttgarter Str. 69?
- ▶ Oh! Das ist falsch. Ich wohne in der Stuttgarter Str. 96.
- ▶ Aha, in der Stuttgarter Str. 96. Und die Postleitzahl ist 70734?
- ▶ Ja, richtig.
- ▶ Äh, wie ist Ihre E-Mail-Adresse? Ist das richtig: ema.seidel@xpu.de?
- ▶ Oh! Nein! Das ist auch falsch! Meine E-Mail-Adresse ist eva.seidel@xpu.de

2 Zahlen

13

dreizehn

a ▶ 1|18 **Hören Sie die Zahlen von 11 bis 101.**

11	elf	16	sechzehn	21	einundzwanzig	70	siebzig
12	zwölf	17	siebzehn	30	dreißig	80	achtzig
13	dreizehn	18	achtzehn	40	vierzig	90	neunzig
14	vierzehn	19	neunzehn	50	fünfzig	100	einhundert
15	fünfzehn	20	zwanzig	60	sechzig	101	einhunderteins

21

einundzwanzig

b **Hören Sie die Zahlen in 2a noch einmal und sprechen Sie.**

c ▶ 1|19 **Hören Sie die Zahlen von 200 bis 2 Billionen.**

200	zweihundert	1.000.000	eine Million	1.000.000.000.000	eine Billion
1.000	eintausend	2.000.000	zwei Millionen	2.000.000.000.000	zwei Billionen
10.000	zehntausend	1.000.000.000	eine Milliarde		
100.000	einhunderttausend	2.000.000.000	zwei Milliarden		

d **Hören Sie die Zahlen in 2c noch einmal und sprechen Sie.** › ÜB: B2–3

3 Personalfragebogen o.k.?

▶ 1|20 **Hören Sie das Gespräch, ergänzen und korrigieren Sie den Personalfragebogen in 1.**

4 Liebe Maren

Lesen Sie die E-Mail und antworten Sie.

1. Wo wohnt Eva?
2. Wie viele Personen arbeiten in der Marketingabteilung?
3. Wo wohnen die Kollegen aus Spanien?
4. Wer kommt aus Ghana?
5. Was glaubt Eva?
6. Wo arbeitet Fred?

> → ✉ maren.behrens@xpu.de   ⊟ ☐ ✕

Hallo Maren,
Neuigkeiten: Ich bin super glücklich in Stuttgart. (Ich wohne in Fellbach bei Stuttgart.) In der Marketingabteilung arbeiten sechs Personen: drei Männer, zwei Frauen und ich. Zwei Kollegen (ein Mann und eine Frau) kommen aus Spanien, sie wohnen auch in Fellbach!!! Sie sprechen perfekt Deutsch und Englisch. Wir reden viel zusammen. Der Teamleiter kommt aus Ghana – Staatsangehörigkeit: finnisch!! – und er lebt schon lange in Deutschland. Eine Frau ist aus Leipzig und ein Kollege kommt aus der Schweiz. Alle sind sehr nett. Ich glaube, wir sind ein prima Team. Es ist schön hier. Und du??? Was machst du? Arbeitest du noch bei Siemens in Hamburg? Was macht Fred? Er arbeitet jetzt in Hannover – ist die Arbeit o.k.? Und wo wohnt ihr jetzt? Seid ihr noch in Hamburg oder wohnt ihr jetzt in Hannover? Fragen, Fragen, Fragen …
Liebe Grüße – Eva

5 Grammatik auf einen Blick: Verbkonjugation › G: 1.2

a Markieren Sie die Verben „wohnen", „arbeiten", „reden" und „sein" in 4. Ergänzen Sie die Tabelle.

	wohnen	arbeiten	reden	sein
ich	wohn-*e*	arbeit-e	red-e	*bin*
du	wohn-st	arbeit-	red-est	bist
er / sie / es	wohn-t	arbeit-	red-et	
wir	wohn-en	arbeit-en	red-	
ihr	wohn-	arbeit-et	red-et	
sie	wohn-	arbeit-	red-en	
Sie (Sg. + Pl.)	wohn-en	arbeit-en	red-en	sind

b Vergleichen Sie die Endungen von „wohnen", „arbeiten" und „reden" in 5a. Ergänzen Sie die Regeln. › ÜB: B4–5

Ⓖ

1. wohnen: Endungen: -e, -st, -t, -en, -t, -en
2. arbeiten / reden: Endungen: ____, ____, ____, ____, ____, ____ → nach t / d vor „-st" und „-t": ____

6 Viele Fragen

Fragen Sie und notieren Sie die Antworten. Partner A: Datenblatt A2, Partner B: Datenblatt B2. › ÜB: B6–7

► Wie ist Ihr Name / Familienname / Vorname?
► Was sind Sie von Beruf?
► Wo arbeiten Sie?
► Welche Sprachen sprechen Sie?
► Welche Staatsangehörigkeit haben Sie?
► Wo wohnen Sie?
► Wie ist Ihre Adresse?

► Wie ist Ihre Telefonnummer / Mobilfunknummer?
► Wie ist Ihre E-Mail-Adresse?

► Mein Name / Familienname / Vorname ist …
► Ich bin … (von Beruf).
► Ich arbeite bei …
► Ich spreche …
► Meine Staatsangehörigkeit ist …
► Ich wohne in … *(Stadt).*
► Meine Adresse ist … *(Straße/Hausnummer, Postleitzahl / Stadt).*
► Meine Telefonnummer / Mobilfunknummer ist …
► Meine E-Mail-Adresse ist …

C Das Team

1 In der Kaffeeküche

Betrachten Sie das Foto. Was machen die Personen? Kreuzen Sie an.

a. ☐ Sie arbeiten.
b. ☐ Sie machen Pause.

2 Hallo, wie geht's?

a ▶ 1|21 **Hören Sie das Gespräch. Was ist das Thema? Kreuzen Sie an.**

a. ☐ Der Chef.
b. ☐ „Du" sagen.
c. ☐ Die Arbeit.

b **Lesen Sie die Fragen und Antworten und ordnen Sie zu.**

1. Hallo, Frau Seidel. Wie geht es Ihnen?
2. Und Ihnen?
3. Hallo! Wie geht's?
4. Wie geht's dir heute, Eva?
5. Ich gehe jetzt. Tschau!

A. Auch gut.
B. Heute super, danke!
C. Wiedersehen! Bis morgen.
D. Sehr gut. Und dir?
E. Es geht mir gut, danke.

1. _E_
2. ⌐⌐
3. ⌐⌐
4. ⌐⌐
5. ⌐⌐

c **Hören Sie das Gespräch noch einmal. Ist in 2b alles richtig?**

TIPP

„Sie" oder „du" im Büro?
Kollegen → oft „du"
neue Kollegen → Sie
Teamleiter → „du" oder „Sie"
Geschäftsführung → Sie

3 Es geht mir schlecht

a ▶ 1|22 **Hören Sie die Dialoge und ergänzen Sie die Antworten.** › ÜB: C1

1. ▶ Wie geht es Ihnen?
2. ▶ Wie geht es dir heute?
3. ▶ Wie geht's Ihnen?
4. ▶ Hallo, wie geht's?

▶ Es _geht_ _____.
▶ Leider _____.
▶ Leider _____ gut.
▶ So la _____.

b **Ordnen Sie die Antworten in 2b und 3a den Bildern zu.**

1. ☹   _Leider schlecht._

2. ☹

3. 😐

4. ☺

5. 😃

4 Wie geht's und auf Wiedersehen

Lesen Sie die Gespräche. Gehen Sie im Kurs herum, fragen und antworten Sie wie im Beispiel.
Die Redemittel in 2b und 3a helfen. › ÜB: C2

Gespräch 1
▶ Wie geht's dir?
▶ Danke, sehr gut. Und dir?
▶ Nicht so gut.

Gespräch 2
▶ Ich gehe jetzt. Tschüss.
▶ Auf Wiedersehen! Bis morgen.
▶ Bis morgen.

5 Meine Abteilung

a **Lesen Sie die E-Mail. Was machen die Personen beruflich? Ordnen Sie zu.**

→ ✉ maren.behrens@xpu.de   _ ▢ ✕

Liebe Maren,

danke für deine Mail. Super! Ihr seid jetzt zusammen in Hannover und du arbeitest dort bei IT-Systema. Das ist Glück!
Mir geht es auch sehr gut! Die Firma Erler ist sehr groß und arbeitet international. Das Team ist super: Gloria und José (die
Spanier aus Fellbach ☺) machen Online-Marketing, Svea aus Leipzig und Beat aus der Schweiz sind Kaufleute für Marketing:
Sie machen Marktanalyse und Marktstrategie. Ich bin die Marketingassistentin. Der Marketingleiter, Gerald Asamoah, und ich
arbeiten eng zusammen. Wir sagen hier alle „du". Die Arbeit und die Atmosphäre sind toll. Morgen ist eine Feier: Gloria und
José arbeiten schon ein Jahr bei Erler & Co.
Es geht mir wirklich sehr gut hier!

Bis bald und liebe Grüße (auch an Fred)
Eva

Eva: *Marketingassistentin* _____   Gloria: _____

Beat: _____   José: _____

Gerald: _____   Svea: _____

b **Lesen Sie die E-Mail noch einmal und beantworten Sie die Fragen.**

1. Wo arbeitet Maren jetzt?
2. Wie arbeitet die Firma Erler?

3. Wie ist die Atmosphäre?
4. Warum ist morgen eine Feier?

6 Grüße aus Köln

Sie sind Maren. Schreiben Sie eine E-Mail an Eva. Die Sätze und Redemittel helfen.

Liebe Grüße – Maren | ~~danke für die Mail.~~ | Ich arbeite in der Finanzabteilung. | ~~Hallo Eva,~~
Fred arbeitet bei Megamarkt. | Die Arbeit bei IT-Systema ist super. | Bis bald! | Er ist Verkaufsleiter. |
Eine Kollegin ist aus der Schweiz, zwei Kollegen kommen aus Österreich und zwei aus Belgien. |
Das Team ist international: | Die Atmosphäre ist sehr gut.

                                                                              ✕

Hallo Eva,
danke für die Mail. Die Arbeit …

D Arbeiten hier und dort

1 Wie viel Prozent?

a ▶ 1|23 **Mitarbeiter bei Erler & Co. weltweit – Wie viel Prozent kommen woher? Hören und notieren Sie.**

Europa: *68 %*   Amerika: _____   Asien: _____   Afrika: _____

b ▶ 1|24 **Mitarbeiter bei Erler & Co. exakt. Hören und schreiben Sie.**

Europa: *68,2 %*   Amerika: _____   Asien: _____   Afrika: _____

c Lesen Sie die Prozentzahlen in 1b laut.

2 Woher kommen wie viele Menschen nach Deutschland?

a ▶ 1|25 **Hören Sie die Fragen und die Antworten und schreiben Sie die Prozentzahlen in die Grafik.** › ÜB: D1

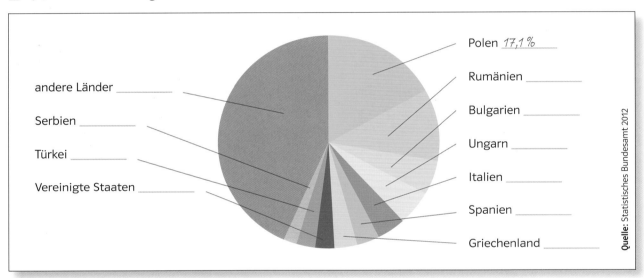

andere Länder _____

Serbien _____

Türkei _____

Vereinigte Staaten _____

Polen *17,1 %* _____

Rumänien _____

Bulgarien _____

Ungarn _____

Italien _____

Spanien _____

Griechenland _____

Quelle: Statistisches Bundesamt 2012

b Sprechen Sie mit einem Partner / einer Partnerin.

▶ Wie viel Prozent kommen aus Polen?   ▶ 17,1 Prozent kommen aus Polen.
▶ Und wie viel Prozent kommen aus Rumänien?   ▶ Aus Rumänien kommen 10,8 Prozent.

3 Grammatik auf einen Blick: Wortstellung – Aussagesätze › G: 1.1

a Lesen Sie die Sätze in 2b und ergänzen Sie die Tabelle. Markieren Sie dann die Verben.

Position 1	Position 2	
17,1 Prozent	kommen	
	kommen	10,8 Prozent.

b Lesen Sie die Sätze in 3a und ergänzen Sie die Regel. › ÜB: D2

Ⓖ

Verb im Aussagesatz: Position _____.

4 Woher kommen ausländische Kollegen nach Deutschland?

Fragen Sie und notieren Sie die Antworten. Partner A: Datenblatt A3, Partner B: Datenblatt B3.

Aussprache

1 Rhythmus im Wort

a ▶ 1|26 **Hören Sie die Rhythmen und lesen Sie mit.**

●	●●	●●	●●●	●●●
Tag	**Mor**gen	Be**ruf**	**Süd**deutschland	Will**kom**men!
Dank	**A**bend	Ge**spräch**	**Ö**sterreich	Ru**mä**nien

b **Hören Sie die Rhythmen in 1a noch einmal und klopfen Sie mit.**

Klopfen Sie so: ● = leise   ● = laut   ● = leise

 Will-   -kom-    -men!

2 Zahlen und Rhythmus

a ▶ 1|27 **Hören Sie die Rhythmen und lesen Sie mit.**

– hunderteins	– einhundert	– dreizehn	– zweihundert	– Million	– Milliarde
– Billionen	– zwölf	– Billion	– elf	– zwanzig	– hundertsechs

b **Hören Sie die Rhythmen in 2a und klopfen Sie mit.**

c **Schreiben Sie die Zahlen aus 2a in die Tabelle.**

●	●●	●●	●●●	●●●	●●●
					hunderteins

3 Rhythmus im Satz

a ▶ 1|28–29 **Hören Sie die Sätze. Welcher Rhythmus passt: a oder b? Kreuzen Sie an.**

Gespräch 1
1. Guten Tag!   a. ☐ ●●●   b. ☒ ●●●
2. Wie geht es?   a. ☐ ●●●   b. ☐ ●●●
3. Nicht so gut!   a. ☐ ●●●   b. ☐ ●●●
4. Und Ihnen?   a. ☐ ●●●   b. ☐ ●●●
5. Danke, gut!   a. ☐ ●●●   b. ☐ ●●●

Gespräch 2
1. Bist du John?   a. ☐ ●●●   b. ☐ ●●●
2. Ja, und du?   a. ☐ ●●●   b. ☐ ●●●
3. Ich bin Fred.   a. ☐ ●●●   b. ☐ ●●●
4. Wo wohnst du?   a. ☐ ●●●   b. ☐ ●●●
5. In Fellbach.   a. ☐ ●●●   b. ☐ ●●●

b **Sprechen Sie die Sätze in 3a und klopfen Sie mit. Spielen Sie dann die Gespräche im Kurs.**

E Schlusspunkt

Situation 1

Person A

Sie sind Kate Adams.
Es geht Ihnen sehr gut.
Ort: Firma
Situation: begrüßen, fragen
„Wie geht es Ihnen / dir?"
und antworten.

Person B

Sie sind Nils Olsson.
Es geht Ihnen nicht sehr gut.
Ort: Firma
Situation: begrüßen, fragen
„Wie geht es Ihnen / dir?"
und antworten.

▶ Guten Morgen! / Guten Tag! /
Guten Abend! / Hallo!
Wie geht es Ihnen? /
Wie geht es dir? / Wie geht's?
▶ Es geht. / So lala.
Und wie geht es Ihnen? / Und
Ihnen? /
Und wie geht es dir? / Und dir?
▶ Es geht mir sehr gut. / Super! /
Danke, sehr gut.

Situation 2

Person A

Sie sind Kate Adams.
Es geht Ihnen nicht gut.
Ort: Firma
Situation: begrüßen, fragen
„Wie geht es Ihnen / dir?"
und antworten.

Person B

Sie sind Nils Olsson.
Es geht Ihnen gut.
Ort: Firma
Situation: begrüßen, fragen
„Wie geht es Ihnen / dir?"
und antworten.

▶ Guten Morgen! / Guten Tag! /
Guten Abend! / Hallo!
Wie geht es Ihnen? /
Wie geht es dir? / Wie geht's?
▶ Es geht mir gut. / Gut, danke.
Und wie geht es Ihnen? / Und
Ihnen? /
Und wie geht es dir? / Und dir?
▶ (Leider) nicht so gut! / Leider
schlecht.

Situation 3

Person A

Sie sind Kate Adams.
Ort: Firma
Situation: verabschieden

Person B

Sie sind Nils Olsson.
Ort: Firma
Situation: verabschieden

▶ Ich gehe jetzt.
Auf Wiedersehen! / Wiedersehen! /
Tschüss! / Tschau! /
Bis morgen.
▶ Auf Wiedersehen! / Wiedersehen! /
Tschüss! / Tschau! /
Bis morgen.

Lektionswortschatz

Abteilungen:
die Abteilung, -en
   Finanzabteilung
   IT-Abteilung
   Marketingabteilung
das Büro, -s
   Personalbüro
die Geschäftsführung
   (nur Sg.)

Funktionen / Tätigkeiten:
der Assistent, -en /
   die Assistentin, -nen
   Marketingassistent / -in
der Chef, -s /
   die Chefin, -nen
   Personalchef / -in
der Manager, - /
   die Managerin, -nen
   Finanzmanager / -in
der Geschäftsführer, - /
   die Geschäftsführerin,
   -nen
der Kaufmann, Kaufleute /
   die Kauffrau, -en
der Leiter, - /
   die Leiterin, -nen
   Marketingleiter / -in
   Teamleiter / -in
das Marketing *(nur Sg.)*
   Online-Marketing
die Marktanalyse, -n
die Marktstrategie, -n

In der Firma:
arbeiten
die Arbeit, -en
die Firma, Firmen
der Kollege, -n /
   die Kollegin, -nen
der Mitarbeiter, - /
   die Mitarbeiterin, -nen
das Team, -s
beruflich
international
weltweit

Der Personalfragebogen:
männlich
weiblich
die Sprache, -n
die Staatsangehörigkeit,
   -en
die Handynummer, -n
die Vorwahl, -en
der Wohnort, -e

Sprachen:
→ ÜB: 2B, 6

Kurssprache:
betrachten
klopfen
lernen
das Beispiel, -e
die Liste, -n
die Grafik, -en
die Statistik, -en
das Thema, Themen
der Sprecher, - /
   die Sprecherin, -nen
Die Redemittel helfen.

Verben:
gehen
glauben
leben
machen
reden
sagen
wohnen

Nomen:
die Atmosphäre *(nur Sg.)*
das Glück *(nur Sg.)*
die (E-)Mail, -s /
   das (E-)-Mail, -s *(A / CH)*
die Feier, -n
das Jahr, -e
das Kind, -er
die Küche, -n
   Kaffeeküche
der Mensch, -en
die Neuigkeit, -en
die Pause, -n
die Person, -en
das Prozent, -e
die Situation, -en

Adjektive:
glücklich
gut ≠ schlecht
perfekt
schön
toll
ausländisch
eng
exakt
lang
nett
neu
prima
schnell
super

Adverbien:
jetzt
heute
morgen
hier
dort
auch
noch
schon
leider
sehr
so
viel
zusammen

Fragewörter:
Warum?
Was?
Wie viele?
Wo?

Präpositionen:
an
bei
in
nach

Andere Wörter:
alle
viele
andere
wirklich

Redemittel:
Freut mich (auch).
Mir geht es gut / schlecht.
Mir geht es nicht so gut.
Auf Wiedersehen. *(formell)*
Tschüss. *(informell)*
Tschau. *(informell)*
Bis morgen!
Bis bald!
Ganz langsam, bitte!
Moment!
Gerne!
Liebe Grüße

A Arbeitsalltag

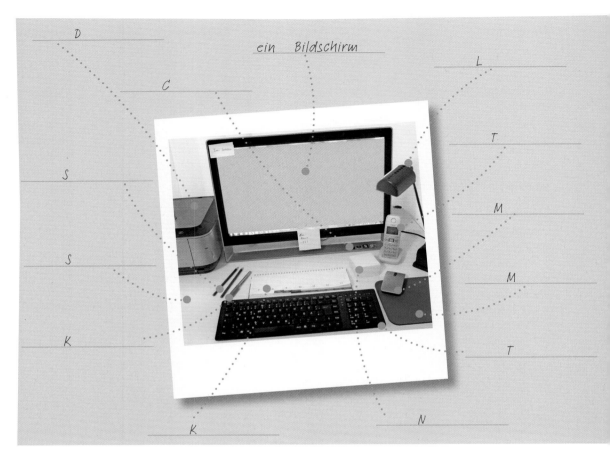

1 Das Büro von Herrn Mindt

a ▶ 1|30 **Hören Sie das Gespräch. Was ist das Thema?**

TIPP

Herr Mindt → von Herrn Mind

a. ☐ Das Büro von Herrn Mindt.
b. ☐ Das Büro von Frau Raue.

b **Betrachten Sie das Foto oben. Was ist im Büro? Notieren Sie.**

ein Bildschirm | ein Computer | ein Drucker | ein Kugelschreiber |
ein Schreibtisch | eine Tastatur | ein Mauspad | ein Kalender |
ein Notizblock | ein Telefon | eine Maus | Stifte | eine Lampe

c **Ein Wörterbuch benutzen. Lesen Sie die Wörterbuchartikel und beantworten Sie die Fragen.** › ÜB: A1

1. Artikel von Bildschirm?
2. Plural von Bildschirm?
3. Artikel von Kugelschreiber?
4. Plural von Kugelschreiber?
5. Artikel von Lampe?
6. Plural von Lampe?

Bildschirm, der, -e → EDV
Monitor bei Computer
<engl. screen>

Kugelschreiber, m., -
→ Schreibgerät mit Mine

Lampe, f., -n
ein Gerät, das Licht
produziert
Schreibtisch-, Lese-, Tisch-

d **Wie heißen der bestimmte Artikel und der Plural? Schreiben Sie die Wörter aus 1b in die Tabelle. Benutzen Sie auch ein Wörterbuch.** › ÜB: A2

Maskulinum: *der Bildschirm, -e;*

Neutrum: *das*

Femininum: *die*

2 Grammatik auf einen Blick: Der bestimmte und der unbestimmte Artikel › G: 2.2

a **Lesen Sie die Wörter in 1b und 1d und ergänzen Sie die Artikel.**

Nominativ	Maskulinum (M)	Neutrum (N)	Femininum (F)	Plural (M, N, F)
bestimmter Artikel	*der* Stift	Telefon	Maus	Stifte / Telefone / Mäuse
unbestimmter Artikel	*ein* Stift	Telefon	Maus	— Stifte / Telefone / Mäuse

b **Beschreiben Sie die Gegenstände in 1b. Welche Farbe haben sie? Sprechen Sie zu zweit.**

weiß | schwarz | grau | blau | gelb | grün | rot

▶ Auf dem Foto ist ein Schreibtisch. Welche Farbe hat er?
▶ Die Maus ist grau. Auf dem Schreibtisch sind Stifte. Welche Farben haben sie?

▶ Der Schreibtisch ist weiß. Auf dem Foto ist eine Maus. Welche Farbe hat sie?
▶ Die Stifte sind …

TIPP

haben:
er / sie / es hat; sie haben

c **Lesen Sie das Gespräch in 2b. Was ist richtig: a oder b? Kreuzen Sie an.** › ÜB: A3 – 4

1. Die Information ist neu: a. ☐ unbestimmter Artikel. b. ☐ bestimmter Artikel.
2. Die Information ist jetzt bekannt: a. ☐ unbestimmter Artikel. b. ☐ bestimmter Artikel.

3 Mein Büro

a **Zeichnen Sie Gegenstände im Büro.**

b **Spielen Sie mit einem Partner / einer Partnerin. Fragen und antworten Sie. Was nennt Ihr Partner / Ihre Partnerin? Zeichnen Sie die Gegenstände oder notieren Sie sie.**

▶ Was ist im Büro?
▶ Welche Farbe hat er?
▶ Was ist noch im Büro?

▶ Im Büro ist ein Schreibtisch.
▶ Der Schreibtisch ist grau.
▶ Im Büro ist noch …

Partner – Büro:
– Schreibtisch: grau
– …

B Ich habe ein Problem

Hallo, hier Technischer Service, Insa Ley.

Hallo, hier Marvin Mindt. Mein PC ist kaputt.

1 Hallo, hier Technischer Service!

a **Betrachten Sie die Fotos. Warum telefonieren Herr Mindt und Frau Ley? Kreuzen Sie an.**

a. ☐ Herr Mindt braucht Hilfe.   b. ☐ Herr Mindt braucht einen Bildschirm.

b ▶ 1|31   **Hören Sie das Telefongespräch. Welche Sätze hören Sie? Kreuzen Sie an.**

1. Ich habe Probleme. ☒
2. Ich kenne die Probleme. ☐
3. Was ist denn kaputt? ☐
4. Ich starte den PC und nichts passiert. ☐
5. Ist der Bildschirm blau? ☐

6. Den Fehler kenne ich leider gut. ☐
7. Ich brauche das Gerät dringend. ☐
8. Wir haben noch ein Problem. ☐
9. Frau Ley hat noch eine Maus. ☐
10. Vielleicht finde ich die Fehler. ☐

c **Ich habe, du hast, ... – Lesen Sie die Sätze in 1b und ergänzen Sie die Formen von „haben".**   › ÜB: B1

ich	_____	wir	_____
du	hast	ihr	habt
er / sie / es	_____	sie	haben
Sie (Sg.)	haben	Sie (Pl.)	haben

2 Ich brauche einen Auftrag

Lesen Sie die E-Mail und beantworten Sie die Fragen.   › ÜB: B2

| → | ✉ | marvin.mindt@weier-kst.de | _ | ▢ | ✕ |

Betreff: Bestellung

Hallo, Herr Mindt,
leider klappt die Reparatur nicht. Ich bestelle die Geräte jetzt bei der Firma Bauer-EDV. Aber ich brauche zuerst einen Auftrag (schriftlich). Bitte beschreiben Sie auch die Fehler. Eine Mail genügt. Ich bestelle gleich den Computer und die Maus.
Viele Grüße – I. Ley

1. Was bestellt Frau Ley? *Die Geräte: den Computer und die Maus.* _____
2. Was braucht Frau Ley? _____
3. Wer beschreibt die Fehler? _____
4. Wann bestellt Frau Ley die Geräte? _____

3 Grammatik auf einen Blick: Der Akkusativ › G: 2.3

a **Lesen Sie die Sätze und beantworten Sie die Fragen.**

1. Herr Mindt hat ein Problem. Der Computer ist kaputt.
   → Wer hat ein Problem? / Was ist kaputt? → *Herr Mindt* / _____ → Nominativ
2. Herr Mindt braucht die Technikerin. Sie bestellt einen Computer.
   → Wen braucht Herr Mindt? / Was bestellt die Technikerin? → *die Technikerin /* _____ → Akkusativ

b **Lesen Sie die Sätze in 1b und die E-Mail in 2a noch einmal und ergänzen Sie die Tabelle.** › ÜB: B3

Akkusativ	Maskulinum (M)	Neutrum (N)	Femininum (F)	Plural (M, N, F)
bestimmter Artikel	Fehler	*das* Problem	Maus	Fehler / Probleme / Mäuse
unbestimmter Artikel	*einen* Fehler	Problem	Maus	— Fehler / Probleme / Mäuse

c **Lesen Sie die Sätze und ergänzen Sie die Artikel im Akkusativ – bestimmt oder unbestimmt?**

1. Herr Mindt fragt *die* _____ Technikerin, Frau Ley.
2. Der Computer hat _____ Fehler.
3. Frau Ley kennt _____ Fehler.
4. Herr Mindt braucht _____ Computer dringend.
5. Frau Ley repariert _____ Gerät nicht.
6. Sie braucht _____ Auftrag.

4 Ein Auftrag

Sie sind Herr Mindt. Schreiben Sie die E-Mail an Frau Ley. Die Redemittel helfen. › ÜB: B4

> Der Computer startet nicht. | Danke im Voraus. | Und die Maus funktioniert nicht. | Hallo Frau Ley, | Bestellung | Er zeigt „blue screen". | Gruß | Ich brauche die Geräte sehr dringend! | Marvin Mindt | ich brauche einen Computer und eine Maus.

→ ✉ insa.ley@weier-kst.de ___ ▢ ✕	E-Mail-Adresse
Betreff: Bestellung	Betreff
	Anrede
Hallo Frau Ley,	E-Mail-Text
ich …	Dank
	Grußformel

5 Wer repariert gut?

▶ 1|32 **Welche Noten bekommen die Anbieter von Notebooks? Hören Sie die Radiosendung und notieren Sie die Noten von Stiftung Warentest.**

test Notebookreparaturservice			7 / 2010
www.test.de	Reparatur	Kundenservice	test - QUALITÄTSURTEIL
Gewichtung	60 %	40 %	100 %
Apple	+	+	GUT (2,3)
HP	+	O	GUT (____)
Dell	O	O	BEFRIEDIGEND (____)
Sony	O	O	BEFRIEDIGEND (____)
Toshiba	O	O	BEFRIEDIGEND (____)
Acer	⊖	O	AUSREICHEND (____)
Fujitsu	⊖	⊖	AUSREICHEND (____)
Samsung	⊖	O	AUSREICHEND (____)
Medion	⊖	⊖	AUSREICHEND (____)

Bewertungsschlüssel der Prüfergebnisse: ++ = Sehr gut (0,5–1,5). + = Gut (1,6–2,5). O = Befriedigend (2,6–3,5). ⊖ = Ausreichend (3,6–4,5). — = Mangelhaft (4,6–5,5). Bei gleichem Qualitätsurteil Reihenfolge nach Alphabet.

C Alles neu im Büro

1 Herr Mindt bestellt ...

a Wie heißt das? Betrachten Sie die Fotos und ordnen Sie die Wörter zu. Notieren Sie auch den Artikel. › ÜB: C1a

Büromöbel und Technik

[der Aktenschrank | der Besprechungstisch | das Regal | der Schreibtischstuhl |
der Besucherstuhl | der Rollcontainer | das Notebook | das Flipchart

das Regal   S   A   B

B   R   F   N

Bürobedarf

[das Druckerpapier | der Ordner | der Marker | die Heftmaschine | der Locher |
die Büroklammern | der Ablagekorb | der Radiergummi

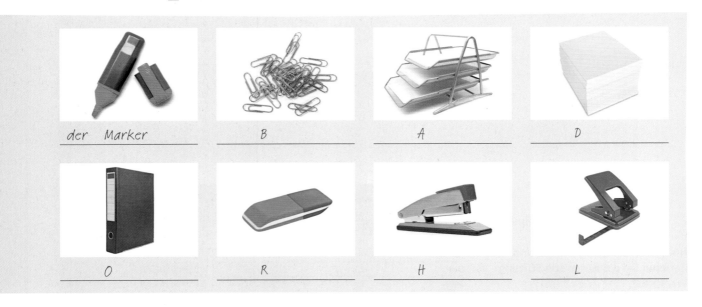

der Marker   B   A   D

O   R   H   L

b ▶ 1|33 Hören Sie Teil 1 vom Gespräch. Warum ist Herr Mindt bei Frau Raue? Kreuzen Sie an.

a. ☐ Er braucht einen Katalog für Möbel und Bürobedarf.   b. ☐ Frau Raue braucht einen Katalog.

c ▶ 1|34 Hören Sie Teil 2 vom Gespräch. Was bestellt Herr Mindt bei Frau Raue? Kreuzen Sie in 1a an. › ÜB: C1b – c

d ▶ 1|35 **Herr Mindt bestellt Bürobedarf. Lesen Sie die Bestellliste. Hören Sie dann das Telefongespräch und notieren Sie die Menge.**

Weier-Kunststoffwerke & Co.

Abteilung
Vertrieb

Name
M. Mindt

Bürobedarf	Menge		Bürobedarf	Menge
Ablagekorb			Locher	
Bleistift			Marker	
Büroklammern			Notizblock	
Druckerpapier	*1.000*		Ordner	
Heftmaschine			Radiergummi	
Kugelschreiber			Spitzer	

2 Grammatik auf einen Blick: Der Nullartikel › G: 2.2

a **Lesen Sie die Sätze aus dem Telefongespräch in 1d. Welcher Artikel steht vor den markierten Nomen? Kreuzen Sie an: bestimmter Artikel (b), unbestimmter Artikel (u) oder Nullartikel (Ø).**

TIPP

Nullartikel
→ Ø-Artikel = kein Artikel,
z. B. Ich bestelle Ø Papier.
  Ich brauche Ø Hilfe.

		b	u	Ø
1.	Ich brauche Druckerpapier.	☐	☐	☒
2.	Ich habe schon einen Locher.	☐	☐	☐
3.	Aber der Locher ist zu klein.	☐	☐	☐
4.	Ja und dann brauche ich noch Büroklammern.	☐	☐	☐
5.	Da habe ich Glück.	☐	☐	☐

b **Wo steht der Nullartikel? Lesen Sie die Sätze in 2a noch einmal und notieren Sie die richtige Satznummer.** › ÜB: C2

Ⓖ

1. Unbestimmte Menge, Singular oder Plural   → Sätze: *1*, _____
2. Abstrakte, nicht zählbare Nomen, z. B. Hilfe, Zeit etc. → Satz: _____

3 Ich brauche …

a **Klein, schmal, groß oder breit? – Ihr Partner / Ihre Partnerin bestellt Möbel (Situation 1). Tauschen Sie auch die Rollen (Situation 2).** › ÜB: C3

Situation 1
Schreibtisch – Er ist schön, aber zu klein / …
Regal – Perfekt, es ist … genug.
Notebook – Gut, es ist nicht so …

 ▶ Ich brauche einen Schreibtisch.
 ▶ Wie finden Sie den Schreibtisch hier?
 ▶ Er ist schön, aber zu klein.

Situation 2
Aktenschrank – Nicht gut, er ist nicht … genug.
Schreibtischlampe – Sie ist praktisch, aber zu …
Besucherstuhl – Gut, er ist … genug.

b **Bestellen Sie Möbel und Bürobedarf für Ihr Büro. Partner A: Datenblatt A4, Partner B: Datenblatt B4.**

D Viele Grüße aus ...

1 Alles neu

a **Lesen Sie die E-Mail und beantworten Sie die Fragen.** › ÜB: D1–2

| → | ✉ | j.riedel@xpu.de | | _ □ ✕ |

Lieber Jens,

leider eine lange Mail-Pause! Ich bin jetzt in Dresden. Ich arbeite jetzt schon zwei Wochen hier bei Weier-Kunststoffwerke und Co. Ich habe wirklich Glück. Die Kolleginnen und Kollegen und auch der Chef sind alle kompetent und sehr nett. Mein Büro ist neu und noch sehr leer. Ich habe nur einen Schreibtisch und einen Stuhl – sehr alt –, eine Schreibtischlampe und ein Telefon. Aber ich bestelle, bestelle, bestelle – Büromöbel, Bürotechnik, Bürobedarf! Bald ist alles perfekt. Mein Büro ist sehr schön: groß und hell.

Aber es gibt auch Probleme: Der Computer ist kaputt – ich benutze ein Notebook –, das Telefon funktioniert oft nicht – Büroalltag! Aber ich bin sehr zufrieden.

Ich wohne im Hotel und bekomme bald eine Wohnung. Dann kommen Maria und die Kinder auch nach Dresden.

Wie geht's dir? Hast du den Job im Saarland? Was machen Mara und Leo?

Viele Grüße aus Dresden
Marvin

1. Wie lange arbeitet Marvin in Dresden?   *Zwei Wochen.*

2. Wie sind die Kollegen?   _____

3. Warum ist sein Büro noch sehr leer?   _____

4. Welche Möbel sind jetzt im Büro?   _____

5. Wie ist das Büro?   _____

6. Warum benutzt er ein Notebook?   _____

7. Wie geht es Marvin?   _____

8. Wo wohnt Marvin?   _____

b **Lesen Sie die SMS von Jens und schreiben Sie die Informationen in ganzen Sätzen.** › ÜB: D3

Hi Marvin, ich habe ...

_____

_____

> Hi Marvin,
> hab die Stelle bei Marquardt.
> Kollegen nett! Mara ist hier –
> hat Job in Frankreich.
> Leo – glücklich, hat schon
> Freunde.
> LG – Jens

2 Wo arbeitet Jens? – Die Firma Marquardt

Lesen Sie die Informationen rechts oben und beantworten Sie die Fragen. › ÜB: D4

1. Wie viele Jahre gibt es die Firma Marquardt?   *Seit 1966.*

2. Wo ist die Firma?   _____

3. Wie viele Personen arbeiten bei Marquardt?   _____

4. Was produziert Marquardt?   _____

5. Wo ist Marquardt tätig?   _____

6. Wer leitet die Firma?   _____

Kunststoffwerk marquardt

Unternehmensgründung: 1966
Standort: Kleinblittersdorf (Saarland)
Mitarbeiterzahl: ca. 200
Geschäftsbereiche: Fenster, Türen
Tätigkeit: europaweit
Geschäftsführer: Wolfgang Marquardt

Aussprache

1 Akzent in kurzen Sätzen

a ▶ 1|36 **Hören Sie die Sätze und sprechen Sie mit. Achten Sie auf den Rhythmus.**

1. Ich bin jetzt in Dresden.
2. Ich arbeite jetzt schon zwei Wochen.
3. Ich bin sehr zufrieden.
4. Wie geht's dir im Saarland?

b **Hören Sie die Sätze noch einmal. Markieren Sie in 1a zuerst das betonte Wort, dann die betonte Silbe.**

c **Zeichnen Sie für die Sätze in 1a den Rhythmus auf, wie im Beispiel.**

d **Lesen Sie die Sätze in 1a laut und klopfen Sie mit.**

Ich	bin	jetzt	in	**Dres**	den.
•	•	•	•	●	•

e **Der Satzakzent: Welches Wort hat oft die stärkste Betonung im Satz? Kreuzen Sie an.**

a. ☐ Das erste Wort.   b. ☐ Das letzte Wort.

2 Wo ist der Satzakzent?

a **Lesen Sie die Sätze leise und markieren Sie den Satzakzent.**

1. Ich bin.
2. Ich bin hier.
3. Ich bin hier in Dresden.
4. Ich bin hier in Dresden bei Weier.
5. Ich bin hier in Dresden bei Weier sehr glücklich.

b ▶ 1|37 **Hören Sie die Sätze und vergleichen Sie. Ist alles richtig?**

c **Sprechen Sie die Sätze in 2a.**

E Schlusspunkt

Situation 1

Person A

Sie sind Frau Makai. Sie sind neu bei „Weier" und brauchen Möbel, Technik und Bürobedarf. Sie gehen in die Abteilung von Herrn Ott. Er hat einen Katalog. Sie vergleichen und bestellen.

Person B

Sie sind Herr Ott. Frau Makai ist neu bei „Weier" und braucht Möbel, Technik und Bürobedarf. Sie machen die Bestellungen und zeigen Frau Makai den Katalog.

Positiv:
- ▶ Guten Tag.
- ▶ Guten Tag, ich bin … Ich bin neu hier und ich brauche …
- ▶ Schauen Sie hier. Wie finden Sie den / das / die … hier?
- ▶ Der / Das / Die … ist gut / perfekt.
  Er / Es / Sie ist klein / groß / schmal / breit genug.
  Er / Es / Sie ist nicht so klein / groß / schmal / breit.

Negativ:
- ▶ Guten Tag.
- ▶ Guten Tag, ich bin … Ich bin neu hier und ich brauche …
- ▶ Schauen Sie hier. Wie finden Sie den / das / die … hier?
- ▶ Der / Das / Die … ist schön / praktisch, aber zu klein / groß / schmal / breit.
  Der / Das / Die … ist nicht klein / groß / schmal / breit genug.

Farben:
- ▶ Guten Tag.
- ▶ Guten Tag, ich bin … Ich bin neu hier und ich brauche …
- ▶ Schauen Sie hier. Wie finden Sie den / das / die … hier?
- ▶ Der / Das / Die ist gut. Welche Farben gibt es?
- ▶ Es gibt … und …
- ▶ Ich nehme …

Situation 2

Person A

Sie sind Herr Lino. Frau Jordan ist neu bei „Weier" und braucht Möbel, Technik und Bürobedarf. Sie machen die Bestellungen und zeigen Frau Jordan den Katalog.

Person B

Sie sind Frau Jordan. Sie sind neu bei „Weier" und brauchen Möbel, Technik und Bürobedarf. Sie gehen in die Abteilung von Herrn Lino. Er hat einen Katalog. Sie vergleichen und bestellen.

Lektionswortschatz

Möbel:
das Regal, -e
der Rollcontainer, -
der Schrank, ⁼e
    Aktenschrank
der Stuhl, ⁼e
    Besucherstuhl
    Schreibtischstuhl
der Tisch, -e
    Besprechungstisch
    Schreibtisch

Geräte und Technik:
der Bildschirm, -e
der Monitor, -e
der Computer, -
    Personal Computer (PC)
der Drucker, -
drucken
die Lampe, -n
    Schreibtischlampe
die Maus, ⁼e
das Mauspad, -s
das Notebook, -s
die Tastatur, -en
das Telefon, -e
benutzen

Bürobedarf:
der Block, ⁼e
    Notizblock
die Büroklammer, -n
das / die Flipchart, -s
die Heftmaschine, -n
der Kalender, -
der Korb, ⁼e
    Ablagekorb
    Papierkorb
der Locher, -
der Ordner, -
das Papier *(hier nur Sg.)*
    Druckerpapier
der Radiergummi, -s
der Spitzer, -
der Stift, -e
    Bleistift
der Kugelschreiber, -
der Marker, -
die Bestellung, -en
bestellen
die Liste, -n
    Bestellliste
der Katalog, -e

Farben:
weiß – grau – schwarz
blau
grün
gelb
rot

Technischer Service:
funktionieren
klappen
passieren
reparieren
die Reparatur, -en
starten
der Auftrag, ⁼e
der Fehler, -
die Hilfe, -n
das Problem, -e
die Hotline, -s
der Service, -s
    Kundenservice
der Techniker, - /
    die Technikerin, -nen
kaputt

Die Firma:
der Job, -s
bei der Firma … arbeiten
das Unternehmen, -
die Unternehmens-
    gründung, -en
der Standort, -e
der Geschäftsbereich, -e
tätig sein
die Tätigkeit, -en
leiten
produzieren
europaweit

Die E-Mail:
der Betreff *(nur Sg.)*
die Anrede, -n
der Text, -e
der Dank *(nur Sg.)*
Danke im Voraus.
die Grußformel, -n
der Gruß, ⁼e
    Viele Grüße

Die SMS:
LG = Liebe Grüße

Kurssprache:
beantworten
beschreiben
betrachten
die Betonung, -en
das Buch, ⁼er
    Wörterbuch
die Information, -en
die Regel, -n
die Struktur, -en
Tauschen Sie auch die
    Rollen.

Verben:
bekommen
brauchen
finden
haben
kennen
nennen
schauen
telefonieren

Nomen:
der Alltag *(nur Sg.)*
der Artikel, -
die EDV (= Elektronische
    Datenverarbeitung)
das Glück *(nur Sg.)*
das Licht, -er
die Menge, -n
die Note, -n
die Sendung, -en
    Radiosendung
das Hotel, -s
die Wohnung, -en
das Fenster, -
die Tür, -en

Adjektive:
breit ≠ schmal
alt
bekannt
dringend
hell
kompetent
leer
praktisch
schriftlich
zufrieden

Adverbien:
genug
gleich
bald
dann
ca. (= circa)
nichts
oben
vielleicht
zuerst

Fragewörter:
Wann?

Präpositionen:
auf
bei (Marquardt / …)
von
seit

Andere Wörter:
denn *(in Frage: interessiert)*

Redemittel:
Welche Farbe(n) hat /
    haben …?
Es gibt …
Noch etwas?
Nichts zu danken.

Doppelmayr

1 Seilbahnen

a Schauen Sie die Bilder an. Welche Bahnen kennen Sie? Kreuzen Sie an.

die Gondelbahn, -en

die Sesselbahn, -en

der Schlepplift, -e

die Pendelbahn, -en

der Cable Liner, -

die Standseilbahn, -en

b Sprechen Sie mit einem Partner / einer Partnerin.

Gondelbahnen / Schlepplifte … kenne ich. | Gondelbahnen / Schlepplifte / … kenne ich nicht. |
Eine Gondelbahn / Einen Schlepplift / … gibt es in … | Ich fahre gern Gondelbahn / Schlepplift / … |
Die Gondelbahn / Der Schlepplift / … ist schön / toll / groß / schnell / …

2 Die Firma Doppelmayr

a Wo und wann? Lesen Sie die Informationen zu Doppelmayr und schreiben Sie die Jahre in die Weltkarte.

Die Doppelmayr Gruppe

Standort: Wolfurt (Österreich)
Unternehmensgründung: 1892 in Wolfurt
Mitarbeiterzahl: ca. 2.400
Geschäftsbereich: Seilbahnbau
Tätigkeit: weltweit
Geschäftsführer: Michael Doppelmayr

Meilensteine

1937 erster Schlepplift in Zürs am Arlberg
1953 erster Auftrag in Übersee (Montreal, Kanada)
1964 Entwicklung von erster Sesselbahn
1998 erste Sesselbahn für 8 Personen in Norwegen
2002 Fusion mit Schweizer Garaventa Seilbahnen AG
2010 längste Pendelbahn weltweit in Armenien
2012 Stadtseilbahn in London
2013 Gondelbahn mit 2 Weltrekorden in Vietnam
2014 Seilbahnnetz in Bolivien

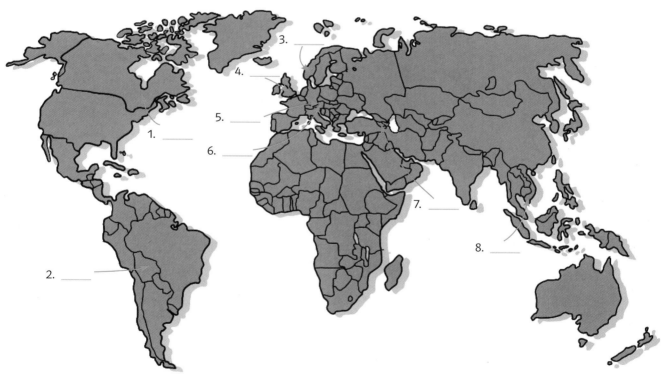

b Film|1 **Sehen Sie den Film. Was ist wichtig für Doppelmayr? Kreuzen Sie an. Benutzen Sie auch ein Wörterbuch.**

1. die Berge ☐   3. die Technik ☐   5. der Mensch ☐   7. das Auto ☐
2. der Transport ☐   4. die Straße ☐   6. der Verkehr ☐   8. der Schnee ☐

c Sehen Sie den Film noch einmal. Welche Bahnen sehen Sie? Kreuzen Sie an.

1. der Cable Liner ☐   3. die Gondelbahn ☐   5. der Schlepplift ☐   7. die Standseilbahn ☐
2. die Deutsche Bahn ☐   4. die Pendelbahn ☐   6. die Sesselbahn ☐   8. die U-Bahn ☐

A Termine wann und wo?

	Montag	Dienstag	Mittwoch	Donnerstag	Freitag	Samstag	Sonnta
08:00	Team-besprechung						
09:00	*8:30 Uhr*						
10:00	Büromöbel:			Skype-Konferenz mit Tokio und London:			
11:00	_____	Treffen mit Frau Ogashi:			Team-besprechung:		
12:00		_____		_____	_____		
13:00							
14:00					Mittagessen (Team):		
15:00	Computer (Firma PC-System-haus):				_____		
16:00			Feier (Herr Buchinger), Restaurant Alt Paris:				
17:00	_____						
18:00			_____				
19:00							

1 Termine in der Firma

a ▶ 1|38 **Hören Sie Teil 1 vom Gespräch. Was ist richtig? Kreuzen Sie an.**

1. Wer leitet das Team?
   a. ☐ Frau Schmidt.   b. ☐ Herr Bastian.
2. Was macht das Team?
   a. ☐ Eine Kaffeepause.   b. ☐ Eine Teambesprechung.

b ▶ 1|39 **Hören Sie Teil 2 vom Gespräch. Welche Uhrzeiten hören Sie? Kreuzen Sie an.**

Montag:	a. ☒ 09:00 Uhr	b. ☐ 09:30 Uhr	c. ☐ 10:00 Uhr
	d. ☐ 13:00 Uhr	e. ☐ 14:00 Uhr	f. ☐ 14:30 Uhr
Dienstag:	a. ☐ 10:00 Uhr	b. ☐ 10:15 Uhr	c. ☐ 15:00 Uhr
Mittwoch:	a. ☐ 07:00 Uhr	b. ☐ 07:30 Uhr	c. ☐ 17:30 Uhr
Donnerstag:	a. ☐ 10:00 Uhr	b. ☐ 10:10 Uhr	c. ☐ 10:30 Uhr
Freitag:	a. ☐ 11:00 Uhr	b. ☐ 11:30 Uhr	c. ☐ 11:45 Uhr
	d. ☐ 03:00 Uhr	e. ☐ 13:00 Uhr	f. ☐ 13:30 Uhr

c **Hören Sie Teil 2 vom Gespräch noch einmal und notieren Sie die Uhrzeiten im Kalender oben.**   › ÜB: A1

2 Tageszeit und Uhrzeit

Ordnen Sie die Tageszeiten zu. › ÜB: A2

> vormittags / am Vormittag | nachts / in der Nacht | mittags / am Mittag / zu Mittag (A) |
> morgens / am Morgen | abends / am Abend | nachmittags / am Nachmittag

1. 05:00 – 10:00 Uhr   *morgens / am Morgen*
2. 10:00 – 11:30 Uhr   _____
3. 11:30 – 14:00 Uhr   _____

4. 14:00 – 17:30 Uhr   _____
5. 17:30 – 22:00 Uhr   _____
6. 22:00 – 05:00 Uhr   _____

3 Eine Konferenz planen

a **Was zeigt das Bild? Kreuzen Sie an.**

1. Die Personen sind aus
   a. ☐ Deutschland.   b. ☐ Argentinien, Deutschland, Japan.

2. Die Personen
   a. ☐ skypen.   b. ☐ telefonieren.

b ▶ 1|40 **In Deutschland ist es 17:00 Uhr. Wie viel Uhr ist es in Argentinien und in Japan? Hören Sie Teil 1 vom Gespräch und notieren Sie die Uhrzeiten.**

Deutschland: *17:00 Uhr*   Argentinien: _____   Japan: _____

c ▶ 1|41 **Hören Sie Teil 2 vom Gespräch. Wann ist die Konferenz? Kreuzen Sie an.**

1. Die Konferenz ist in Deutschland   a. ☐ morgens.   b. ☐ mittags.   c. ☐ abends.
2. Die Konferenz ist in Argentinien   a. ☐ morgens.   b. ☐ mittags.   c. ☐ abends.
3. Die Konferenz ist in Japan   a. ☐ morgens.   b. ☐ mittags.   c. ☐ abends.

d **Wie viel Uhr ist es jetzt in Deutschland? Wie spät ist es in Ihrem Heimatland?**

4 Wann machen wir die Skype-Konferenz?

Um wie viel Uhr geht es? Sprechen Sie.

1. Termin Skype-Konferenz: Deutschland, São Paulo und Sydney?
2. Termin Skype-Konferenz: Zürich, Los Angeles und Moskau?
3. Termin Skype-Konferenz: Wien, New York und Bangkok?

▶ Wann machen wir die Skype-Konferenz?
▶ Um 15:00 Uhr nachmittags? Geht das?
▶ Da ist es in Sydney 1:00 Uhr nachts, das geht nicht.
▶ Geht es um …?

Österreich	→ New York	– 5 Stunden
Schweiz	→ Los Angeles	– 8 Stunden
Deutschland	→ São Paulo	– 3 Stunden
Schweiz	→ Moskau	+ 2 Stunden
Österreich	→ Bangkok	+ 6 Stunden
Deutschland	→ Sydney	+ 10 Stunden

B Hast du Zeit?

1 Termine privat

a ▶ 1|42 **Hören Sie Teil 1 vom Telefongespräch. Was ist richtig (r), was ist falsch (f)? Kreuzen Sie an.**

	r	f
1. Barbara ist eine Freundin von Anna.	☒	☐
2. Barbara arbeitet heute lange.	☐	☐
3. Barbara hat heute Abend Zeit.	☐	☐

b ▶ 1|43 **Hören Sie Teil 2 vom Telefongespräch und ergänzen Sie die Uhrzeiten.**

zwei | vier | ~~sieben~~ | zehn | halb fünf | halb elf |
Viertel nach drei | Viertel vor acht

Uhrzeit inoffiziell:

Es ist acht Uhr.

Es ist zehn nach acht.

Es ist Viertel nach acht.

Es ist halb neun.

Es ist zwanzig vor neun.

Es ist Viertel vor neun.

Dienstag:
Abendessen mit Frau Ogashi:

um *sieben*

Mittwoch:
Meeting mit Kollegen:

um _____

Donnerstag:
Treffen mit Herrn Schulz:

um _____

Freitag:
Präsentation:

von _____ bis _____

Freitag:
Kino:

um _____

Samstag und Sonntag:
EDV-Weiterbildung:

von _____ bis _____

c **Ordnen Sie die Uhrzeiten aus 1b den Uhren zu.** › ÜB: B1–2

sieben _____

_____

_____

_____

von zwei ____ *bis* _____   *von* ____ *bis* _____

d **Wann essen Barbara und Anna zusammen?**

2 Grammatik auf einen Blick: Die Negation „kein-" und „nicht" › G: 6.1

a ▶ 1|43 **Hören Sie Teil 2 vom Telefongespräch noch einmal. Was sagt Barbara: a oder b? Kreuzen Sie an.**

		a.		b.	
1.	Die Woche habe ich	a. ☐	viele Termine.	b. ☒	nicht viele Termine.
2.	Am Dienstagabend habe ich	a. ☐	Termine.	b. ☐	keine Termine.
3.	Abends habe ich	a. ☐	einen Termin.	b. ☐	keinen Termin.
4.	Mittwoch ist	a. ☐	ein Meeting.	b. ☐	kein Meeting.
5.	Am Donnerstag habe ich	a. ☐	frei.	b. ☐	nicht frei.
6.	Am Donnerstag	a. ☐	kann ich.	b. ☐	kann ich nicht.
7.	Am Freitagnachmittag habe ich	a. ☐	eine Präsentation.	b. ☐	keine Präsentation.
8.	Nachmittags	a. ☐	geht es.	b. ☐	geht es nicht.

b **Lesen Sie die Sätze in 2a. Ergänzen Sie „ein-" und „kein-".**

	Nominativ				Akkusativ			
	+		–		+		–	
Maskulinum	*ein*	Termin	*kein*	Termin		Termin		Termin
Neutrum		Meeting		Meeting	*ein*	Meeting	*kein*	Meeting
Femininum	*eine*	Präsentation	*keine*	Präsentation		Präsentation		Präsentation
Plural	∅	Termine	*keine*	Termine		Termine		Termine

c **Lesen Sie die Sätze b in 2a noch einmal. Wo stehen „kein-" und „nicht"?** › ÜB: B3

Ⓖ

1. „nicht" am Satzende verneint den Satz. → Sätze: *6b,*
2. „nicht" vor einem Wort verneint das Wort. → Sätze: *1b,*
3. „kein-" verneint den Artikel „ein-" oder den Nullartikel. → Sätze: *2b,*

3 Finden wir einen Termin?

a **Was machen Sie morgen? Notieren Sie Ihre Termine.**

Datum:	
6:00	14:00
7:00	15:00
8:00	16:00
9:00	17:00
10:00	18:00
11:00	19:00
12:00	20:00
13:00	21:00

b **Wann essen / arbeiten / … wir …?**

1. zusammen Mittag essen
2. zusammen zwei Stunden arbeiten
3. zusammen ins Kino gehen
4. zusammen eine halbe Stunde Kaffeepause machen

Wann essen wir zusammen Mittag? Können Sie um 13:00 Uhr?

Nein, ich habe um 13:00 Uhr leider keine Zeit.

▶ Haben Sie um … Zeit?
▶ Geht es um … ?
▶ Können Sie um …?

▶ Wann können Sie? / Wann haben Sie Zeit?

▶ Ich habe um … (keine) Zeit.
▶ Es geht um … (nicht).
▶ Ich kann um … (nicht). / Ich kann um … nicht, aber um …
▶ Ich kann um … (und um …). / Ich kann von … bis …

1 Urlaubsplanung bei Messebau Müller

a ▶ 1|44–46 **Wer macht wann Urlaub? Hören Sie die Gespräche 1 bis 3 und kreuzen Sie die Monate an.** › ÜB: C1

Messebau Müller – Urlaubsplanung 2015												
	Winter		Frühling			Sommer			Herbst			Winter
	Januar	Februar	März	April	Mai	Juni	Juli	August	September	Oktober	November	Dezember
Hr. Bax				X								
Fr. Drey												
Hr. Lüder												

b **Hören Sie die Gespräche 1 bis 3 noch einmal. Welches Datum hören Sie? Markieren Sie im Kalender.** › ÜB: C2–3

Januar							
KW	Mo	Di	Mi	Do	Fr	Sa	So
1			1	2	3	4	
2	5	6	7	8	9	10	11
3	12	13	14	15	16	17	18
4	19	20	21	22	23	24	25
5	26	27	28	29	30	31	

Februar							
KW	Mo	Di	Mi	Do	Fr	Sa	So
5							1
6	2	3	4	5	6	7	8
7	9	10	11	12	13	14	15
8	16	17	18	19	20	21	22
9	23	24	25	26	27	28	

März							
KW	Mo	Di	Mi	Do	Fr	Sa	So
9							1
10	2	3	4	5	6	7	8
11	9	10	11	12	13	14	15
12	16	17	18	19	20	21	22
13	23	24	25	26	27	28	29
14	30	31					

April							
KW	Mo	Di	Mi	Do	Fr	Sa	So
14			1	2	3	4	5
15	6	7	8	9	10	11	12
16	13	14	15	16	17	18	19
17	20	21	22	23	24	25	26
18	27	28	29	30			

Mai							
KW	Mo	Di	Mi	Do	Fr	Sa	So
18					1	2	3
19	4	5	6	7	8	9	10
20	11	12	13	14	15	16	17
21	18	19	20	21	22	23	24
22	25	26	27	28	29	30	31

Juni							
KW	Mo	Di	Mi	Do	Fr	Sa	So
23	1	2	3	4	5	6	7
24	8	9	10	11	12	13	14
25	15	16	17	18	19	20	21
26	22	23	24	25	26	27	28
27	29	30					

Juli							
KW	Mo	Di	Mi	Do	Fr	Sa	So
27			1	2	3	4	5
28	6	7	8	9	10	11	12
29	13	14	15	16	17	18	19
30	20	21	22	23	24	25	26
31	27	28	29	30	31		

August							
KW	Mo	Di	Mi	Do	Fr	Sa	So
31						1	2
32	3	4	5	6	7	8	9
33	10	11	12	13	14	15	16
34	17	18	19	20	21	22	23
35	24	25	26	27	28	29	30
36	31						

September							
KW	Mo	Di	Mi	Do	Fr	Sa	So
36		1	2	3	4	5	6
37	7	8	9	10	11	12	13
38	14	15	16	17	18	19	20
39	21	22	23	24	25	26	27
40	28	29	30				

Oktober							
KW	Mo	Di	Mi	Do	Fr	Sa	So
40				1	2	3	4
41	5	6	7	8	9	10	11
42	12	13	14	15	16	17	18
43	19	20	21	22	23	24	25
44	26	27	28	29	30	31	

November							
KW	Mo	Di	Mi	Do	Fr	Sa	So
44							1
45	2	3	4	5	6	7	8
46	9	10	11	12	13	14	15
47	16	17	18	19	20	21	22
48	23	24	25	26	27	28	29
49	30						

Dezember							
KW	Mo	Di	Mi	Do	Fr	Sa	So
49		1	2	3	4	5	6
50	7	8	9	10	11	12	13
51	14	15	16	17	18	19	20
52	21	22	23	24	25	26	27
53	28	29	30	31			

TIPP

Der Wievielte ist heute?
Heute ist . . .

1.2. – der erste Februar /
der erste Zweite

3.4. – der dritte April /
der dritte Vierte

5.6. – der fünfte Juni /
der fünfte Sechste

7.8. – der siebte August /
der siebte Achte

9.10. – der neunte Oktober /
der neunte Zehnte

11.12. – der elfte Dezember /
der elfte Zwölfte

20.12. – der zwanzigste Dezember /
der zwanzigste Zwölfte

31.12. – der einunddreißigste Dezember /
der einunddreißigste Zwölfte

1996 – neunzehnhundert-sechsundneunzig

2015 – zweitausendfünfzehn

Wann?

am ersten Januar /
ersten Ersten

am zweiten März /
zweiten Dritten

am neunten Mai /
neunten Fünften

am fünfzehnten Juli /
fünfzehnten Siebten

am zwanzigsten September /
zwanzigsten Neunten

am dreißigsten November /
dreißigsten Elften

2 Wann machen Sie Urlaub?

a **Markieren Sie im Kalender in 1b Ihre Urlaubszeiten.**

b **Sprechen Sie im Kurs.** › ÜB: C4

Ich mache im Mai Urlaub.

Ich mache eine Woche im September Urlaub, vom 14. bis 18.9.

Ich mache vom 29. Juni bis 10. Juli Urlaub.

3 Frühjahrs-, Sommer-, Herbst- und Wintermessen: Messebau Müller ist da!

a Lesen Sie die Messeanzeigen unten. Wie heißen die Messen und was zeigen sie?

b ▶ 1|47 Hören Sie das Gespräch. Wann arbeitet die Firma Messebau Müller? Ergänzen Sie die Daten. › ÜB: C5

1. Wintermesse

✦ ISPO MUNICH

Die ISPO Munich vom: _5.2._   bis: _8.2._

DIE MESSE für Sportmode und Sportartikel!
Sportgeräte, Sportkleidung, Sportschuhe und und und …
Besuchen Sie die ISPO Munich in München.

Messeaufbau: _3. + 4.2._   Messeabbau: _8.2._

2. Frühlingsmesse

Die Zürcher Bildungsmesse   **schoolexpo** 🏠
schoolexpo ist   Bildungsmesse im HB Zürich

vom: _____   bis: _____

der Treffpunkt für Bildung: beruflich oder privat.

Ausbildung, Weiterbildung, Studium – hier in Zürich finden
Sie alle Informationen.

Messeaufbau: _____   Messeabbau: _____

3. Sommermesse

PREMĪUM
INTERNATIONAL FASHION TRADE SHOW

PREMIUM – die internationale Modemesse in Berlin

Herren- und Damenmode, Alltagskleidung, Schuhe und
Accessoires: schön, schick, perfekt!

Kommen Sie vom: _____   bis: _____!

Messeaufbau: _____   Messeabbau: _____

4. Herbstmesse

⊙ **FUTURA**®

Besuchen Sie

vom: _____   bis: _____

die FUTURA in Salzburg – die Messe
für Unterhaltungs- und Informationstechnologie.

Messeaufbau: _____   Messeabbau: _____

c Lesen Sie Ihre Notizen oben. Wann sind die Messen? Markieren Sie die Kalenderwochen im Kalender in 1b.

d Lesen Sie die Messeanzeigen oben und die Kalendereinträge in 1b noch einmal. Ergänzen Sie die Tabelle.

	Name	Stadt	Termin	Produkte	Monat	KW	Jahreszeit
1.	ISPO			Sportartikel, –mode, –geräte			
2.			25.– 27.03.				Frühling
3.		Berlin			Juli		
4.						38	

e Suchen Sie eine Messe auf www.messen.de, www.swissfairs.com oder www.messe.at/. Informieren Sie Ihren
Partner / Ihre Partnerin. Notieren Sie die Informationen von Ihrem Partner / Ihrer Partnerin.

Ihre Messe:

Name	Stadt	Termin	Produkte	Monat	KW	Jahreszeit

Die Messe von Partner / Partnerin:

Name	Stadt	Termin	Produkte	Monat	KW	Jahreszeit

D Ich grüße dich!

1 Leider kann ich um 18:30 nicht, denn …

a Lesen Sie die E-Mails schnell. Was ist richtig?

a. ☐ Barbara und Vanessa finden einen Termin.   b. ☐ Barbara und Vanessa finden keinen Termin.

b Barbara und Vanessa suchen einen Termin. Lesen Sie die E-Mails A bis F und sortieren Sie sie.

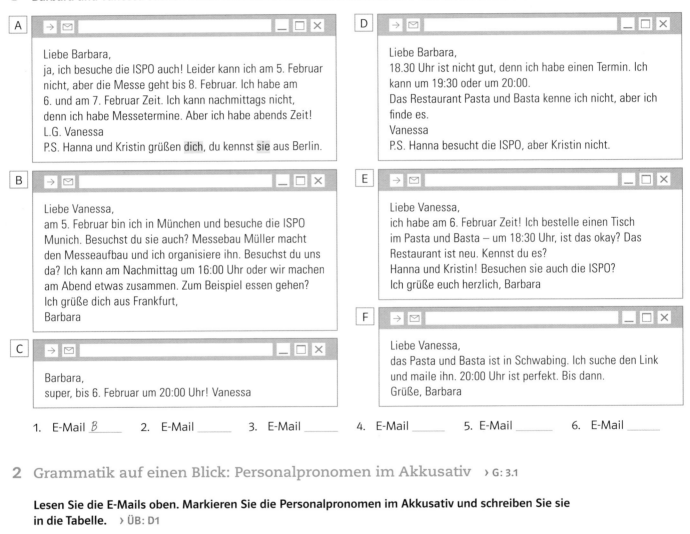

A →✉ _ ☐ ✕

Liebe Barbara,
ja, ich besuche die ISPO auch! Leider kann ich am 5. Februar
nicht, aber die Messe geht bis 8. Februar. Ich habe am
6. und am 7. Februar Zeit. Ich kann nachmittags nicht,
denn ich habe Messetermine. Aber ich habe abends Zeit!
L.G. Vanessa
P.S. Hanna und Kristin grüßen dich, du kennst sie aus Berlin.

D →✉ _ ☐ ✕

Liebe Barbara,
18.30 Uhr ist nicht gut, denn ich habe einen Termin. Ich
kann um 19:30 oder um 20:00.
Das Restaurant Pasta und Basta kenne ich nicht, aber ich
finde es.
Vanessa
P.S. Hanna besucht die ISPO, aber Kristin nicht.

B →✉ _ ☐ ✕

Liebe Vanessa,
am 5. Februar bin ich in München und besuche die ISPO
Munich. Besuchst du sie auch? Messebau Müller macht
den Messeaufbau und ich organisiere ihn. Besuchst du uns
da? Ich kann am Nachmittag um 16:00 Uhr oder wir machen
am Abend etwas zusammen. Zum Beispiel essen gehen?
Ich grüße dich aus Frankfurt,
Barbara

E →✉ _ ☐ ✕

Liebe Vanessa,
ich habe am 6. Februar Zeit! Ich bestelle einen Tisch
im Pasta und Basta – um 18:30 Uhr, ist das okay? Das
Restaurant ist neu. Kennst du es?
Hanna und Kristin! Besuchen sie auch die ISPO?
Ich grüße euch herzlich, Barbara

C →✉ _ ☐ ✕

Barbara,
super, bis 6. Februar um 20:00 Uhr! Vanessa

F →✉ _ ☐ ✕

Liebe Vanessa,
das Pasta und Basta ist in Schwabing. Ich suche den Link
und maile ihn. 20:00 Uhr ist perfekt. Bis dann.
Grüße, Barbara

1. E-Mail _B_   2. E-Mail ____   3. E-Mail ____   4. E-Mail ____   5. E-Mail ____   6. E-Mail ____

2 Grammatik auf einen Blick: Personalpronomen im Akkusativ › G: 3.1

**Lesen Sie die E-Mails oben. Markieren Sie die Personalpronomen im Akkusativ und schreiben Sie sie
in die Tabelle.** › ÜB: D1

Nominativ	ich	du	er	sie	es	wir	ihr	sie	Sie
Akkusativ	mich	dich						sie	Sie

3 Termine notieren

Fragen Sie Ihren Partner / Ihre Partnerin und notieren Sie. Partner A: Datenblatt A5, Partner B: Datenblatt B5.

4 Grammatik auf einen Blick: Konjunktionen „aber", „denn", „und", „oder" › G: 4.1

a Lesen Sie die E-Mails oben und markieren Sie die Konjunktionen „aber", „denn", „und", „oder" und das Verb.

b **Ergänzen Sie die Sätze.** › ÜB: D2

1. Hauptsatz	Position 0	2. Hauptsatz
Das Restaurant kenne ich nicht,	aber	*ich finde es.*
Ich kann nachmittags nicht,	denn	
Messebau Müller macht den Messeaufbau	und	
Ich kann am Nachmittag um 16:00 Uhr(,)	oder	

5 Eine Terminabsage

Sie bekommen eine E-Mail. Schreiben Sie eine Antwort. Verwenden Sie auch „aber" und „denn".

→ ✉	_ □ ✕

Liebe … / Lieber …,
am 8. und 9.7. bin ich Berlin und besuche die Modemesse. Besuchst du sie auch?
Hast du am 8. oder 9.7. Zeit? Kannst du mittags oder abends? Gehen wir essen?
Um wie viel Uhr kannst du?
L.G. …

Messebesuch: ja
Datum: 8.7. nein / 9.7. ja
mittags: nein, Termin
abends: ja
essen gehen: perfekt
Uhrzeit: 20:00 Uhr

6 Nein, ich kann nicht, denn …

Fragen Sie Ihren Partner / Ihre Partnerin und antworten Sie.

1. ▶ wir ins Kino gehen?
2. ▶ wir die Bildungsmesse besuchen?
3. ▶ wir noch einmal telefonieren?
4. ▶ wir morgen skypen?
5. ▶ wir zusammen essen gehen?

▶ morgen Abend um 20:00?
▶ am 26.03.?
▶ heute Abend um 19:30?
▶ morgen um 15:00?
▶ heute Mittag um 12:00?

▶ nein, da lange arbeiten
▶ nein, da Urlaub haben
▶ nein, da ins Kino gehen
▶ nein, da keine Zeit haben
▶ nein, da einen Termin haben

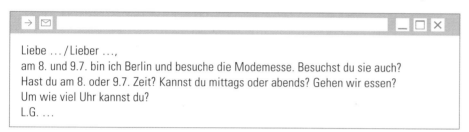

Gehen wir ins Kino?

Ja, gern. Kannst du morgen Abend um 20:00 Uhr?

Nein, da kann ich nicht, denn da arbeite ich lange.

Aussprache

1 Satzakzent und Satzmelodie

a ▶ 1|48 **Hören Sie die Sätze. Wo ist der Satzakzent? Markieren Sie.**

1. Wann hast du Zeit?
2. Ich habe morgen Zeit.
3. Kannst du am Nachmittag um vier Uhr?
4. Nein, um vier Uhr kann ich nicht.

5. Und um sechs Uhr am Abend?
6. Ja, um sechs Uhr kann ich.
7. Gut, dann morgen um sechs.
8. Das ist prima. Dann bis morgen.

b **Hören Sie die Sätze noch einmal. Wie ist die Satzmelodie: ↗ oder ↘? Zeichnen Sie in 1a ein wie im Beispiel.**

1. Wann hast du Zeit?

c **Sprechen Sie die Sätze in 1a.**

E Schlusspunkt

Situation 1

Person A

Sie sind Frau Leban.
Meeting mit Herrn Demuro?
Finden Sie einen Termin.

Mo., 11.05., 13:30?

Di., 12.05., 9:30 – 12:00:
Teambesprechung

Mi., 13.05. ,14:15?

Do., 14.05., 16:30 – 17:30:
Skype-Konferenz

Fr., 15.05. , 10:30?

Person B

Sie sind Herr Demuro.
Meeting mit Frau Leban?
Finden Sie einen Termin.

Mo., 11.05. ,13:00:
Mittagessen mit Kollegen

Di., 12.05., 11:00?

Mi., 13.05., 14.00 – 16:30:
Firmenpräsentation

Do., 14.05. ,16:45?

Fr., 15.05., 10:30:
ja

▶ Können Sie am …, den …, um …?
▶ Nein, am … kann ich nicht. Denn um … / von … bis … habe ich einen / ein / eine … Können Sie am …, den …, um …?
▶ Nein, am … kann ich nicht. Denn um … / von … bis … habe ich einen / ein / eine … Können Sie am …, den …, um …?
▶ …
▶ …
▶ Ja, da kann ich.

Situation 2

Person A

Sie sind Nicolas.
Treffen mit Karin?
Finden Sie einen Termin.

Mo., 20.07., 19:30?

Di., 21.07., 15:15 – 19:00:
Produktpräsentation

Mi., 22.07.,17:30?

Do., 23.07., 18:00:
Firmenfeier

Fr., 24.07., 18:30?

Person B

Sie sind Karin.
Treffen mit Nicolas?
Finden Sie einen Termin.

Mo., 20.07., 19:00:
Abendessen mit Kollegen

Di., 21.07., 17:30?

Mi., 22.07., 14:30 – 19:00:
Messebau-Meeting

Do., 23.07., 18:45?

Fr., 24.07., 18:30:
ja

▶ Kannst du am …, den …, um … (Uhrzeit inoffiziell + Tageszeit)?
▶ Nein, am … kann ich nicht. Denn um … / von … bis … habe ich einen / ein / eine … Kannst du am …, den …, um … (Uhrzeit inoffiziell + Tageszeit)?
▶ Nein, am … kann ich nicht. Denn um … / von … bis … habe ich einen / ein / eine … Kannst du am …, den …, um … (Uhrzeit inoffiziell + Tageszeit)?
▶ …
▶ …
▶ Ja, da kann ich.

Lektionswortschatz

Termine:
das Datum, die Daten
die Besprechung, -en
das Essen, -
    Mittagessen
    Abendessen
die Konferenz, -en
    Skype-Konferenz
das Meeting, -s
die Messe, -n
die Präsentation, -en
treffen
das Treffen, -
der Urlaub, -e
planen
die Planung, -en
organisieren

Uhrzeiten:
die Uhr, -en
die Zeit, -en
die Minute, -n
die Stunde, -n
    eine Viertelstunde
    eine halbe Stunde
    eine Dreiviertelstunde
Wie viel Uhr ist es?
Wie spät ist es?
Es ist …
    9:00 Uhr / 14:00 Uhr / …
    (Punkt) eins / zwei / …
    halb eins / zwei / …
    Viertel vor / nach eins /
    zwei / …
    zehn (Minuten) vor /
    nach eins / zwei / …

Tageszeiten:
der Morgen, -
morgens / am Morgen
der Vormittag, -e
vormittags / am Vormittag
der Mittag, -e
mittags / am Mittag /
    zu Mittag (A)
der Nachmittag, -e
nachmittags / am Nach-
    mittag
der Abend, -e
abends / am Abend
die Nacht, ⸚e
nachts / in der Nacht

Die Woche:
der Tag, -e
der Montag,-e
der Dienstag, -e
der Mittwoch, -e
der Donnerstag, -e
der Freitag, -e
der Samstag, -e
der Sonntag, -e
das Wochenende, -n
heute
morgen

Monate:
der Januar
der Februar
der März
der April
der Mai
der Juni
der Juli
der August
der September
der Oktober
der November
der Dezember

Jahreszeiten:
der Frühling, -e
der Sommer, -
der Herbst, -e
der Winter, -

Termine machen:
Um wie viel Uhr …?
Um wie viel Uhr geht es?
Geht es heute / um 9:00 /
    …?
Heute / Um 9:00 / … geht
    es.
Geht das?
Das geht (nicht).
Wann haben Sie Zeit?
Haben Sie heute / um
    9:00 / … Zeit?
Ich habe heute / um
    9:00 / … (keine) Zeit.
Wann können Sie?
Können Sie heute /
    um 9:00 / … ?
Ich kann heute / um
    9:00 / … (nicht).

Bildung:
die Ausbildung, -en
die Weiterbildung, -en
das Studium, Studien

Mode:
die Kleidung, -en
    (Pl. selten)
der Schuh, -e
das Accessoire, -s
der Artikel, -

Verben:
besuchen
essen
essen gehen
gehen (= passen)
grüßen
installieren
können
mailen
skypen

Nomen:
die Anzeige, -n
der Bau, -ten
    Aufbau ≠ Abbau
die Dame, -n
der Freund, -e /
    die Freundin, -nen
die Heimat (nur Sg.)
das Heimatland, ⸚er
der Kaffee, -s
das Kino, -s
der Link, -s
der Messestand, ⸚e
das Produkt, -e
das Restaurant, -s
der Sport (nur Sg.)
der Stress, -e (Pl. selten)
die Technologie, -n
    Informationstechnologie
    Unterhaltungstechno-
    logie
der Treffpunkt, -e

Adjektive:
frei
offiziell ≠ inoffiziell
privat ≠ beruflich
schick
spät

Präpositionen:
am (Abend / Montag /
    Wochenende / …)
im (Januar / Februar / …)
für (Bildung / Mode / …)
mit (Herrn Schulz /
    Frau Ogashi / …)
um (9:00 / 14:15 / …)
bis (morgen / 9:00 / …)
von … bis (von 9.00 bis
    10:00 / von Montag
    bis Freitag / von März
    bis Mai / …)
vom … bis (vom 4. bis
    11. Mai / vom 21. bis 30.
    August / …)
nach (fünf nach eins /
    zwanzig nach drei / …)
vor (fünf vor eins /
    zwanzig vor drei / …)

Fragewörter:
Wie viel?

Konjunktionen:
aber
denn
oder
und

Andere Wörter:
da
kein-
nicht

Redemittel:
Der Wievielte ist heute?
Heute ist der … (dritte
    Mai / dritte Fünfte / 3.5.)
ins Kino gehen
zu Mittag / Abend essen

A Das Werk

1 Im Werk ...

a Was machen die Personen auf den Fotos? Notieren Sie.

> die Produktion kontrollieren | in der Produktion arbeiten |
> das Werk besichtigen | das Unternehmen präsentieren |
> einen Mitarbeiter interviewen

Foto 1: *das Unternehmen präsentieren* _____

Foto 2: _____

Foto 3: _____

Foto 4: _____

Foto 5: _____

b Wer macht was? Sprechen Sie zu zweit.

Was macht der Mann auf Foto 1?

Er präsentiert das Unternehmen.

Was machen die Personen auf Foto 2?

5

in E-Mail Hauptinformationen verstehen + Wünsche mitteilen

2 Wann können wir kommen?

a **Lesen Sie die E-Mail. Welche zwei Fotos aus 1a passen?**

→ ✉ brigitte.lahn@compogroup.com ⎽ ☐ ✕

Sehr geehrte Frau Lahn,
mein Name ist Roland Becker. Ich bin Journalist und arbeite für die „Thüringer Zeitung". Ich schreibe im Moment den Artikel
„Unternehmen in Thüringen" und ich will auch die Firma „Compogroup" vorstellen. Kann ich das Unternehmen besuchen? Ich
möchte die Produktion sehen. Eine Praktikantin, Frau Sabine Wahner, möchte auch das Werk besichtigen.
Wann können wir kommen? Wir haben nächste Woche Zeit. Können wir das Werk am Vormittag besichtigen? Können wir die
Produktion fotografieren? Wir möchten auch drei Mitarbeiter interviewen. Ist das möglich?
Können Sie bitte schnell antworten? Denn wir wollen den Artikel in drei Wochen drucken.
Mit freundlichen Grüßen
Roland Becker

b **Lesen Sie die E-Mail noch einmal. Was ist richtig (r), was ist falsch (f)? Kreuzen Sie an.** › ÜB: A1

	r	f
1. Roland Becker möchte bei Compogroup arbeiten.	☐	☒
2. Roland Becker will einen Artikel schreiben.	☐	☐
3. Sabine Wahner möchte das Werk vorstellen.	☐	☐
4. Roland Becker und Sabine Wahner möchten nächste Woche kommen.	☐	☐
5. Roland Becker und Sabine Wahner möchten Frau Lahn interviewen.	☐	☐

3 Grammatik auf einen Blick: Modalverben – Wortstellung › G: 1.7

TIPP

„möchte-" ist höflich,
„wollen" ist sehr direkt.

a **Markieren Sie in der E-Mail in 2a die Modalverben „können", „wollen" und „möchte-" und
die Infinitive. Ergänzen Sie dann die Sätze.**

Aussagesatz:	Ich	*will*	die Firma „Compogroup"	*vorstellen*	.
	Ich	_____	die Produktion	_____	.
	Wir	_____	den Artikel in drei Wochen	_____	.
W-Frage:	Wann	_____	wir	_____	?
Ja- / Nein-Frage:	_____	_____	die Produktion	_____	?

b **Wo sind Modalverb und Infinitiv? Ergänzen Sie „Position 1", „Position 2" oder „am Satzende".** › ÜB: A2a–b

Ⓖ

Aussagesatz und W-Frage:	Modalverb → *Position 2*	Infinitiv → _____
Ja- / Nein-Frage:	Modalverb → _____	Infinitiv → _____

4 Was möchten Sie machen?

Was möchten Sie in der
Mittagspause machen?

Fragen Sie drei Personen. › ÜB: A2c

⎡ in der Mittagspause | im Deutschkurs | am Wochenende | heute Abend | …

⎡ arbeiten | schlafen | einen Kaffee trinken | essen | telefonieren |
Deutsch sprechen | Business-Englisch lernen | ins Kino gehen | …

Ich möchte essen.

B Die Werksbesichtigung

1 Sie können uns besuchen

Lesen Sie die E-Mail und beantworten Sie die Fragen.

→ ✉	r.becker@thueringer_zeitung.de	_ □ ✕
Betreff:	Termin Werksbesichtigung	
📎	regeln_werksbesichtigungen	

Sehr geehrter Herr Becker,

Sie können uns am 18. März besuchen. Können Sie schon um 7:30 Uhr kommen? Von 7:30 bis 9:00 Uhr besichtigen Sie das Werk. Herr Ziemer präsentiert die Produktion. Von 9:00 bis 10:00 Uhr können Sie drei Mitarbeiter interviewen. Herr Ziemer möchte auch „Vertrieb" und „Marketing" zeigen. Wollen Sie auch andere Bereiche sehen?
Frau Wahner kann natürlich auch kommen. Bitte lesen Sie die Regeln für Werksbesichtigungen im Anhang.

Mit freundlichen Grüßen
Brigitte Lahn

1. Wann ist die Werksbesichtigung? *Am 18. März, von 7:30 bis 9:00 Uhr.*

2. Wer zeigt das Werk? _____

3. Was können die Besucher auch sehen? _____

4. Was schickt Frau Lahn im Anhang? _____

2 Sie müssen einen Helm tragen

a **Lesen Sie die Regeln für Werksbesichtigungen. Welche Symbole passen? Eine Regel hat kein Symbol.**

Compogroup

Regeln für Werksbesichtigungen:

1. Besucher bekommen einen Helm und müssen den Helm im Werk tragen.

2. Die Gruppe muss im Werk zusammenbleiben.

3. Sie dürfen die Produktion nicht fotografieren und nicht filmen.

4. Achtung: Spannung! Sie dürfen Maschinen und technische Anlagen nicht berühren.

5. Sie dürfen im Werk nicht telefonieren.

6. Im Werk dürfen Sie nicht rauchen.

7. Im Vertrieb ist ein Raucherraum. Dort dürfen Sie rauchen.

_____

6

_____

_____

_____

_____

Regel _____ hat kein Symbol.

b **Lesen Sie die Regeln noch einmal und ergänzen Sie die Sätze.** › ÜB: B1

Die Besucher dürfen . . .

_____

Die Besucher dürfen . . . nicht . . .

_____

Die Besucher müssen . . .

den Helm im Werk tragen.

3 Grammatik auf einen Blick: Modalverben – Konjugation › G: 1.7

Markieren Sie in 1 und 2a „können", „müssen", „dürfen", „wollen" und „möchte-" und ergänzen Sie die Tabelle. › ÜB: B2a

	können	müssen	dürfen	wollen	möchte-
ich	kann	muss	darf	will	möchte
du	kannst	musst	darfst	willst	möchtest
er / sie / es			darf	will	
wir	können	müssen	dürfen	wollen	möchten
ihr	könnt	müsst	dürft	wollt	möchtet
sie	können		dürfen	wollen	möchten
Sie (Sg. + Pl.)	*können*	müssen			möchten

4 Entschuldigung, darf man hier …?

a ▶ 1|49–51 **Hören Sie drei Gespräche. Was sind die Themen? Ordnen Sie zu. Ein Thema passt nicht.**

rauchen | eine Maschine berühren | fotografieren | einen Helm tragen

Gespräch 1: _____   Gespräch 2: _____   Gespräch 3: _____

b **Hören Sie die Gespräche noch einmal. Welche Sätze hören Sie? Kreuzen Sie an.** › ÜB: B2b – 3

Gespräch 1
1. Kann man den Helm im Werk tragen? ☐
2. Muss man den Helm im Vertrieb tragen? ☒
3. Nein, das muss man nicht. ☒
4. Ja, das muss man. ☐

Gespräch 2
1. Entschuldigung, darf man hier rauchen? ☐
2. Ja, das darf man. ☐
3. Das ist verboten. ☐
4. Dort dürfen Sie nicht rauchen. ☐

Gespräch 3
1. Ich möchte die Maschine fotografieren. ☐
2. Sie dürfen im Werk nicht fotografieren. ☐
3. Mitarbeiter darf man fotografieren. ☐
4. Ja, das ist erlaubt. ☐

> **TIPP**
>
> „man" = alle Personen
> Konjugation:
> er, sie, es sagt → man sagt

5 Im Büro, im Werk – Was muss man? Was kann man? Was darf man?

Lesen Sie die Redemittel und das Beispiel. Sprechen Sie zu zweit. › ÜB: B4

Wo: im Büro | in der Kantine | bei Besprechungen | im Werk | …

Was: Arbeitskleidung tragen | E-Mails schreiben | Kaffee trinken | einen Helm tragen | SMS lesen | ein Problem besprechen | im Internet surfen | chatten | leise sein | rauchen | schlafen | essen | …

Variante 1
► Entschuldigung, darf man …?
► Ja, das darf man. /
  Ja, das ist erlaubt. /
  Nein, das darf man nicht. /
  Nein, das ist verboten. /
  Nein, das ist nicht erlaubt.

Variante 2
► Entschuldigung, kann man …?
► Ja, das kann man. /
  Nein, das kann man nicht.

Entschuldigung, darf man im Büro essen?

Variante 3
► Entschuldigung, muss man …?
► Ja, das muss man. /
  Nein, das muss man nicht.

Nein, das ist nicht erlaubt.

C Die Firmenstruktur

1 Abteilungen und Bereiche bei Compogroup

a Was passt? Lesen Sie die Bereiche und Abteilungen und ergänzen Sie das Organigramm.

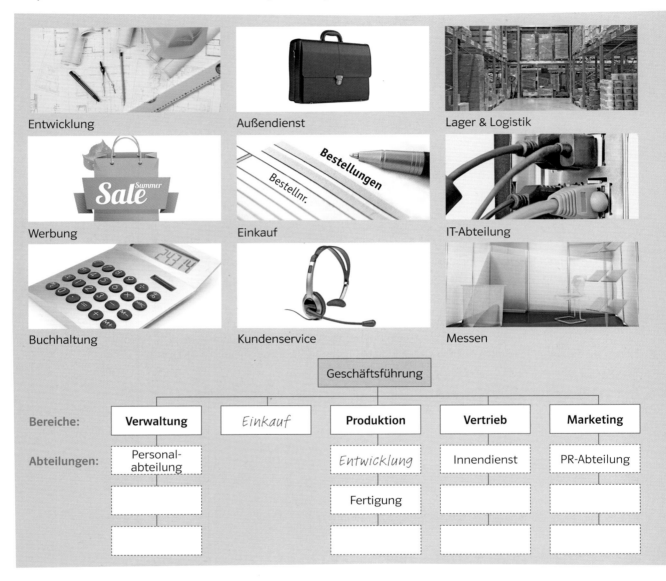

Entwicklung

Außendienst

Lager & Logistik

Werbung

Einkauf

IT-Abteilung

Buchhaltung

Kundenservice

Messen

	Geschäftsführung			
Bereiche:	**Verwaltung**	*Einkauf*	**Produktion**	**Vertrieb**	**Marketing**
Abteilungen:	Personal-abteilung		*Entwicklung*	Innendienst	PR-Abteilung
			Fertigung		

b ▶ 1|52 **Alles richtig? Was erzählt Herr Ziemer bei der Werksbesichtigung? Hören Sie das Gespräch und kontrollieren Sie das Organigramm in 1a.** › ÜB: C1

2 Ihre Firma

Präsentieren Sie Ihre Firma. › ÜB: C2

Meine Firma sitzt in Asien / in Deutschland / in Basel / … |
Sie hat … Mitarbeiter. | Sie ist in Kanada / europaweit /
weltweit / … tätig. | Sie hat die Bereiche … |
Der Bereich … hat die Abteilungen … |
Sie produziert / vertreibt …

Standort: _____

Mitarbeiterzahl: _____

Tätigkeit: _____

Bereiche: _____

Abteilungen: _____

Produkte: _____

3 Wo arbeiten Sie?

a ▶ 1|53–55 **Herr Becker und Frau Wahner machen Interviews. Wer ist was? Notieren Sie.**

⌈ Fachkaufmann / -frau | Industriemechaniker / -in | Marketingassistent / -in

1. Thomas Schmitt: _____   3. Siegfried Kuhme: _____

2. Corinna Weber: _____

b **Hören Sie die Interviews noch einmal. Was passt? Kreuzen Sie an.**

1. Thomas Schmitt
   a. ☒ ist in der Fertigung.
   c. ☐ arbeitet an der Maschine Expert 3XC.
   e. ☐ arbeitet auch in der Nacht.
   b. ☐ ist im Lager.
   d. ☐ arbeitet in den Hallen 3 und 4.
   f. ☐ arbeitet auch am Wochenende.

2. Corinna Weber
   a. ☐ schreibt Marketing-Konzepte.
   c. ☐ hat oft am Wochenende frei.
   b. ☐ organisiert Messen.
   d. ☐ hat oft am Montag frei.

3. Siegfried Kuhme
   a. ☐ arbeitet im Einkauf.
   c. ☐ ist oft am Telefon.
   e. ☐ macht im Sommer Urlaub.
   b. ☐ arbeitet in der Produktion.
   d. ☐ arbeitet viel am Computer.
   f. ☐ macht im Oktober Urlaub.

4 Grammatik auf einen Blick: Dativ – Wo? und Wann? › G: 5

Markieren Sie in 3b die Präpositionen, Artikel und Nomen und ergänzen Sie die Tabelle. › ÜB: C3–4

Dativ		M (der) → dem	N (das) → dem	F (die) → der	Pl. (die) → den … (-n)
Wo?	**in**	in + dem → _____ Einkauf	in + dem → *im* Lager	in *der* Fertigung / Produktion	in _____ Hallen
	an	an + dem → _____ Computer	an + dem → Telefon	an _____ Maschine	an den Computer**n**
Wann?	**in**	in + dem → _____ Sommer / Oktober	in dem → im Jahr	in _____ Nacht	in den Nächte**n**
	an	an + dem → _____ Montag / Morgen	an + dem → _____ Wochenende	—	an den Wochenenden

5 Wer arbeitet wo?

a **Fragen und antworten Sie. Partner A: Datenblatt A6, Partner B: Datenblatt B6.**

b **Fragen und antworten Sie.** › ÜB: C5

⌈ Was sind Sie von Beruf? | Wo arbeiten Sie? | Wann arbeiten Sie? | Wann haben Sie frei?

⌈ Ich bin … (von Beruf). | Ich arbeite bei / im / in der … | Ich arbeite am / von … bis … | Ich habe am … frei.

Person A
Beruf: Ingenieur/in
Firma: Müller & Co.
Bereich: Produktion, Abteilung: Entwicklung
Arbeitszeit: Montag bis Freitag, frei: Wochenende

Person B
Beruf: Callcenter-Agent/in
Unternehmen: Kerling Phone
Bereich: Vertrieb, Abteilung: Kundenservice
Arbeitszeit: Nachmittag und Abend, frei: Montag und Dienstag

D Wie war die Besichtigung?

1 Die Besichtigung war …

a Betrachten Sie die Zeichnung. War die Besichtigung langweilig oder interessant? Was sagen Herr Becker und Frau Wahner?

b ▶ 1|56 Ist Ihre Antwort in 1a richtig? Hören Sie das Gespräch und kontrollieren Sie.

Die Besichtigung war … | Die Besichtigung war …

c Was sagen Herr Becker und Frau Wahner? Hören Sie das Gespräch noch einmal und ergänzen Sie die Sätze.

freundlich | gut | Informationen | interessant | langweilig | laut | ~~Spaß~~ | verboten | Zeit | früh

Sabine Wahner

1. Ich hatte *Spaß* _____.
2. Die Besichtigung war _____.
3. Herr Ziemer war sehr _____.
4. Er hatte viele _____.
5. Das Rauchen war _____.

Roland Becker

1. Die Besichtigung war _____.
2. Der Termin war zu _____.
3. In der Produktion war es zu _____.
4. Die Interviews waren _____.
5. Wir hatten nicht genug _____.

2 Grammatik im Blick › G: 1.4

Markieren Sie „haben" und „sein" im Präteritum in 1c und ergänzen Sie die Tabelle. › ÜB: D1

	haben	sein		haben	sein
ich	*hatte*	war	**wir**		waren
du	hattest	warst	**ihr**	hattet	wart
er / sie / es			**sie / Sie**	hatten	

3 E-Mails im Büro

Lesen Sie die die E-Mail und schreiben Sie eine Antwort. › ÜB: D2

Hallo Herr Becker,
wo sind Sie? Kommen Sie heute ins Büro? Ich habe heute Nachmittag Termine und komme morgen früh wieder ins Büro.
Kann ich morgen den Artikel über Compogroup lesen?
Grüße, Müller

~~ich – heute Morgen – bei Compogroup – sein~~ | denn – ich – eine Werksbesichtigung – haben | die Werksbesichtigung – langweilig – sein | aber – die Interviews – interessant – sein | Frau Wahner – auch dabei – sein | ich – den Artikel – heute Nachmittag – schreiben | Gruß, Becker

Hallo Herr Müller,
ich war heute morgen bei Compogroup. Denn …

4 Small Talk im Büro

Sprechen Sie mit fünf Personen. Fragen und antworten Sie. › ÜB: D3

Wie war ...? die Dienstreise | der Urlaub | das Mittagessen in der Kantine | der Film im Kino |
die Fortbildung | die Teambesprechung | der Kaffee | ...

... war ... interessant | langweilig | schrecklich | (zu) lang / kurz | spannend | (sehr) gut / schlecht |
(zu) heiß / kalt | super
Ich hatte ... (viel / keinen) Spaß | (viel / kein) Glück | (viel / keine) Zeit

▶ Guten Morgen, wie geht es Ihnen?   ▶ Gut, danke. Und Ihnen?
▶ Auch gut. Wie war die Dienstreise?   ▶ Sie war interessant, aber zu kurz. Und wie war der Urlaub?
▶ Er war super. Ich hatte viel Spaß.

Aussprache

1 Lange und kurze Akzentvokale

a ▶ 1|57 **Hören Sie die Familiennamen und lesen Sie mit.**

Beeker – Becker   Lahn – Lann   Schmied – Schmitt   Weber – Webber

Kuhme – Kumme   Moos – Moss   Wahner – Wanner   Ziemer – Zimmer

b **Sprechen Sie die Namen in 1a und machen Sie Gesten für die langen und kurzen Vokale.**

So sprechen Sie lange Vokale: So sprechen Sie kurze Vokale:

c ▶ 1|58 **Hören Sie die Namen und markieren Sie den Akzentvokal: _ = lang oder . = kurz?**

Lahn – Webber – Ziemer – Kumme – Becker – Wanner – Moos – Schmitt – Beeker

d **Lang oder kurz? Ergänzen Sie die Regeln und ein Beispiel aus 1c.**

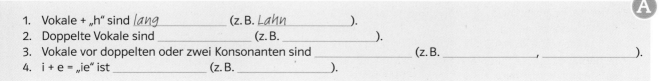

1. Vokale + „h" sind *lang* (z.B. *Lahn*).
2. Doppelte Vokale sind _____ (z.B. _____).
3. Vokale vor doppelten oder zwei Konsonanten sind _____ (z.B. _____ , _____).
4. i + e = „ie" ist _____ (z.B. _____).

e ▶ 1|59 **Hören Sie die Wörter und markieren Sie den Akzentvokal. Sprechen Sie sie dann laut.**

– der Beruf   – früh   – die Messe   – schicken   – der Vertrieb

– besichtigen   – das Lager   – organisieren   – verboten   – die Werbung

E Schlusspunkt

Situation 1

Person A

Sie sind Herr Zimmer und neu im Unternehmen. Sie arbeiten in der Marketingabteilung mit Frau Moos.
Was dürfen Sie? Was dürfen Sie nicht? Was müssen Sie? Fragen Sie.

- am Freitag schon um 14:00 Uhr gehen?
- in der Kaffeeküche Essen kochen?
- wann – Mittagspause machen?
- im Büro rauchen?

- am Wochenende arbeiten?

- im Büro Musik hören?

Person B

Sie sind Frau Moos. Sie arbeiten schon zehn Jahre in der Marketingabteilung. Ihr Kollege Herr Zimmer ist neu.
Was darf er? Was darf er nicht? Was muss er?
Antworten Sie auf die Fragen.

- am Freitag arbeiten: bis 15:30 Uhr
- nein, in der Kantine essen
- Mittagspause machen: 12:30 – 13:30 Uhr
- im Büro rauchen: nein, auf der Straße: ja
- am Wochenende arbeiten: ja, aber nicht oft
- im Büro Musik hören: ja, aber leise

▶ Kann ich … /
Darf ich … /
Muss man …

▶ Ja, das dürfen / müssen / können Sie. / Ja, das ist erlaubt. /
Nein, das dürfen / können Sie nicht. / Das ist verboten. /
Sie dürfen / können / müssen …

Situation 2

Person A

Sie sind Frau Beeke. Sie arbeiten schon fünf Jahre in der Produktion. Ihr Kollege Herr Kuhme ist neu.
Was darf er? Was darf er nicht? Was muss er?
Antworten Sie auf die Fragen.

- Frühstückspause machen: 9:00 – 9:20 Uhr
- an der Maschine essen: nein, im Pausenraum: ja
- in der Nacht arbeiten: ja
- Raucherpausen: nein
- im Sommer Urlaub: nein, im Herbst: ja
- SMS lesen: nein, Smartphones und Handys sind in der Produktion verboten

Person B

Sie sind Herr Kuhme und neu im Unternehmen. Sie arbeiten in der Produktion mit Frau Beeke.
Was dürfen Sie? Was dürfen Sie nicht? Was müssen Sie? Fragen Sie.

- wann – Frühstückspause machen?
- an der Maschine essen?
- in der Nacht arbeiten?
- Raucherpause machen?
- im Sommer Urlaub machen?
- SMS lesen?

▶ Kann ich … /
Darf ich … /
Muss man …

▶ Ja, das dürfen / müssen / können Sie. / Ja, das ist erlaubt. /
Nein, das dürfen / können Sie nicht. / Das ist verboten. /
Sie dürfen / können / müssen …

Lektionswortschatz

Im Werk:
das Werk, -e
die Halle, -n
die Produktion, -en
die Anlage, -n
die Maschine, -n
das Material, -ien
die Spannung, -en
die Achtung *(nur Sg.)*
der Helm, -e
die Kantine, -n
die Frühstückspause, -n
die Mittagspause, -n
installieren
kontrollieren
produzieren
vertreiben
technisch

Die Werksbesichtigung:
besichtigen
die Besichtigung, -en
der Besuch, -e
der Besucher, - / die Besucherin, -nen
die Gruppe, -n
interviewen
das Interview, -s
berühren
präsentieren
vorstellen
die Vorstellung, -en

Berufe/Funktionen:
der Agent, -en / die Agentin, -nen
Callcenter-Agent / -in
der Fachkaufmann, -kaufleute / die Fachkauffrau, -en
der Mechaniker, - / die Mechanikerin, -nen
Industriemechaniker / -in

Die Firmenstruktur:
das Organigramm, -e
der Bereich, -e
der Einkauf *(hier nur Sg.)*
das Marketing *(nur Sg.)*
die PR-Abteilung, -en
die Werbung *(hier nur Sg.)*
die Produktion *(hier nur Sg.)*
die Entwicklung *(hier nur Sg.)*
die Fertigung *(hier nur Sg.)*
das Lager, - / ¨
die Logistik *(nur Sg.)*
der Vertrieb *(hier nur Sg.)*
der Außendienst *(hier nur Sg.)*
der Innendienst *(hier nur Sg.)*
der Kundenservice *(hier nur Sg.)*
die Verwaltung *(hier nur Sg.)*
die Buchhaltung *(hier nur Sg.)*
die Personalabteilung *(hier nur Sg.)*

Die E-Mail:
Sehr geehrter Herr … / Sehr geehrte Frau …
Mit freundlichen Grüßen
Gruß / Grüße *(informell)*
der Anhang, ¨-e
im Anhang
schicken

Medien:
der Film, -e
filmen
das Internet *(nur Sg.)*
das Handy, -s
das Smartphone, -s
die Software, -s
chatten
fotografieren
surfen

Verben:
besprechen
kochen
rauchen
schlafen
sehen
sitzen (in Asien / in Italien / …)
tragen
trinken
zusammenbleiben

Modalverben:
dürfen
können
müssen
wollen
möchte-

Nomen:
die Arbeitskleidung, -en
die Fortbildung, -en
das Konzept, -e
der Moment, -e
im Moment
die Musik *(hier nur Sg.)*
die Organisation, -en
der Raucher, -
das Rauchen *(nur Sg.)*
die Reise, -n
Dienstreise
der Spaß, ¨-e
das Symbol, -e
die Verabredung, -en
die Zeichnung, -en

Adjektive:
doppelt
freundlich
früh ≠ spät
genau
heiß ≠ kalt
kurz ≠ lang
langweilig ≠ interessant / spannend
laut ≠ leise
möglich
nächste
natürlich
normal
schrecklich
total

Adverbien:
besonders

Andere Wörter:
man
dabei sein

Redemittel:
Herein!
Kommen Sie herein!
Entschuldigung, darf / kann / muss ich / man / …?
Ist das möglich?
Das ist (nicht) möglich.
Das ist (nicht) nötig.
Das ist (nicht) erlaubt.
Das ist verboten.
nächste Woche
in zwei / drei / vier / … Wochen
nach Hause gehen

Ein Arbeitsessen   Ein bisschen Small Talk   Wir möchten zahlen!
Ich nehme …

6

A Ein Arbeitsessen

1 Andere Länder – andere Speisen

a Was ist typisch? Welche Länder passen zu den Restaurants oben?

Restaurant 1: *Griechenland* _____   Restaurant 3: _____

Restaurant 2: _____   Restaurant 4: _____

b Was isst man wo? Ordnen Sie die Länder aus 1a zu.

1. das Sushi: _____   3. die Pizza: _____

2. der Salat: _____   4. die Bratwurst: _____

c Speisen aus anderen Ländern: Welche sind typisch? Welche kennen Sie? Machen Sie eine Liste.

2 Was möchten Sie gerne essen?

a Lesen Sie die zwei E-Mails. Was ist das Thema? Kreuzen Sie unten an.

Lieber Herr Amato,

unser Projekt startet ja jetzt bald und ich möchte gern schon einige Themen besprechen. Sie schreiben, Sie sind nächste Woche in Deutschland. Vielleicht können wir zusammen zu Mittag essen. Ich reserviere dann einen Tisch für drei Personen in einem Restaurant – für Sie, Frau Heller und mich. Sie kennen Frau Heller ja schon.
Wann haben Sie Zeit – und was möchten Sie essen: typisch deutsch oder lieber italienisch, griechisch oder japanisch? In Düsseldorf gibt es ja alles.

Mit freundlichen Grüßen
Sebastian Kehl

Lieber Herr Kehl,

die Idee ist sehr gut. Ja, ich bin nächste Woche in Köln, denn wir haben dort einen Großkunden. Und von Köln nach Düsseldorf ist es ja nicht so weit. Ich kann am Mittwoch bis 15:00 Uhr und Donnerstagmittag und -abend.
Zum Restaurant: Ich möchte gern typisch deutsch essen. Ich kenne schon die Brauerei „Zum Anker". Das Essen dort war sehr gut. Ich hatte Eisbein mit Sauerkraut und mein Kollege hatte – wie heißt das Gericht? – ich glaube „Sauerbraten". Vielleicht können wir in das Restaurant gehen?

Mit freundlichen Grüßen
Raffaele Amato

a. ☐ Das Essen im Restaurant „Zum Anker".   b. ☐ Termin für ein Arbeitsessen.   c. ☐ Restaurants in Düsseldorf.

b Lesen Sie die Mails noch einmal und beantworten Sie die Fragen. › ÜB: A1–3

1. Warum möchte Herr Kehl ein Arbeitsessen machen? *Er möchte einige Themen besprechen.*

2. Wer kommt auch zum Arbeitsessen? _____

3. Wann hat Herr Amato Zeit? _____

4. Wie möchte er essen? _____

5. Warum möchte er im Restaurant „Zum Anker" essen? _____

3 Ich möchte einen Tisch reservieren

a ▶ 1|60 **Herr Kehl möchte einen Tisch reservieren. Hören Sie das Gespräch mit dem Restaurant „Zum Anker".**
Was ist richtig (r), was ist falsch (f)? Kreuzen Sie an. › ÜB: A4

		r	f
1.	Herr Kehl möchte einen Tisch für den fünften August reservieren.	X	☐
2.	Herr Kehl möchte einen Tisch für 12:00 Uhr.	☐	☐
3.	Am fünften August ist mittags ein Tisch frei.	☐	☐
4.	Herr Kehl möchte einen Tisch am Fenster.	☐	☐
5.	Die Kellnerin reserviert den Tisch für 13:30 Uhr.	☐	☐

b Spielen Sie Gast und Kellner und reservieren Sie telefonisch einen Tisch. › ÜB: A5

Kellner / Kellnerin
▶ Restaurant … (Name von Restaurant), …
  (Name von Person) am Apparat, guten Tag.
▶ Ja gern, und für wie viele Personen?
▶ Leider sind um … Uhr alle Tische reserviert.
▶ Ja, um … sind noch Tische frei.
▶ Gut. Auf welchen Namen bitte?
▶ Gut, vielen Dank. Auf Wiederhören.

Gast
▶ Guten Tag, hier … Ich möchte am … um … einen
  Tisch reservieren.
▶ Für … Personen.
▶ Ist ein Tisch um … frei?
▶ Gut, dann um …
▶ Auf den Namen … bitte.
▶ Ja danke, auf Wiederhören.

B Ein bisschen Small Talk

1 Wie ist das Wetter?

▶ 1|61 **Hören Sie das Begrüßungsgespräch. Welche Antwort ist richtig: a oder b? Kreuzen Sie an.** › ÜB: B1

1. Wo sind Frau Heller, Herr Kehl und Herr Amato?
   a. ☐ Bei einem Kunden.
   b. ☒ Beim Restaurant „Zum Anker".

2. Wie ist das Wetter in Düsseldorf?
   a. ☐ Die Sonne scheint und es ist warm.
   b. ☐ Es regnet.

3. Wie ist das Wetter in Mailand?
   a. ☐ Es regnet nicht.
   b. ☐ Es ist bewölkt und sehr kalt.

4. Wie sind die Temperaturen in Mailand?
   a. ☐ Es sind 15 Grad Celsius.
   b. ☐ Es sind 30 Grad Celsius.

2 Und was macht die Familie?

a ▶ 1|62 **Hören Sie das Gespräch im Restaurant. Was sind die Themen? Kreuzen Sie an.**

1. Familie ☒
2. Wetter ☐
3. Sport ☐
4. Kleidung ☐
5. Urlaub ☐
6. Wochenende ☐
7. Politik ☐
8. Hobbys ☐

b **Hören Sie das Gespräch im Restaurant noch einmal.**
Wer sagt was? Kreuzen Sie an. › ÜB: B2

	Frau Heller	Herr Amato	Herr Kehl
1. Was macht Ihre Familie?	☐	☐	☒
2. Meine Frau und mein Sohn sind im Moment in Spanien.	☐	☐	☐
3. Er ist jetzt 20. Er studiert schon ein Jahr Medizin in Mailand.	☐	☐	☐
4. Meine Kinder, zwei Töchter – sie sind 8 und 11 – möchten mich auch mal sehen.	☐	☐	☐
5. Ihre Töchter sind sehr hübsch.	☐	☐	☐
6. Was macht denn dein Kind? Deine Tochter studiert ja auch schon.	☐	☐	☐
7. Sie und ihr Freund sind von morgens bis abends zusammen.	☐	☐	☐
8. Was sind Ihre Hobbys?	☐	☐	☐
9. Sport nicht! Ich lese viel und koche gern. Und mein Mann isst gerne.	☐	☐	☐
10. Ich glaube, da kommt unsere Kellnerin.	☐	☐	☐

3 Grammatik auf einen Blick: Possessivartikel im Nominativ › G: 3.2

a Lesen Sie die Sätze in 2b. Markieren Sie die Possessivartikel (mein, dein, . . .) und schreiben Sie sie in die Tabelle.

	Maskulinum (M)	Neutrum (N)	Femininum (F)	Plural (M, N, F)
ich		mein		
du	dein			deine
er + es / sie	sein /	sein / ihr	seine / ihre	seine / ihre
wir	unser Sohn	unser Kind	Tochter	unsere Söhne / Kinder / Töchter
ihr	euer	euer	eure	eure
sie	ihr	ihr	ihre	ihre
Sie (Sg. + Pl.)	Ihr	Ihr	*Ihre*	

b Lesen Sie die Possessivartikel in 3a. Was ist richtig: a oder b? Kreuzen Sie an. › ÜB: B3–6

Ⓖ

Endungen vom Possessivartikel: a. ☐ = bestimmter Artikel. b. ☐ = unbestimmter Artikel, „kein-".

c Spielen Sie ein Small-Talk-Gespräch über die Themen „Familie", „Hobbys" und „Urlaub".

- ▶ Was macht Ihr Sohn / Ihre Tochter? / Was machen Ihre Kinder?
- ▶ Was macht Ihr Mann / Ihre Frau?
- ▶ Was sind Ihre Hobbys?
- ▶ Wo machen Sie Urlaub?

- ▶ Mein Sohn / Meine Tochter geht in die Schule / macht eine Ausbildung / studiert. / …
- ▶ Mein Mann / Meine Frau ist … (von Beruf). Er / Sie arbeitet bei … / Er / Sie arbeitet (im Moment) nicht.
- ▶ Meine Hobbys sind Fußball / Kino / Kochen / Lesen / Tennis / …
- ▶ Wir machen Urlaub in …

4 Themen für den Small Talk

a Lesen Sie den Informationstext rechts und die Aussagen unten. Was ist richtig (r), was ist falsch (f)? Kreuzen Sie an.

> Positiv sprechen über das Land ist immer gut für einen Small Talk:
> „Die Stadt / Der Hafen … ist sehr schön / interessant."
> „Ich liebe das Essen in Deutschland / Österreich / der Schweiz / …"
> „Ich möchte hier / dort gern einmal Urlaub machen."
> Andere Themen sind: Hobbys, das Wetter, Urlaub oder Sport.
> Man kennt die Person nicht: keine Fragen zum Privatleben.
> Man kennt die Person schon ein bisschen: Dann kann man auch über die Familie sprechen.
> Nicht gut sind die Themen: Politik, Religion, Krankheit oder Geld.

	r	f
1. Aussagen über das Land sind gut, aber sie müssen positiv sein.	☒	☐
2. Sie können gut über Ihre Hobbys reden.	☐	☐
3. Das Thema „Wetter" ist zu langweilig für einen Small Talk.	☐	☐
4. Fragen über die Familie sind nicht immer gut.	☐	☐
5. Das Thema „Geld" passt immer.	☐	☐
6. Alle sprechen gerne über Religion.	☐	☐
7. Das Thema „Politik" ist schlecht für einen Small Talk.	☐	☐

b Über welche Themen kann man in Ihrer Heimat beim Small Talk (nicht) reden? Sprechen Sie im Kurs.

C Ich nehme ...

1 Brauerei „Zum Anker" – aus der Speisekarte

a **Lesen Sie die Speisekarte. Welche Speisen kennen Sie? Sprechen Sie im Kurs.**

Vorspeisen

☐ Rindfleischsuppe mit Klößchen **4,90 €**

☐ Matjessalat mit Zwiebel und Brot **5,90 €**

☐ Gemischter Salat **3,50 €**

Hauptspeisen

☐ Eisbein mit Sauerkraut und Kartoffelklößen **15,30 €**

☐ Hühnerbrust mit Reis und Salat **10,80 €**

☐ Nudelauflauf mit Gemüse **9,80 €**

☐ Rinderroulade mit Erbsen, Möhren, Kartoffeln **12,90 €**

☐ Sauerbraten mit Rotkohl und Kartoffelklößen **14,50 €**

☐ Forelle blau mit Salzkartoffeln **11,50 €**

Nachtisch / Desserts

☐ Eis mit Schlagsahne **4,20 €**

☐ Apfelstrudel (warm) mit Vanilleeis **3,50 €**

☐ Rote Grütze mit Vanillesauce **4,40 €**

Warme Getränke

☐ Kaffee 2,10 €

☐ Espresso 2,10 €

☐ Tee 2,00 €

Kalte Getränke

☐ Mineralwasser (0,2 l) 1,80 €

☐ Orangensaft (0,2 l) 2,40 €

☐ Apfelschorle (0,2 l) 1,90 €

Alkoholische Getränke

☐ Alt- / Weizenbier (0,3 l) 2,50 €

☐ Sekt (0,1 l) 3,80 €

☐ Wein (weiß + rot, 0,2 l) 3,50 €

b **Ordnen Sie die Hauptspeisen aus der Speisekarte zu. Notieren Sie auch den Artikel.** › ÜB: C1

Fleischgerichte: _das Eisbein,_

Fischgerichte: _____

Vegetarisch: _____

Beilagen: _der Kartoffelkloß,_

Gemüse: _das Sauerkraut,_

2 Was können Sie empfehlen?

a ▶ 1|63 **Über welche Gerichte und Getränke sprechen die Personen? Hören und kreuzen Sie in der Speisekarte an.**

b **Hören Sie das Gespräch noch einmal. Welche Sätze hören Sie? Kreuzen Sie an.** › ÜB: C2

1. Können Sie etwas empfehlen? ☒	6. Und was isst du? ☐
2. Fisch mag ich nicht so sehr. ☐	7. Was empfiehlst du als Vorspeise? ☐
3. Die Rinderroulade mag ich sehr gern. ☐	8. Siehst du bitte in die Getränkekarte? ☐
4. Was nimmst du? ☐	9. Nein, ich trinke keinen Sekt. ☐
5. Ich nehme den Sauerbraten. ☐	10. Sie spricht mit dem Herrn dort. ☐

3 Grammatik auf einen Blick: Verben mit Vokalwechsel: e → i/e → ie › G: 1.2

a **Markieren Sie in den Sätzen in 2b die Verbformen von „sprechen", „essen", „sehen", „empfehlen" und „nehmen". Schreiben Sie sie dann in die Tabelle.**

	sprechen	essen	sehen	empfehlen	nehmen
ich	spreche	esse	sehe	empfehle	
du	sprichst				*nimmst*
er / sie / es		*isst*			
wir	sprechen	essen	sehen	empfehlen	nehmen
ihr	sprecht	esst	seht	empfehlt	nehmt
sie / Sie	sprechen	essen	sehen	empfehlen	nehmen

b **Ergänzen Sie in der Tabelle die 3. Person Singular. Was ist richtig: a oder b? Kreuzen Sie an.** › ÜB: C3

Ⓖ

Einige Verben wechseln den Vokal (e → i/e → ie): a. ☐ im Singular.   b. ☐ bei „du" und „er"/„sie"/„es".

4 Wir möchten bestellen

a ▶ 1|64 **Hören Sie das Gespräch. Was bestellen die Personen: a oder b? Kreuzen Sie an.** › ÜB: C4–5

Herr Kehl:	Ich hätte gern	a. ☒ eine Rindfleischsuppe.	b. ☐ einen Nudelauflauf.
	Dazu nehme ich	c. ☐ ein Mineralwasser.	d. ☐ ein Weizenbier.
Herr Amato:	Ich nehme als Vorspeise	a. ☐ einen Matjessalat.	b. ☐ einen Salat.
	Und dazu hätte ich gern	c. ☐ ein Altbier.	d. ☐ einen Orangensaft.
	Als Nachspeise nehme ich	e. ☐ ein Eis mit Vanillesauce.	f. ☐ ein Eis mit Schlagsahne.
Frau Heller:	Ich probiere mal	a. ☐ den Matjessalat.	b. ☐ den Salat.
	Als Hauptspeise hätte ich gern	c. ☐ das Eisbein.	d. ☐ den Sauerbraten.
	Ich trinke	e. ☐ einen Rotwein.	f. ☐ einen Sekt.

b **Was möchten Sie essen? Bestellen Sie. Partner A: Datenblatt A7, Partner B: Datenblatt B7.**

c **Spielen Sie zu viert eine Bestellung. Der Kellner / Die Kellnerin fragt: „Was möchten Sie essen / trinken?" Die anderen bestellen von der Speisekarte links. Verwenden Sie auch die Redemittel aus 4a.**

D Wir möchten zahlen!

1 Möchten Sie noch einen Kaffee?

▶ 1|65 **Hören Sie das Gespräch im Restaurant. Was ist richtig (r), was ist falsch (f)? Kreuzen Sie an.**

Herr Amato, was machen Sie jetzt noch?

	r	f
1. Herr Amato schläft früh.	X	☐
2. Frau Heller rät: Besichtigen Sie die Altstadt!	☐	☐
3. Frau Heller fährt mit dem Bus.	☐	☐
4. Der Bus 20 hält in der Feuerbachstraße.	☐	☐
5. Herr Kehl läuft ins Büro.	☐	☐

2 Grammatik auf einen Blick: Verben mit Vokalwechsel: a → ä / au → äu › G: 1.2

a **Markieren Sie in den Sätzen in 1 die Verben und schreiben Sie sie in die Tabelle.**

	fahren	schlafen	laufen	halten	raten
ich	fahre	schlafe	laufe	halte	rate
du	*fährst*			*hältst*	
er / sie / es		*schläft*			
wir	fahren	schlafen	laufen	halten	raten
ihr	fahrt	schlaft	lauft	haltet	ratet
sie	fahren	schlafen	laufen	halten	raten
Sie (Sg. + Pl.)	fahren	schlafen	laufen	halten	raten

b **Ergänzen Sie in der Tabelle die 2. Person Singular. Ergänzen Sie dann die Regeln.** › ÜB: D1

Ⓖ

1. Einige Verben wechseln den Vokal: a → _____ , au → _____
2. Verben mit Vokalwechsel: nach Stammendung „-t" und „-d" kein „_____" bei 2. und 3. Person Sg.
   z. B. du hältst, er hält; aber Verben ohne Vokalwechsel: du arbeitest, er arbeitet.

3 Wir möchten gerne zahlen

a ▶ 1|66 **Hören Sie das Gespräch und beantworten Sie die Fragen.**

1. Bezahlt Herr Kehl getrennt oder zusammen? *Zusammen.*
2. Wie viel muss Herr Kehl zahlen? _____
3. Wie bezahlt er? _____
4. Welches Problem hat die Kellnerin? _____
5. Wie viel Geld bekommt Herr Kehl von Frau Heller? _____
6. Wie viel Trinkgeld gibt er? _____
7. Was macht Herr Amato morgen? _____
8. Was bekommt er morgen? _____

TIPP

Trinkgeld:
D, A, CH: Das Essen und der Service sind gut:
Man gibt ein Trinkgeld von ca. 10 %.
Das Essen oder der Service sind schlecht:
Man gibt nur wenig oder kein Trinkgeld.
Trinkgeld bekommen Kellner, Taxifahrer, Friseure,
Reinigungs- und Servicekräfte (Zimmer, Toiletten).

Bezahlen in D, A, CH:
privat: getrennt oder zusammen
Geschäftsessen: zusammen

b Zahlen Sie Ihr Essen. Spielen Sie die Situation zu zweit. › ÜB: D2

Gast

▶ Wir möchten gerne zahlen.

▶ Getrennt / Zusammen bitte.
▶ Ich hatte als Vorspeise einen /
  ein / eine …, als Hauptspeise …
  und als Nachtisch …
  Als Getränke hatte ich einen /
  ein / eine …
▶ … €, stimmt so. /
  Können Sie bitte auf … €
  herausgeben?

Kellner / Kellnerin

▶ Bezahlen Sie getrennt oder
  zusammen?
▶ Was hatten Sie denn?
▶ Das macht (zusammen) … €.

▶ Vielen Dank. /
  Ja, gern, danke.
  Ich hoffe, Sie besuchen uns
  bald wieder.

Aussprache

1 Kurzes oder langes „e"

a ▶ 1|67 **Hören Sie die Verben. Ist der markierte Vokal . = kurz oder _ = lang? Kreuzen Sie an.**

1. besprechen a. ☒ . b. ☐ _
2. nehmen   a. ☐ . b. ☐ _
3. kennen   a. ☐ . b. ☐ _
4. sehen   a. ☐ . b. ☐ _
5. essen   a. ☐ . b. ☐ _
6. schmecken   a. ☐ . b. ☐ _
7. lesen   a. ☐ . b. ☐ _
8. bestellen   a. ☐ . b. ☐ _
9. empfehlen   a. ☐ . b. ☐ _

b **Sprechen Sie die Wörter in 1a.**

2 Kurzes oder langes „i"

a ▶ 1|68 **Hören Sie die Verben. Ist der markierte Vokal . = kurz oder _ = lang? Kreuzen Sie an.**

1. liest   a. ☐ . b. ☒ _
2. spricht   a. ☐ . b. ☐ _
3. isst   a. ☐ . b. ☐ _
4. spielt   a. ☐ . b. ☐ _
5. nimmt   a. ☐ . b. ☐ _
6. empfiehlt   a. ☐ . b. ☐ _
7. besichtigt a. ☐ . b. ☐ _
8. sieht   a. ☐ . b. ☐ _
9. schickt   a. ☐ . b. ☐ _

b **Sprechen Sie die Wörter in 2a.**

3 „e" oder „i"?

a ▶ 1|69 **Was hören Sie? Schreiben Sie die Wörter in die Tabelle.**

kurzes „e"	langes „e"	kurzes „i"	langes „i"
			Zwiebel

TIPP

immer langes **e** =
ee oder **eh**
immer langes **i** =
ie oder **ih**
immer kurzes **e** oder **i** =
vor zwei Konsonanten

b **Sprechen Sie die Wörter in 3a.**

E Schlusspunkt

Situation 1

Person A

Sie sind Frau Dahm.
Sie möchten im Restaurant
„Die Krone" einen Tisch
reservieren:
– Samstag
– 2 Personen
– 20:00 Uhr
– am Fenster / in der Ecke
– ruhig: eine Besprechung

Person B

Sie sind Herr Jäger.
Sie sind Kellner im Restaurant
„Die Krone".
Eine Person telefoniert und
möchte einen Tisch reser-
vieren.

▸ Guten Tag! Ich möchte einen
   Tisch reservieren.
▸ Für wann möchten Sie reser-
   vieren?
▸ Für …
▸ Für wie viele Personen möchten
   Sie reservieren?
▸ Für … Personen.
▸ Wann kommen Sie?
▸ Wir kommen um … Uhr.
▸ Ja, das geht.
▸ Ich hätte gerne einen Tisch
   … Geht das?
▸ Nein, leider sind … keine Tische
   frei.
▸ Der Tisch muss … sein. Wir
   haben …
▸ Ja, das können wir organisieren.
   Auf welchen Namen bitte?
▸ Auf den Namen … bitte.
▸ Gut, vielen Dank für die Reser-
   vierung.

Situation 2

Person A und C

Sie sind mit Herrn Buck im Restaurant und möchten bestellen.
Benutzen Sie die Speisekarte
auf Doppelseite 6C.

Person B

Sie sind der Kellner und
notieren die Bestellung.

▸ Wir möchten gerne bestellen.
▸ Was möchten Sie bestellen?
▸ Ich hätte gerne … / Ich nehme
   …
▸ Was möchten Sie essen?
▸ Als Vorspeise / Hauptspeise /
   Nachtisch nehme ich …
▸ Was möchten Sie trinken?
▸ Ich trinke …

Situation 3

Person A

Sie möchten bezahlen.

Person B

Sie sind der Kellner und
kassieren.

▸ Wir möchten gerne zahlen.
▸ Bezahlen Sie getrennt oder
   zusammen?
▸ Getrennt / Zusammen bitte.
▸ Was hatten Sie denn?
▸ Ich hatte als Vorspeise /
   Hauptspeise / Nachtisch … Und
   dazu hatte ich …
▸ Das macht für Sie / zusammen
   … €. Bezahlen Sie mit Kredit-
   karte oder bar?
▸ Ich bezahle bar / mit Kreditkarte.
   Hier … €. Stimmt so. /
   Machen Sie … €.
▸ Danke.

Lektionswortschatz

Gerichte:
Hauptgericht, -e
die Speise, -n
    Vorspeise
    Hauptspeise
    Nachspeise
das Dessert, -s
der Nachtisch, -e
die Beilage, -n
das Brot, -e
die Kartoffel, -n
    Salzkartoffel
der Kloß, ⸚e
das Klößchen, -
die Nudel, -n
der Reis (*nur Sg.*)
das Fleisch (nur Sg.)
    Hühnerfleisch
    Lammfleisch
    Rindfleisch
    Schweinefleisch
der Braten, -
    Sauerbraten
das Eisbein, e
die Hühnerbrust, ⸚e
die Roulade, -n
    Rinderroulade
die Wurst, ⸚e
    Bratwurst
der Fisch, -e
die Forelle, -n
der Matjessalat, -e
das Gemüse, -e
die Erbse, -n
die Möhre, -n
der Kohl (*nur Sg.*)
    Rotkohl
das Kraut (*nur Sg.*)
    Sauerkraut
die Zwiebel, -n
vegetarisch
der Auflauf, ⸚e
die Pizza, -s / Pizzen
der Salat, -e
    gemischter Salat
die Suppe, -n
das Dessert, -s
das Eis (*nur Sg.*)
die rote Grütze (*Pl. selten*)
die Schlagsahne (*nur Sg.*)
die Sauce, -n
    Vanillesauce
der Apfelstrudel, -

Getränke:
der Kaffee, -s
der Espresso, -s / -i
der Tee, -s
das Wasser, ⸚er
    Mineralwasser
der Saft, ⸚e
    Orangensaft
die Schorle, -n
    Apfelschorle
der Aperitif, -s
das Bier, -e
    Altbier
    Weizenbier
der Sekt, -e
der Wein, -e
    Rotwein
    Weißwein
das Glas, ⸚er
alkoholisch

Im Restaurant:
die Brauerei, -en
der Gast, ⸚e
der Kellner, - /
    die Kellnerin, -nen
die Karte, -n
    Kreditkarte
    Getränkekarte
    Speisekarte
empfehlen
mögen
probieren
schmecken
die Reservierung, -en
reservieren
der Schein, -e
das Geld, -er
    Kleingeld,
    Trinkgeld
zahlen / bezahlen
bar
getrennt ≠ zusammen

Die Familie:
die Frau, -en
das Kind, -er
der Mann, ⸚er
der Sohn, ⸚e
die Tochter, ⸚

Sport:
der Fußball (*hier nur Sg.*)
das Tennis (*nur Sg.*)

Das Wetter:
die Sonne (*hier nur Sg.*)
die Temperatur, -en
das Grad (*Pl. selten*)
15 Grad Celsius (15 °C)
regnen
scheinen
bewölkt
kalt ≠ warm
normal

Verben:
beenden
fahren
finden (gut / schlecht)
genießen
halten (der Bus hält)
laufen
lieben
raten
schlafen
stimmen
studieren

Nomen:
die Altstadt, ⸚e
die Aussage, -n
der Bus, -se
die Ecke, -n
der Kunde, -n
    Großkunde
die Idee, -n
der Hafen, ⸚
das Hobby, -s
der Hunger (*nur Sg.*)
die Krankheit, -en
das Interesse, -n
das Leben, -
    Privatleben
die Medizin (*nur Sg.*)
die Party, -s
die Politik (*nur Sg.*)
das Projekt, -e
das Protokoll, -e
die Religion, -en
die Schule, -n
der Small Talk, -s
das Zimmer, -

Adjektive:
beliebt
dunkel ≠ hell
hübsch
hungrig
positiv
ruhig
typisch
weit

Adverbien:
erst ≠ schon
gern – lieber
immer
nur
wieder

Präpositionen:
für + *A*
nach (Hause)
über + *A* (sprechen über)

Andere Wörter:
als (Vorspeise / Hauptspeise /
    Nachspeise / …)
denn (*Partikel*)
ein bisschen
einige
ja (*Partikel*)
wenig ≠ viel

Redemittel:
… am Apparat.
Einen Moment, bitte.
Leider sind schon alle
    Tische reserviert.
Auf welchen Namen bitte?
Auf den Namen …
Einen schönen Tag noch.
Auf Wiederhören!
Ich hätte gern …
Ich nehme als Vorspeise / …
Dazu nehme ich / hätte ich
    gern …
(Be)zahlen Sie getrennt
    oder zusammen?
Ich habe es (leider nicht)
    klein.
Können Sie auf … € heraus-
    geben?
Stimmt so.
Machen Sie … €.

Liebherr

1 Hans Liebherr – ein Erfinder, Unternehmer und Visionär

Lesen Sie den den Informationstext. Was ist richtig (r), was ist falsch (f)? Kreuzen Sie an.

Hans Liebherr ist ein Pionier im Maschinenbau. 1949 erfindet er den Turmdrehkran und gründet in Kirchdorf in Baden-Württemberg die Baumaschinenfirma „Liebherr". 1954 entwickelt er den Hydraulikbagger. Beide Innovationen sind sehr bedeutend und machen die Firma international bekannt.

Hans Liebherr ist ein Unternehmer und Visionär: Er denkt immer an die Zukunft und entwickelt auch weiter neue Produkte.

Heute ist das Familienunternehmen „Liebherr" führend in Deutschland und weltweit tätig.

Turmdrehkran (mobil)

Hydraulikbagger

	r	f
1. Hans Liebherr ist ein Pionier.	☐	☐
2. Eine große Erfindung ist der Turmdrehkran.	☐	☐
3. Der Hydraulikbagger ist keine Innovation.	☐	☐
4. Liebherr denkt nicht an die Zukunft.	☐	☐
5. Liebherr ist nur in Deutschland tätig.	☐	☐

2 Die Firma Liebherr

a 🎬 **Film | 2 Sehen Sie den Film. Welche Orte sehen Sie? Kreuzen Sie an.**

1. Baustelle ☐	4. Flugzeug ☐	7. Zug ☐
2. Hafen ☐	5. Restaurant ☐	8. Hotel ☐
3. Büro ☐	6. Küche ☐	9. Fabrik ☐

b Schauen Sie den Film noch einmal. In welcher Reihenfolge zeigt der Film die Produkte? Notieren Sie.

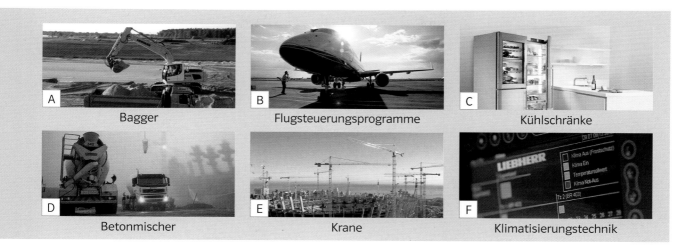

A Bagger

B Flugsteuerungsprogramme

C Kühlschränke

D Betonmischer

E Krane

F Klimatisierungstechnik

Reihenfolge der Produkte im Film: *D* _____

c In welchen Produktbereichen arbeitet Liebherr heute? Notieren Sie.

Baumaschinen | Bergbau | Hausgeräte | Maritime Krane | Mobile Krane | Verkehrstechnik

1. *Bergbau* _____

2. _____

3. _____

4. _____

5. _____

6. _____

d Lesen Sie die Informationen zu Liebherr. Fragen und antworten Sie dann zu zweit.

Wo ist …? | Wer ist …? | Wie viele Jahre gibt es …? |
Wie viele Personen arbeiten …? | Was produziert …? |
Wo ist … tätig?

Wo ist der Hauptsitz von Liebherr?

Der Hauptsitz von …

LIEBHERR

Die Firmengruppe Liebherr

Hauptsitz: Bulle (Schweiz)
Gründer: Hans Liebherr
Unternehmensgründung: 1949
Mitarbeiterzahl: mehr als 41.000 (2014)
Präsident: Willi Liebherr
Geschäftsbereiche: Krane, Baumaschinen,
Verkehrstechnik, Kühlschränke, Klimasysteme
Tätigkeit: weltweit

A Wo finde ich Sie?

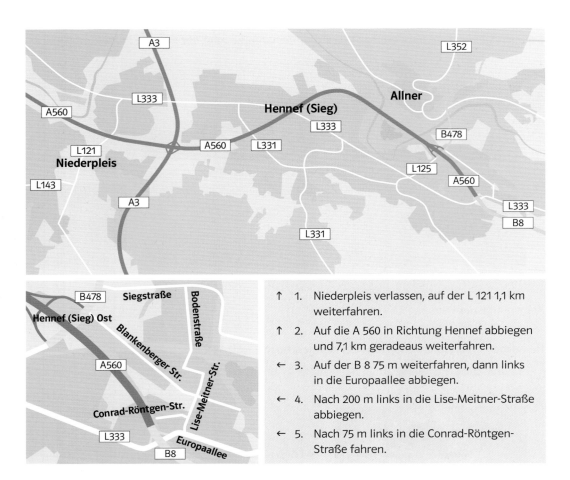

↑ 1. Niederpleis verlassen, auf der L 121 1,1 km weiterfahren.

↑ 2. Auf die A 560 in Richtung Hennef abbiegen und 7,1 km geradeaus weiterfahren.

← 3. Auf der B 8 75 m weiterfahren, dann links in die Europaallee abbiegen.

← 4. Nach 200 m links in die Lise-Meitner-Straße abbiegen.

← 5. Nach 75 m links in die Conrad-Röntgen-Straße fahren.

1   Wie komme ich nach …?

a   Lesen Sie die Mail. Warum schreibt Herr Mahlberg?   › ÜB: A1

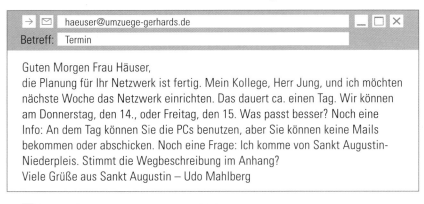

Guten Morgen Frau Häuser,
die Planung für Ihr Netzwerk ist fertig. Mein Kollege, Herr Jung, und ich möchten nächste Woche das Netzwerk einrichten. Das dauert ca. einen Tag. Wir können am Donnerstag, den 14., oder Freitag, den 15. Was passt besser? Noch eine Info: An dem Tag können Sie die PCs benutzen, aber Sie können keine Mails bekommen oder abschicken. Noch eine Frage: Ich komme von Sankt Augustin-Niederpleis. Stimmt die Wegbeschreibung im Anhang?
Viele Grüße aus Sankt Augustin – Udo Mahlberg

a. ☐ Er möchte einen Termin verschieben.
b. ☐ Er möchte einen Termin vereinbaren.

b   Lesen Sie die Wegbeschreibung oben und zeichnen Sie die Route auf den Karten ein.   › ÜB: A2

TIPP

→ rechts abbiegen
← links abbiegen
↑ geradeaus fahren
m Meter
km Kilometer

c **Lesen Sie die E-Mail in 1a und die Antwort von Frau Häuser und beantworten Sie die Fragen.** > ÜB: A3 – 4

→ ☑	Mahlberg@computer-netzwerke-niederpleis.de	_ □ ✕
Betreff:	Einrichtung Netzwerk bei Gerhards	

Hallo Herr Mahlberg,
vielen Dank für Ihre E-Mail. Sie richten das Netzwerk wirklich an einem Tag ein? Sie schreiben, wir haben an dem Tag keine
Mailverbindung. Sie kommen dann am besten am Freitag her. Da arbeiten wir nur vormittags und dann stören Ihre Arbeiten
den Ablauf im Betrieb nicht so sehr. Die Wegbeschreibung stimmt, aber wir haben ein Problem: Es gibt eine Baustelle auf der
A 560 und Staus! Sie fahren am besten in Hennef Ost ab. Sie fahren dann nach links auf die B 478 in Richtung Waldbröl, nach
200 m biegen Sie nach rechts in die Blankenberger Straße ab. Die fahren Sie ca. 1 km geradeaus weiter und dann biegen Sie
rechts in die Lise-Meitner-Straße ein und nach ca. 200 m rechts in die Conrad-Röntgen-Straße. Ich hoffe, Sie finden es.
Bis Freitag und viele Grüße – E. Häuser

1. Was wollen Herr Mahlberg und sein Kollege nächste Woche machen?
2. Warum findet Frau Häuser den Termin am Freitag gut?
3. Warum funktioniert die Wegbeschreibung von Herrn Mahlberg nicht?
4. Wie muss Herr Mahlberg fahren? Zeichnen Sie die Route in die Karte links oben ein.

TIPP

trennbare Verben:
z. B. **ab**fahren, **ab**biegen,
einbiegen, **ein**richten, **her**kommen, **weiter**fahren, **weg**fahren
Trennbare Vorsilbe: betont.

2 Grammatik auf einen Blick: Verben mit trennbarer Vorsilbe > G: 1.6

a **Markieren Sie die Sätze mit trennbaren Verben in der Mail in 1c und schreiben Sie vier Sätze
in die Tabelle.**

	Position 1	Position 2		Satzende
1.	Sie	richten	das Netzwerk wirklich an einem Tag	ein?
2.	Sie		dann am besten am Freitag	
3.	Nach 200 m			
4.	Und dann			

b **Lesen Sie die Sätze in 2a und ergänzen Sie.** > ÜB: A5

Trennbare Verben:
1. Bildung: Ein trennbares Verb ist eine Zusammensetzung: trennbare _____ + Verb.
2. Wortstellung im Satz: Die Vorsilbe steht am _____.

Ⓖ

3 Oh Navi! Nein, Rita, ich fahre jetzt nicht ab!

a ▶ 2|1 **Hören Sie das Gespräch von Herrn Mahlberg mit „Rita". Was sagt er? Kreuzen Sie an.**

1. Nein, Rita, ich fahre hier nicht ab. ☐
2. Nein, ich fahre geradeaus weiter. ☐
3. Nein, ich biege jetzt rechts ab. ☐
4. Nein, ich fahre die dritte links ab. ☐

b **Einmal sagen Sie „nein", einmal sagt Ihr Partner / Ihre Partnerin „nein".** > ÜB: A6

[weiterfahren | die Mail abschicken | das Netzwerk einrichten | abbiegen | wegfahren | …

Fährst du weiter?

Nein, ich fahre nicht weiter.

B Wenden Sie bitte!

1 Hilfe! Ich finde die Straße nicht.

a ▶ **2|2 Hören Sie das Telefongespräch.
Warum findet Herr Mahlberg die Straße nicht?**

- a. ☐ Das Navigationsgerät zeigt keine Informationen.
- b. ☐ Die Informationen vom Navigationsgerät sind nicht richtig.

**b Hören Sie das Telefongespräch noch einmal. Was
sagen Frau Häuser und Herr Mahlberg: a oder b?
Kreuzen Sie an und vergleichen Sie im Kurs.**

1. a. ☒ Wenden Sie bitte.
   b. ☐ Sie müssen wenden.

2. a. ☐ Sie fahren zurück.
   b. ☐ Fahren Sie zurück.

3. a. ☐ Biegen Sie die erste Straße links ab.
   b. ☐ Biegen Sie die zweite Straße links ab.

4. a. ☐ Sie fahren immer geradeaus.
   b. ☐ Fahren Sie immer geradeaus.

5. a. ☐ Biegen Sie dann nach ca. 200 m rechts in die Conrad-Röntgen-Straße ein.
   b. ☐ Sie biegen dann nach ca. 200 m rechts in die Conrad-Röntgen-Straße ein.

6. a. ☐ Seien Sie unbesorgt!
   b. ☐ Seien Sie besorgt!

**c Hören Sie das Telefongespräch noch einmal und
zeichnen Sie den Weg in die Karte rechts ein.**

2 Grammatik auf einen Blick: Imperativsätze – formell › G: 1.5

a Markieren Sie in 1b die Sätze im Imperativ und ergänzen Sie die Regeln. › ÜB: B1

G

1. Anweisungen → Imperativ, z. B. „Biegen Sie rechts ab." Verb: Position _____ .
2. Trennbare Verben → konjugiertes Verb: Position _____ , Vorsilbe am _____ .
3. Formeller Imperativ von „sein": „_____ !"

b Formulieren Sie für einen Geschäftspartner die Wegbeschreibung von Doppelseite A, 1b.

Verlassen Sie Niederpleis. Fahren Sie auf der L 121 ...

_____

_____

_____

TIPP

Den Imperativ mit „Sie"
verwendet man in formellen
Situationen.

3 Kannst du mich abholen?

**Lesen Sie die SMS von Svea und die Antwort von Udo.
Was ist richtig, was ist falsch? Kreuzen Sie an.**

		r	f
1.	Svea ist gerade am Flughafen in Frankfurt.	☐	☒
2.	Marc will das Auto von Svea verkaufen.	☐	☐
3.	Der Käufer kauft das Auto heute Abend.	☐	☐
4.	Udo kann nicht zum Flughafen kommen.	☐	☐

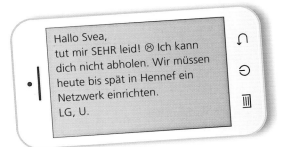

Hallo Svea,
tut mir SEHR leid! ☹ Ich kann
dich nicht abholen. Wir müssen
heute bis spät in Hennef ein
Netzwerk einrichten.
LG, U.

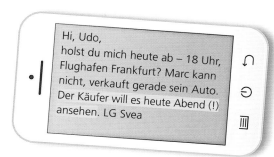

Hi, Udo,
holst du mich heute ab – 18 Uhr,
Flughafen Frankfurt? Marc kann
nicht, verkauft gerade sein Auto.
Der Käufer will es heute Abend (!)
ansehen. LG Svea

4 Grammatik auf einen Blick: Trennbare Verben + Modalverben › G: 1.6

a Markieren Sie die Sätze mit trennbaren Verben + Modalverben in den SMS in 3.

b Schreiben Sie die Sätze aus 4a in die Tabelle.

	Position 1	Position 2		Satzende
1.	Der Käufer	*will*	*es heute Abend*	*ansehen.*
2.	Ich			
3.	Wir			

c Lesen Sie die Sätze in 4b und ergänzen Sie. › ÜB: B2

Das Modalverb steht auf Position _____, der Infinitiv am _____.

5 Kannst du zurückfahren? Nein, ich muss …

Sprechen Sie mit einem Partner / einer Partnerin. › ÜB: B3

zurückfahren können / weiterfahren müssen | mich morgen mitnehmen können / lange arbeiten müssen |
das Auto heute ansehen können / es erst morgen ansehen können | die Firma vorstellen wollen /
sie nicht vorstellen können | heute Nachmittag weitermachen können / ins Büro zurückfahren müssen

Kannst du zurückfahren?

Nein, tut mir leid. Ich muss weiterfahren.

C Ziehen Sie um mit ...

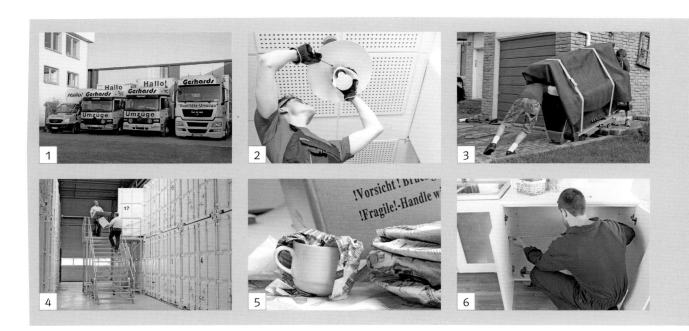

1 Qualitätsumzüge Gerhards – Wir organisieren, transportieren und montieren!

a Lesen Sie das Leistungsangebot von der Firma Gerhards. Was macht die Firma? Ordnen Sie die Fotos den Leistungen zu. Zu zwei Leistungen gibt es kein Foto.

Umzüge **Gerhards**

Unser Leistungsangebot

- Organisation: In-, Auslands- und Überseeumzüge ⌐⌐
- Transport: Klaviere und Autos ⌐⌐
- Lagerung: Möbel und Akten ⌐⌐
- Einpacken und Auspacken: alles ⌐⌐

- Montage: Küchen mit Wasser- und Stromanschluss ⌐⌐
- Anschließen: Herd, Spülmaschine etc. ⌐⌐
- Anbringen: Lampen etc. ⌐⌐
- Verkauf: Kartons, Kleiderboxen, Seidenpapier usw. ⌐⌐

b Ein Wörterbuch benutzen – Lesen Sie die Wörterbuchartikel und beantworten Sie die Fragen. › ÜB: C1

ein|pa|cken
jmd. packt etwas ein (in + AKK.) →
in eine Hülle aus Papier, Folie oder Karton tun
Antonym: aus|packen **Betonung:** ein|packen

an|brin|gen
jemand bringt etwas an →
an einer Stelle montieren
Betonung: an|bringen

lagern
jd. lagert etwas → man will es später
benutzen
Betonung: lagern

1. Ist „einpacken" trennbar?
2. Gegenteil von „einpacken"?
3. Was betont man in „ein-" und „auspacken"?

4. Ist „anbringen" trennbar?
5. Wie betont man „an": lang oder kurz?
6. Betonung von „a" in „lagern": lang oder kurz?

c Ein Freund von Herrn Mahlberg möchte umziehen. Herr Mahlberg findet die Firma Gerhards gut und beschreibt die Leistungen in einer E-Mail. Schreiben Sie die E-Mail für Herrn Mahlberg.

Lieber René,
du schreibst, du willst nach Frankfurt umziehen und hast noch keine Umzugsfirma. Ich arbeite gerade bei der Firma Gerhards.
Die finde ich sehr gut. Und sie macht alles: Sie transportiert ...

2 Jetzt sind wir endlich hier!

a ▶ 2|3 **Hören Sie Teil 1 vom Gespräch bei der Firma Gerhards und beantworten Sie die Fragen.** › ÜB: C2

1. Wo sind die Personen?   a. ☐ Im Büro von Frau Häuser.   b. ☐ Im Besprechungsraum.
2. Was trinken die Personen?   a. ☐ Kaffee, Tee, Wasser.   b. ☐ Kaffee, Tee, Saft.

b ▶ 2|4 **Hören Sie Teil 2 vom Gespräch. Welche Sätze hören Sie? Kreuzen Sie an.** › ÜB: C3

1. Nehmt doch alles mit! ☒
2. Nimm den Kaffee und den Tee! ☐
3. Hol die Sachen! ☐
4. Warte nicht! ☐
5. Halte mal den Rucksack! ☐
6. Sei doch ruhig! ☐
7. Entschuldige, Udo! ☐
8. Seid ganz entspannt! ☐
9. Öffne mal den Schrank! ☐
10. Lade schon mal ab! ☐
11. Holt schnell den Rest! ☐
12. Habt doch nicht so viel Stress! ☐

3 Grammatik auf einen Blick: Imperativsätze – informell › G: 1.5

a **Markieren Sie die Imperativformen in den Sätzen in 2b und schreiben Sie sie in die Tabelle.**

	Singular	Plural		Singular	Plural
nehmen		*Nehmt!*	entschuld**ig**en		Entschuldigt!
holen			öff**n**en		Öffnet!
haben	Hab!		warten		Wartet!
sein			la**d**en		Ladet!

b **Vergleichen Sie die Imperativformen mit dem Präsens und ergänzen Sie dann die Regeln.** › ÜB: C4–5

	Singular	Plural		Singular	Plural
holen	d̶u̶ hols̶t̶	i̶h̶r̶ holt	warten	d̶u̶ wart**es**t	i̶h̶r̶ wartet
			entschuld**ig**en	d̶u̶ entschuldigs̶t̶e	i̶h̶r̶ entschuldigt
nehmen	d̶u̶ nimms̶t̶	i̶h̶r̶ nehmt	la**d**en	d̶u̶ läd̶ts̶t̶ lade	i̶h̶r̶ ladet

Ⓖ

1. Informeller Imperativ: keine Personalpronomen: Komm (d̶u̶)! / Kommt (i̶h̶r̶)!
2. Beim Imperativ für „du": Endung „-_____" fällt weg: d̶u̶ holst → Hol!
3. Imperativ für „ihr": identisch mit Präsensform: i̶h̶r̶ holt → Holt!
4. Verben auf -d, -t, -n, -ig: Imperativ für „du" → Endung „e": du entschuldigst → Entschuldige!
5. Verben mit Vokalwechsel: e → i: Imperativ im Singular „_____" und im Plural „_____". Andere Verben mit Vokalwechsel behalten den Vokal vom Infinitiv, z.B. laufen, du läufst → Lauf!; laden, du lädst → _____.

4 Öffne doch bitte die Tür!

Notieren Sie eine Anweisung. Tauschen Sie die Zettel. Lesen Sie die Anweisung von Ihrem Partner und spielen Sie sie. Die anderen raten.

Öffne bitte die Tür!

Öffne die Tür!

Ja, richtig.

D Besuch mich mal!

1 Besuch mich doch am Wochenende!

a **Lesen Sie die Beschreibung rechts. Hält die Straßenbahn am Park & Ride-Parkplatz?**

Lieber René,

danke für deine Mail. Du schreibst, der Umzug mit „Umzüge Gerhards" war perfekt und alle waren schnell, kompetent und sehr nett. Dann war mein Tipp gut! Super! Und heute bist du in Siegburg und morgen früh kurz bei einer Firma am Bahnhof in Bonn. Dann besuch mich doch! Kannst du bis Sonntag bleiben? Samstag und Sonntag ist hier das Museumsmeilenfest. Die Veranstaltungen und der Eintritt in die Museen sind kostenlos. Nur ein Problem: Ich wohne jetzt in der Altstadt, in der Maxstraße 42. Da gibt es wenige Parkplätze. Fahr doch mit dem Auto zum Park & Ride-Parkplatz in Bonn-Vilich und lass dein Auto dort. Von dort fährt die Straßenbahn 66 nach Bonn Hauptbahnhof. Die Fahrt dauert nicht lange. Vom Hauptbahnhof zur Maxstraße kannst du zu Fuß gehen. Ich hänge eine Wegbeschreibung an. Antworte schnell, bitte! ☺
Gruß – Udo

1. Fahrt (15 Min.)			Karte
P&R	P&R Bonn-Vilich	ca. 08:34	
🚶	Fußweg ca. 3 Min.		
H	Vilich, Bonn-Vilich-Rheindf.	08:37	🚋 **66** Bad Honnef (Stadt-bahn)
⬜	Adelheidisstr., Bonn-Vilich-Rheindf.	08:38	
⬜	Konrad-Adenauer-Platz – B, Bonn-Beuel	08:41	
⬜	Bertha-von-Suttner-Pl./ Beethovenhaus – A2, Bonn-Innenstadt	08:44	
⬜	Stadthaus, Bonn-Innenstadt	08:46	
H	Bonn Hauptbahnhof (U) – Gleis 4	08:49	

b **Lesen Sie die Mail oben. Was ist richtig, was ist falsch? Kreuzen Sie an.** ›ÜB: D1

	r	f
1. Udo lädt René Samstag und Sonntag ein.	X	☐
2. Udo möchte am Sonntag nicht ins Museum gehen.	☐	☐
3. Das Fest kostet die Besucher nichts.	☐	☐
4. In der Altstadt kann man schlecht parken.	☐	☐
5. Man kann vom Park & Ride-Parkplatz in Bonn-Vilich mit der Straßenbahn zur Maxstraße fahren.	☐	☐

c **Sehen Sie die Wegbeschreibung von Udo an und zeichnen Sie den Weg in die Karte ein.** ›ÜB: D2–3

Den Bahnhof verlassen und auf der Poststraße in Richtung Stadtzentrum gehen.

← Nach 100 m links abbiegen in die Maximilianstraße.

→ Nach 300 m rechts abbiegen in den Cassiusgraben.

← Nach 100 m links abbiegen in die Münsterstraße.

↑ Geradeaus gehen bis zur Thomas-Mann-Straße.

→ Rechts in die Thomas-Mann-Str. einbiegen und immer geradeaus gehen bis zur Oxfordstraße.

⊥ Dort an der Ampel die Oxfordstraße überqueren und die Breite Straße geradeaus gehen.

← Nach ca. 50 m links in die Maxstraße einbiegen.

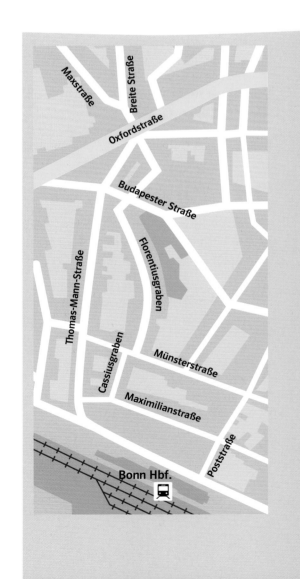

d Ein Freund von René kommt auch zu Udo. Lesen Sie die Wegbeschreibung in 1c noch einmal und formulieren Sie sie für den Freund. ▸ ÜB: D4

Verlass den Bahnhof und geh auf der Poststraße in Richtung Stadtzentrum, bieg nach 100 m links in die Maximilianstraße ab. Bieg dann nach 300 m rechts in den Cassiusgraben ab und bieg ...

2 Nach dem Weg fragen

Fragen Sie Ihren Partner / Ihre Partnerin nach dem Weg und zeichnen Sie den Weg ein. Partner A: Datenblatt A8, Partner B: Datenblatt B8.

Aussprache

1 Nehmen und mitnehmen!

a ▶ 2|5 **Hören Sie die Verben.**

1. biegen   2. abbiegen   3. fahren   4. wegfahren   5. nehmen   6. mitnehmen

b Hören Sie die Verben noch einmal. Welche Silbe ist betont? Markieren Sie.

c Was fällt auf? Ergänzen Sie.

Bei Verben mit trennbarer Vorsilbe betont man die _____.

2 Weiterfahren! Ich fahre weiter.

a ▶ 2|6 **Hören Sie die Verben und die Sätze.**

1. weiterfahren → Ich fahre weiter.
2. abbiegen → Er biegt ab.
3. umziehen → Sie ziehen um.
4. mitfahren → Du fährst mit!
5. einrichten → Du richtest ein.
6. zurückgehen → Ich gehe zurück.

b Hören Sie die Verben und die Sätze noch einmal und klopfen Sie mit.

c Welche Silbe vom Verb ist betont? Markieren Sie. Sprechen Sie dann die Verben und die Sätze in 2a.

3 Fahren Sie bitte weiter!

a Lesen Sie die Sätze und markieren Sie die betonte Silbe.

1. Fahren Sie bitte weiter!
2. Biegen Sie jetzt ab!
3. Nimm das doch weg!
4. Richtet das bitte ein!
5. Kommt schnell zurück!
6. Lies doch weiter!
7. Bieg in die Straße ein!
8. Fahrt doch ab!
9. Komm bitte her!

b ▶ 2|7 **Hören Sie die Sätze. Ist Ihre Markierung richtig? Sprechen Sie dann die Sätze nach.**

E Schlusspunkt

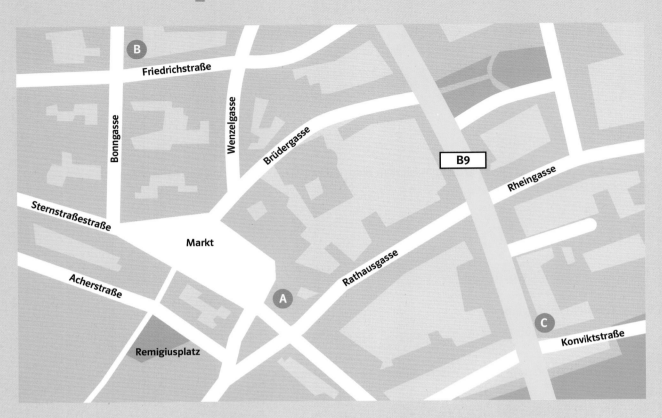

Situation 1

Person A

Sie sind Herr Wegener. Sie sind neu in der Stadt. Sie sind am Rathaus (A) und wollen zum Beethoven-Haus (B). Sie fragen eine Frau nach dem Weg.

Person B

Sie sind Frau Jung. Sie sind am Rathaus (A).
Ein Mann sucht das Beethoven-Haus (B) und fragt Sie.
Beschreiben Sie den Weg.

- ▶ Hallo! Entschuldigen Sie bitte, wie komme ich zum …?
- ▶ Gehen Sie über den …
  Biegen Sie dann links / rechts in die … ein.
  Gehen Sie immer geradeaus bis zur …
  Überqueren Sie die … Gleich rechts ist …
- ▶ Vielen Dank!
- ▶ Nichts zu danken!

Situation 2

Person A

Sie sind Claudia und studieren in Bonn. Sie sind am Rathaus (A).
Ein Student fragt Sie nach dem Weg zur Universitäts-verwaltung (C). Beschreiben Sie den Weg.

Person B

Sie sind Marco. Sie studieren in Bonn und sind neu in der Stadt. Sie sind am Rathaus (A) und wollen zur Universitäts-verwaltung (C). Sie fragen eine Studentin nach dem Weg.

- ▶ Hallo! Entschuldige! Wie komme ich zur …?
- ▶ Geh geradeaus bis zur …
  Biege dann links / rechts in die … ein.
  Geh geradeaus bis zur …
  Überquere an der Ampel die …
  Geh dann links / rechts bis zur …
  Dort an der Ecke ist die …
- ▶ Danke schön!
- ▶ Bitte schön.

Lektionswortschatz

Straßen:
die Autobahn, -en (A)
die Allee, -n
die Bundesstraße, -n (B)
die Landesstraße, -n (L)
die Gasse, -n
die Kreuzung, -en
der Weg, -e

Wegbeschreibung:
abbiegen
einbiegen
abfahren
wegfahren
weiterfahren
zurückfahren
wenden
überqueren
verlassen
die Meile, -n
der Meter, - (m)
der Kilometer, - (km)
die Karte, -n
das Navigationsgerät, -e
    (Navi, -s)
die Richtung, -en
die Route, -n
der Stau, -s
geradeaus
links ≠ rechts

Orte:
die Ampel, -n
der Bahnhof, ⸚e
    Hauptbahnhof
die Bank, -en
die Baustelle, -n
der Flughafen, ⸚
das Museum, Museen
der Platz, ⸚e
    Parkplatz
    Park & Ride-Parkplatz
parken
das Stadtzentrum,
    -zentren

Termin:
vereinbaren
verschieben
vorschlagen

Verkehrsmittel:
das Auto, -s
die Bahn, -en
    S-Bahn
    U-Bahn
    Straßenbahn
die Tram (*A, D*) / das Tram
    (*CH*)
der Bus, -se
der Zug, ⸚e
zu Fuß (gehen)

Leistungen beim Umzug:
anbringen
Angebot, -e
anschließen
der Anschluss, ⸚e
auspacken → das Aus-
    packen (*nur Sg.*)
einpacken → das Einpacken
    (*nur Sg.*)
lagern
die Lagerung, -en
die Leistung, -en
montieren
die Montage, -n
die Organisation (*hier*
    nur Sg.)
transportieren
der Transport, -e
umziehen
der Umzug, ⸚e
der Herd, -e
die Spülmaschine, -n
der Strom (*hier nur Sg.*)

Einpacken:
die Box, -en
    Kleiderbox
die Folie, -n
die Hülle, -n
der Karton, -s
das Seidenpapier (*nur Sg.*)

Getränke:
die Milch (*nur Sg.*)
der Saft, ⸚e
mit / ohne Zucker
das Wasser (*hier nur Sg.*)
mit / ohne Kohlensäure

Verben:
abladen
abschicken
anhängen
ansehen
bleiben
dauern
einrichten
einzeichnen
entschuldigen
formulieren
fragen nach (dem Weg)
halten (etw.)
herkommen
holen
abholen
hoffen
kaufen ≠ verkaufen
kosten
lassen
leidtun
mitnehmen
öffnen
schaffen
stören
verwenden
warten
weitermachen

Nomen:
der Ablauf, ⸚e
die Akte, -n
die Anweisung, -en
die Beschreibung, -en
der Betrieb (*hier nur Sg.*)
die Einrichtung, -en
der Eintritt (*hier nur Sg.*)
die Fahrt, -en
das Fest, -e
die Info, -s (*Abk. für*
    Information)
das Klavier, -e
das Netzwerk, -e
die Qualität, -en
der Rest, -e
der Rucksack, ⸚e
die Sache, -n
der Schlüssel, -
der Student, -en /
    die Studentin, -nen
Übersee (*ohne Artikel,*
    nur Sg.)

die Veranstaltung, -en
die Verbindung, -en
der Verkauf, ⸚e
der Zettel, -

Adjektive:
besorgt ≠ unbesorgt
entspannt
fertig
gut – besser – am besten
kompliziert
kostenlos
wirklich

Adverbien:
gerade
zirka / circa (ca.)

Präpositionen:
auf
nach (links / Hennef /
    Deutschland)
nach (200 m / 1 km)
über (den Platz /
    die Kreuzung)
von (Bonn / Hennef)
zu (zum / zur)

Redemittel:
… am Apparat
Hilfe!
Entschuldigen Sie bit-
    te, wie komme ich
    nach / zum / zur …?
Danke schön! / Bitte schön!
Nichts zu danken.
Vielen Dank für Ihre E-Mail.
Was passt Ihnen besser?
Tut mir leid.
morgen früh

A Einladung zum Firmenjubiläum

Einladung zum Firmenjubiläum   Nur noch 14 Tage!
Das Fest   Sommer-Small-Talk

8

40 Jahre Schade Maschinenbau – das wollen wir feiern und laden Sie, Herr Maier, ein. Wir möchten unsere neue Fräsmaschine präsentieren und Danke sagen. Danke für Ihre Loyalität und 20 Jahre Zusammenarbeit.
Am 12. Juni ab 10:30 Uhr hier in Wildeshausen.
Schicken Sie Ihre Antwort an Frau Ehlert (u.ehlert@schade.com).

10:30 Uhr Sektempfang | **11:00 Uhr** Begrüßung (Dirk Schade) | **11:30** Werksbesichtigung |
ab **12:30 Uhr** Empfang mit Buffet

Stolz auf gestern – fit für morgen!
Einladung zum Jubiläum und zur Maschinenpräsentation

1 Die Feier

a Lesen Sie den Einladungstext oben und beantworten Sie die Fragen.   ❯ ÜB: A1

1. Warum feiert die Firma Schade Maschinenbau?
2. Wann feiert die Firma Schade?
3. Ab wie viel Uhr feiert sie?
4. Um wie viel Uhr ist die Werksbesichtigung?

b Sie sind Kunde von „Schade". Antworten Sie mit einer E-Mail. Die Redemittel helfen.   ❯ ÜB: A2–3

Zusage: Vielen Dank für die Einladung. | Ich komme mit … Personen. |
Ich nehme / Wir nehmen an der Werksbesichtigung teil.

Absage: Vielen Dank für die Einladung. | Leider muss ich für den
12. Juni absagen. | Viel Erfolg für das Fest wünscht …

2 Und das schreibt die Zeitung

a Lesen Sie den Artikel aus dem Industrie-Anzeiger. Was ist das Thema?

Märkte und Unternehmen

Schade Maschinenbau feiert Jubiläum

■ **Wildeshausen** Schade-Maschinenbau – das heißt seit 40 Jahren Qualität und Präzision. Am Samstag feiert die Firma ihr Firmenjubiläum. Zur Feier kommen auch Kunden aus dem In- und Ausland. „Qualität ist unser Prinzip – im Werk mit 10.000 m² und in der Konstruktionsabteilung", sagt Dipl.-Ing. Dirk Schade, seit 2001 Geschäftsführer im Unternehmen. „Wir verkaufen unsere Produkte weltweit – unsere Kunden sind in der Luftfahrt-, Automobil- und Bauindustrie."

Bei „Schade" arbeiten 42 Mitarbeiter – Industrieschlosser, Mechaniker und Ingenieure. Schwerpunkte sind seit 30 Jahren das Bohren, Fräsen und Komplettmontagen. Beim Jubiläum präsentiert „Schade" seine neue Investition: Eine CNC-Fräsmaschine für Bauteile bis 40 Tonnen. Sie kann Bauteile bis acht Meter Länge und drei Meter Höhe bearbeiten. „Wir sind sehr zufrieden. Denn die CNC-Fräsmaschine macht uns fit für die Zukunft!"

b Lesen Sie den Artikel noch einmal. Welche Wörter im Text sind „international"? Schreiben Sie sie in eine Tabelle.

Deutsch	Englisch	meine Sprache
das Jubiläum	*jubilee*	

c Lesen Sie den Artikel noch einmal. Was ist richtig (r), was ist falsch (f)? Kreuzen Sie an. › ÜB: A4–5

	r	f
1. Die Firma sitzt in Wildeshausen.	☒	☐
2. Sie feiert das Jubiläum nur mit Kunden aus Deutschland.	☐	☐
3. Dirk Schade führt die Firma seit 40 Jahren.	☐	☐
4. Die Firma produziert für die Luftfahrt-, Automobil- und Bauindustrie.	☐	☐
5. Die CNC-Fräsmaschine ist eine Investition in die Zukunft.	☐	☐

3 Grammatik auf einen Blick: Die Präpositionen „ab" und „seit" › G: 5.1

a Ein Journalist interviewt Herrn Schade für die „Zeitung von heute". Ergänzen Sie die Daten.

▸ Herr Schade, seit wann sind Sie Geschäftsführer?
▸ Dann führen Sie jetzt seit 13 Jahren die Geschäfte.
▸ Richtig. Und am 12. Juni feiern Sie das Firmenjubiläum. Ab wie viel Uhr feiern Sie?

▸ Ich bin seit 2001 im Unternehmen.
▸ Nein, das stimmt so nicht: Seit _____ Jahren.
▸ Ab _____ Uhr.

b Lesen Sie die Sätze in 3a. Was bedeuten „ab" und „seit"? Kreuzen Sie an. › ÜB: A6

1. Etwas dauert von einem Zeitpunkt in der Vergangenheit bis jetzt: • → jetzt   a. ☐ ab   b. ☐ seit
2. Etwas beginnt. Der Beginn ist oft in der Zukunft: • → (Zukunft)   a. ☐ ab   b. ☐ seit

c Seit wann und ab wann . . .? Sprechen Sie zu zweit: Fragen und antworten Sie.

> **seit:** bei … arbeiten | Deutsch lernen | eine Arbeit suchen | bei … Praktikant/in sein | in … leben | …
> **ab:** Urlaub machen | … lernen | eine Arbeit suchen | den Kochkurs besuchen | in … sein | …

B Nur noch 14 Tage!

1 Alles klar? Die Eventagentur hat noch Fragen

Lesen Sie die E-Mail und ergänzen Sie die Notizen von Ulrike Ehlert. › ÜB: B1

→ ✉ u.ehlert@schade.com   _ ▢ ✕

Betreff: Planung Firmenjubiläum

Sehr geehrte Frau Ehlert,

bis zum Firmenjubiläum sind es nur noch zwei Wochen und ich habe noch einige Fragen:
Wie viele Zusagen haben Sie bis jetzt? Können wir weiter mit 200 Gästen rechnen?
Noch unklar ist: Sollen wir das Festzelt bei den Werkshallen oder auf dem Parkplatz aufbauen?
Nun zum Jubiläum selbst:
Sollen wir für alle Gäste Tische und Stühle aufstellen? Für den Sektempfang sind Stehtische sicher besser. Wir können
30 liefern. Sollen wir das tun?
Und noch eine Frage: Wir planen das Serviceteam so: vier Mitarbeiter am Buffet und acht Kellner/innen für die Tische.
Wie viel Personal brauchen Sie für den Sektempfang? Soll ich vier oder sechs Servicekräfte einplanen?
Können Sie die Fragen bitte auch mit Herrn Schade klären? Wollen wir morgen telefonieren?

Mit freundlichen Grüßen
Johannes Berger
Cameo-Events

- Wie viele _Gäste_ ?
- Festzelt _bei Werkshallen oder auf Parkplatz_ ?
- Für alle Gäste _____ ?
- Wie viele _____ ?
- Wie viel _____

2 Grammatik auf einen Blick: Sollen wir …? / Wollen wir …? / Soll ich …? › G: 1.7

a **Lesen Sie die E-Mail noch einmal und markieren Sie alle Sätze mit „sollen" und „wollen".**

b **Lesen Sie die Sätze in 2a und ergänzen Sie die Regel.** › ÜB: B2

Ⓖ

Ja- / Nein-Fragen mit „_Sollen wir_ …?", „_____ …?" und „_____ …?":
Ich kann oder will etwas tun, aber will die andere Person das auch?
z. B. Sollen wir für alle Gäste Tische und Stühle aufstellen?
       Soll ich vier oder sechs Servicekräfte einplanen?
       Wollen wir morgen telefonieren?

c **Es gibt noch viele Fragen. Sprechen Sie zu zweit: Fragen und antworten Sie.**

die Firmengeschichte vorstellen (wir) | eine Jazzband einladen (wir) | die Kunden empfangen (ich) |
die Gäste vom Bahnhof / Flughafen abholen (ich) | am Nachmittag Kuchen anbieten (wir) | …

Ja, das ist eine gute Idee. | Ja, das machen wir. | Ja, gerne. | Nein, das macht schon Herr / Frau …

Sollen wir die Firmengeschichte vorstellen?

Ja, das ist eine gute Idee.

3 Planung ist alles

a ▶ 2|8 **Hören Sie das Gespräch und kreuzen Sie an: Welche Punkte aus der E-Mail sind hier Thema?**

a. ☐ Zusagen für das Fest. b. ☐ Platz für das Zelt. c. ☐ Personal für den Sektempfang.

b **Welche Anweisungen gibt Herr Schade? Hören Sie Gespräch noch einmal und kreuzen Sie an.**

1. Wo soll die Firma das Zelt aufbauen?
   a. ☐ Die Firma soll das Zelt bei den Werkshallen aufbauen.
   b. ☐ Die Firma soll das Zelt auf dem Parkplatz aufbauen.
2. Sollen wir noch Stehtische für den Sektempfang bestellen?
   a. ☐ Die Agentur soll 20 Stehtische liefern.
   b. ☐ Die Agentur soll 30 Stehtische liefern.
3. Wie viel Personal brauchen wir am Vormittag?
   a. ☐ Sagen Sie Herrn Berger, er soll vier Servicekräfte für den Vormittag einplanen.
   b. ☐ Sagen Sie Herrn Berger, er soll sechs Servicekräfte für den Vormittag einplanen.

Die Firma soll …

4 Grammatik auf einen Blick: Das Modalverb „sollen" › G: 1.7

Lesen Sie die Sätze in 3b noch einmal und ordnen Sie die Sätze den Regeln zu. › ÜB: B3–4

Ⓖ

Mit „sollen" kann man:
1. der Auftrag ist unklar – um Informationen bitten. Fragen: _1,_____
2. eine Bitte oder einen Auftrag beschreiben. Sätze: _1a, 1b,_____
3. einen Auftrag weitergeben: „Sagen Sie Herrn / Frau …, er / sie soll …". Sätze: _____

5 Was soll Frau Ehlert machen?

a **Lesen Sie und notieren Sie den Auftrag.**

1. _Frau Ehlert soll den Text für die Begrüßung durchlesen._
2. _____
3. _____
4. _____

– Text für Begrüßung durchlesen
– Stelle für Festzelt im Plan
  markieren
– Herrn Berger Plan schicken
– 30 Stehtische und 6 Servicekräfte bestellen

b **Spielen Sie zu dritt. Der Erste schreibt einen Auftrag auf eine Karte. Der Zweite liest den Auftrag und gibt ihn an den Dritten weiter. Der Dritte spricht ihn aus.**

Herr Berger: sechs Kellner einplanen | Herr Dalis: die Werksbesichtigung organisieren |
Frau Lang: die Gästeliste drucken | Frau Roth: die Kunden empfangen | …

Herr Berger soll sechs Kellner einplanen.

Sagen Sie Herrn Berger, er soll sechs Kellner einplanen.

Herr Berger, planen Sie bitte sechs Kellner ein!

6 Ein Fest für viele Gäste

Sie planen ein Fest für einen Kunden. Partner A: Datenblatt A9, Partner B: Datenblatt B9.

C Das Fest

1 Herr Schade schreibt eine E-Mail

a **Lesen Sie die E-Mail und die drei Betreff-Vorschläge. Welcher passt? Notieren Sie.**

Infobroschüre | Text Begrüßungsrede | die Firma

→ ✉ u.ehlert@schade.com	_ □ ×
Betreff:	
📎 manuskript_rede	

Liebe Frau Ehlert,

anbei meine Rede für die Begrüßung. Im Text fehlt noch die Firmengeschichte. In der Firmenbroschüre finden Sie den Artikel „40 Jahre Schade". Er ist sehr schön, aber für die Rede zu lang. Können Sie ihn bitte kürzen?

Gruß und Dank – Dirk Schade

b **Lesen Sie die E-Mail noch einmal und den Beginn von der Rede. Beantworten Sie dann die Fragen.**

Liebe Kolleginnen und Kollegen, liebe Gäste,

herzlich willkommen in Wildeshausen. Besonders begrüße ich auch unsere Geschäftspartner und Kunden. Sie sind für unser Fest weit gereist. Ebenso sind viele Mitarbeiter von früher gekommen. Das ist sehr schön. So können wir heute zusammen feiern.

40 Jahre „Schade-Maschinenbau" waren eine gute Zeit. Besonders das letzte Jahr ist sehr erfolgreich gewesen. Aber nicht nur die letzten Jahre waren erfolgreich. Seit Beginn ist unsere Firma Stück für Stück gewachsen.

(Hier bitte den Text aus der Infobroschüre ergänzen!)

> Liebe Kolleginnen und Kollegen, …

1. Was fehlt in der Rede?
2. Was soll Frau Ehlert tun?
3. Wer sind die Gäste?
4. Wie war die Entwicklung von Schade Maschinenbau?

TIPP

Aktivitäten oder Vorgänge in der Vergangenheit kann man mit der Zeitform „Perfekt" ausdrücken.

2 Grammatik auf einen Blick: Perfekt – Verben mit „sein" › G: 1.3

Lesen Sie den Beginn von der Rede noch einmal und schreiben Sie die markierten Verbformen in die Tabelle. Ergänzen Sie auch die Partizip-Endungen. › ÜB: C 1–2

	Position 1	Position 2		Satzende
regelmäßige Verben – Partizip Perfekt: „ge-" + Endung „_____"	Die Gäste	sind	für unser Fest weit	gereist.
unregelmäßige Verben – Partizip Perfekt: „ge-" + Endung „_____" **Achtung:** sein → gewesen	Ebenso		viele Mitarbeiter von früher	
	Das letzte Jahr		sehr erfolgreich	
	Seit Beginn		unsere Firma Stück für Stück	

3 Kolleginnen und Kollegen von früher und heute

a ▶ 2|9 **Hören Sie das Gespräch auf dem Fest. Wer sagt was? Kreuzen Sie an.**

	Fr. Ehlert	Hr. Schäfer	Hr. May
1. So viele sind gekommen.	☒	☐	☐
2. Wie lange sind Sie denn bei Schade gewesen?	☐	☐	☐
3. Ich bin mit 63 in Rente gegangen.	☐	☐	☐
4. Da bin ich aber nur drei Jahre geblieben.	☐	☐	☐
5. Herr Lauer ist auch gekommen.	☐	☐	☐

b **Markieren Sie in den Sätzen in 3a die Partizip-Perfekt-Formen und ordnen Sie sie zu.**

Vokalwechsel **e → a**   Vokalwechsel **ei → ie**   **kein** Vokalwechsel

gehen → _____   bleiben → _____   kommen → *gekommen*_____

4 Grammatik auf einen Blick: Die Satzklammer im Perfekt › G: 1.3

Schreiben Sie die Sätze aus 3a in die Tabelle und ergänzen Sie die Regel. › ÜB: C3

—— Satzklammer ——

Position 1	Position 2: Hilfsverb		Satzende: Partizip Perfekt
1. *So viele*	*sind*		*gekommen.*
2.			
3.			
4.			
5.			

Satzklammer im Perfekt: _____ auf Position 2 und _____ am Satzende. Ⓖ

5 Ein Fest im Unternehmen

Spielen Sie zu zweit ein Wiedersehen. Tauschen Sie bei Situation 1 und 2 auch die Rollen. › ÜB: C4

Situation 1
Sie treffen Ihre/n Kollegin/en.
Sie / Er war für die Firma im Ausland.

▶ Ah, Frau / Herr …, das ist ja eine Überraschung! Lange nicht gesehen, wo waren Sie denn?
▶ Ich bin … Jahre in … gewesen.
▶ Und seit wann sind Sie wieder hier?
▶ Ich bin seit …

A: 3 Jahre in Spanien – seit Mai wieder da
B: 2 Jahre in den USA – seit 8 Wochen wieder da

Situation 2
Sie treffen eine/n Kollegin/en von früher.
Sie / Er ist nicht mehr bei der Firma.

▶ Hallo …, lange nicht gesehen. Was machst du jetzt?
▶ Ich bin vor … Jahren zu … gegangen.
▶ Und was machst du dort?
▶ Ich arbeite dort im / in der …

A: vor 2 Jahren zu VW – in der Entwicklung
B: vor 4 Jahren zu Siemens – im Einkauf

D Sommer-Small-Talk

1 Und wohin fahren Sie dieses Jahr?

a **Aktivitäten im Sommerurlaub. Ordnen Sie die Aktivitäten den Fotos zu.** › ÜB: D1

am Strand sein | Gleitschirm fliegen | schwimmen | Rad fahren | reiten | segeln | surfen | wandern

schwimmen

b ▶ 2|10–12 **Frau Ehlert, Herr May und die anderen Gäste sprechen über den Sommerurlaub. Hören Sie drei Small-Talk-Gespräche. Was machen die Personen im Urlaub? Kreuzen Sie die Fotos an.**

c **Hören Sie die Gespräche noch einmal. Was war die Urlaubsaktivität der Personen im letzten Jahr: a oder b?**

Gespräch 1 Frau Ehlert: a. ☐ Ich bin letztes Jahr durch Südengland gereist.
  b. ☐ Im letzten Jahr bin ich mit Freunden zwei Wochen gewandert.

Gespräch 2 Herr Lauer: a. ☐ Letztes Jahr sind wir bis nach Gomera gesegelt.
  b. ☐ Wir sind letztes Jahr in Mecklenburg-Vorpommern Rad gefahren.

Gespräch 3 Jochen: a. ☐ Ich bin letztes Jahr das erste Mal gesurft.
  b. ☐ Letztes Jahr bin ich mit Freunden in Dänemark geritten.

2 Was machen Sie gern im Urlaub?

Sprechen Sie mit einem Partner, einer Partnerin. Verwenden Sie die Aktivitäten aus 1a.

Fahren Sie im Urlaub gern Rad?

Ja, das mache ich gern. / Das mache ich nicht so gern. Viel lieber …

3 Grammatik auf einen Blick: Perfekt – Verben mit „sein" › G: 1.3

Lesen Sie die Regel und ergänzen Sie sie. › ÜB: D2

Ⓖ

Das Verb drückt eine Bewegung oder Veränderung aus → sehr oft Perfekt mit „_____".
z. B. Sie fährt nach Hause. Sie ist nach Hause gefahren. / Die Firma wächst. Die Firma ist gewachsen.

4 Urlaubsaktivitäten

Und Ihr Urlaub letztes und dieses Jahr? Gehen Sie herum und sprechen Sie mit drei Personen. › ÜB: D3

▶ Wo sind Sie letztes Jahr gewesen?

▶ Ich bin / Wir sind nach / in den / in die … gefahren / geflogen. Dort bin ich / sind wir gewandert / … Das war sehr schön / toll.

▶ Und was machen Sie dieses Jahr?

▶ Ich will / Wir wollen nach / in den / in die … fahren / fliegen. Da will ich / wollen wir …

TIPP

Wohin fahren Sie?
– **nach** → Namen von Städten, die meisten Länder, Inseln
– **in den / in die** → Urlaubsregionen, Gebirge z. B. in den Schwarzwald, in die Bretagne, in die Rocky Mountains

Aussprache

1 R-Laute – konsonantisches und vokalisches „r"

a ▶ 2|13 **Hören Sie die Wörter und sprechen Sie nach.**

[r] = das konsonantische „r"	[ɐ] = das vokalische „r"
Fräsen	Erfolg

b ▶ 2|14 **Hören Sie die Sätze und sprechen Sie nach.**

1. Viel Erfolg für die Feier.
2. Fräsen und Bohren in Präzision.
3. Wo können wir parken?
4. Darf ich vorstellen: Frau Roth – Frau Ehlert.

c **Wann ist das „r" vokalisch, wann konsonantisch? Notieren Sie die Wörter aus 1b.**

Aussprache – konsonantisch	Beispiele
1. am Anfang von einer Silbe oder einem Wort	
2. nach kurzen Vokalen	
3. nach Konsonanten	

Aussprache – vokalisch	Beispiele
1. nach langen Vokalen am Ende von einem Wort oder einer Silbe	
2. in der unbetonten Vorsilbe „er-" (auch: ver-, zer-)	*Erfolg*
3. in der Endung „-er" (auch: -ern, -ert, -erst, -ernd)	

d ▶ 2|15 **Hören Sie die Wörter in 1c Was fällt auf? Kreuzen Sie an.**

1. Das konsonantische „r" hört man   a. ☐ deutlich.   b. ☐ undeutlich, klingt fast wie „a".
2. Das vokalische „r" hört man   a. ☐ deutlich.   b. ☐ undeutlich, klingt fast wie „a".

Ⓐ

e ▶ 2|16 **Hören Sie die Wörter und sprechen Sie sie nach.**

1. Begrüßung – Rede – Unternehmen
2. wandern – feiern – reisen
3. Schäfer – Ehlert – Berger
4. bohren – fräsen – verkaufen

E Schlusspunkt

Information für Kursleitende:
Die Kursteilnehmer stehen sich in einem inneren und in einem äußeren Kreis gegenüber. Die Übung beginnt mit dem ersten Würfelwurf und somit mit dem ersten Small-Talk-Thema. Nach einer Minute rotieren die Teilnehmerkreise jeweils in entgegengesetzter Richtung um eine Position weiter. Der nächste Wurf bestimmt das neue Small-Talk-Thema usw. Bei der Zahl „Sechs" wählen die Teilnehmer ein freies Thema.

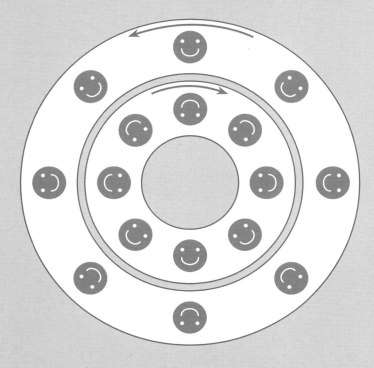

 Hobbys

 Wiedersehen

 Urlaubspläne

 Der letzte Urlaub

 Familie

 ?

▶ Ich schwimme / … gern.
  Und Sie?
▶ Ich schwimme / … auch gern. /
  Nein, ich schwimme / … nicht so
  gern. Viel lieber surfe / …

▶ Wohin fahren Sie in Urlaub?
▶ Ich fahre / fliege nach / in den /
  in die … /
  Wir fahren / fliegen nach /
  in den / in die …
▶ Was wollen Sie im Urlaub
  machen?
▶ Ich will / Wir wollen …

▶ Was macht Ihr Sohn /
  Ihre Tochter?
▶ Mein Sohn / Meine Tochter …
▶ Haben Sie ein Foto?
▶ Moment, hier habe ich ein Foto. /
  Nein, leider habe ich kein Foto
  hier.
▶ Wie alt ist er / sie?
▶ Er / Sie ist …

▶ Ah, Herr / Frau …, das ist ja eine
  Überraschung! Lange nicht gese-
  hen.
▶ Oh, guten Tag, Herr / Frau …
▶ Sind Sie nicht mehr bei …?
▶ Nein, ich bin jetzt bei … und
  arbeite dort im / in der …
  Und was machen Sie jetzt?
▶ Ich …

▶ Wo waren Sie letztes Jahr?
▶ Ich bin / Wir sind nach / in den /
  in die … gefahren / geflogen.
  Dort bin ich / sind wir
  geschwommen / …
  Und wo waren Sie letztes Jahr?
▶ Ich / Wir …

Lektionswortschatz

Das Jubiläum:
einladen
die Einladung, -en
zusagen ≠ absagen
die Zusage, -n ≠
  die Absage, -n
feiern
die Feier, -n
das Fest, -e
der Geschäftspartner, -
teilnehmen
wünschen

Die Firma:
der Maschinenbau (nur Sg.)
die Industrie, -n
  Automobilindustrie
  Bauindustrie
  Luftfahrtindustrie
der Erfolg, -e
erfolgreich
die Loyalität, -en
der Markt, ⁼e
das Prinzip, -ien
die Präzision (nur Sg.)
die Qualität, -en
die Zusammenarbeit
  (nur Sg.)
führen
wachsen

Die Maschine:
das Bauteil, -e
CNC (= Computerized
  Numerical Control)
die Investition, -en
die Komplettmontage, -n
die Konstruktion, -en
der Schlosser, -
bearbeiten
bohren
fräsen
die Fräsmaschine, -n
die Höhe, -n
die Länge, -n
die Tonne, -n (t)

Die Festplanung:
die Agentur, -en
  Eventagentur
der Auftrag, ⁼e
weitergeben
die Bitte, -n
bitten
der Vorschlag, ⁼e
die Bank, ⁼e
das Buffet, -s
der Empfang, ⁼e
  Sektempfang
empfangen
die Flasche, -n
die Jazzband, -s
der Kuchen, -
der Lieferant, -en
liefern
der Plan, ⁼e
  Zeitplan
einplanen
der Platz, ⁼e
die Servicekraft, ⁼e
das Serviceteam, -s
der Stehtisch, -e
die Stelle, -n
die Theke, -n
das Zelt, -e
  Festzelt
anbieten
aufbauen
aufstellen

Die Rede:
die Broschüre, -n
  Firmenbroschüre
  Infobroschüre
die Geschichte
  (hier nur Sg.)
  Firmengeschichte
fehlen
kürzen

Der Sommerurlaub:
die Aktivität, -en
der Tourist, -en /
  die Touristin, -nen
der Berg, -e
  in den Bergen sein
das Meer, -e
  am Meer sein
der Strand, ⁼e
  am Strand sein
fliegen
  Gleitschirm fliegen
fahren
  Ballon fahren
  Kanu fahren
  Mountainbike fahren
  Rad fahren
  Ski fahren
reisen
reiten
segeln
das Segelboot, -e
schwimmen
surfen
wandern

Verben:
bedeuten
beginnen
durchlesen
kennenlernen
klären
sollen
suchen

Nomen:
das Ausland (nur Sg.) ≠
  das Inland (nur Sg.)
die Notiz, -en
die Rente, -n
  in Rente gehen
der Schwerpunkt, -e
das Stück, -e
  Stück für Stück
die Überraschung, -en
die Zeitung, -en
die Zukunft, ⁼e (Pl. selten)

Adjektive:
fit (für + A)
komplett
klar ≠ unklar
sicher
stolz (auf + A)

Präpositionen:
ab
durch

Fragewörter:
Wie lange?

Andere Wörter:
dieses ≠ letztes (Jahr)
ebenso
(nicht) mehr
selbst

Redemittel:
Ich nehme an dem Fest /
  der Werksbesichtigung /
  … teil.
Viel Erfolg für das Fest!
Das ist eine gute Idee.
Das ist ja eine Über-
  raschung!
Lange nicht gesehen.
Die Zeit ist schnell
  vergangen.
wieder da sein
mit + Alter (mit 63 / …)

A   Der erste Tag bei Holzer

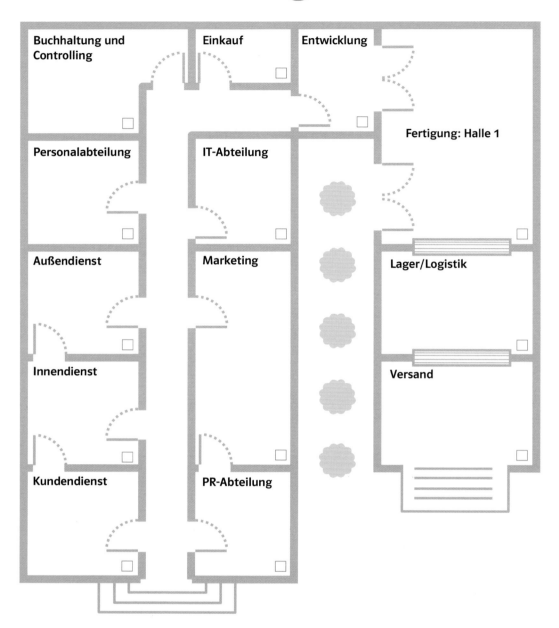

Buchhaltung und Controlling	Einkauf	Entwicklung
Personalabteilung	IT-Abteilung	Fertigung: Halle 1
Außendienst	Marketing	Lager/Logistik
Innendienst		Versand
Kundendienst	PR-Abteilung	

1   Der erste Tag von Bastian Pauls in der Firma Holzer

a   ▶ 2|17   **Hören Sie Teil 1 vom Gespräch in der Firma Holzer. Was hören Sie: a oder b? Kreuzen Sie an.**

1. Bastian Pauls ist   a. ☐ Praktikant bei Holzer.
      b. ☒ Trainee bei Holzer.

2. Frau Bertolt ist   a. ☐ Trainee-Mentorin bei Holzer.
      b. ☐ Personalchefin bei Holzer.

3. Bastian Pauls ist   a. ☐ eineinhalb Jahre bei Holzer.
      b. ☐ zwei Jahre bei Holzer.

4. Firma Holzer produziert   a. ☐ Speiseeis.
      b. ☐ Maschinen.

9

b **Was macht welche Abteilung? Notieren Sie Abteilungen vom Lageplan links.**

1. _Personalabteilung_   Mitarbeiter einstellen und entlassen; Verträge schreiben

2. _____   Rechnungen schreiben, prüfen und bezahlen; Firmenfinanzen kontrollieren

3. _____   Firmenserver betreiben; Computer einrichten, reparieren, Intranet betreuen

4. _____   Kunden akquirieren, vor Ort besuchen und betreuen; Produkte verkaufen

5. _____   Kunden akquirieren und beraten; Kundendaten verwalten

6. _____   Kunden betreuen; vor Ort Maschinen montieren und reparieren

7. _____   Pressemitteilungen schreiben; Firmen-Webseite planen und pflegen; Firmenzeitung produzieren

8. _____   Markt analysieren; Verkaufsstrategien entwickeln und planen; Produkte vermarkten; Messen planen und organisieren

9. _____   Material recherchieren und Preise verhandeln; Material bestellen

10. _____   Produkte konstruieren und entwickeln; Produkte testen

11. _____   Produkte bauen

12. _____   Waren annehmen, kontrollieren und lagern; Produkte bereitstellen zum Versand

13. _____   Waren verpacken und verschicken

c ▶ 2|18–21 **Hören Sie Teil 2 vom Gespräch. Stimmen die Abteilungen? Korrigieren Sie mit einem Partner / einer Partnerin.**

d **Hören Sie Teil 2 vom Gespräch noch einmal. Wo arbeitet Trainee Bastian Pauls? Kreuzen Sie im Lageplan an.** › ÜB: A1

2 Was machen Sie?

Betrachten Sie den Lageplan. Sie sind Mitarbeiter in einer Abteilung von Holzer. Wählen Sie eine Abteilung und schreiben Sie Sätze zu den Aufgaben. Arbeiten Sie zu zweit. Präsentieren Sie Ihre Abteilung im Plenum.

Ich arbeite bei der Firma Holzer im Lager. Ich bin Lagerarbeiterin. Ich nehme Waren an und kontrolliere sie. Ich stelle die Produkte zum Versand bereit.

Ich arbeite bei Holzer in der Entwicklung. Ich bin Ingenieur. Wir entwickeln Speiseeismaschinen. Wir konstruieren die Maschinen und testen sie.

Ich bin Vertriebsassistentin und arbeite bei Holzer im Innendienst. Ich …

Ich arbeite in der Produktion von Holzer. Ich bin Industriemechaniker. Ich baue Speiseeismaschinen.

B Was hast du denn gemacht?

1 Bastian Pauls schreibt im Chat

Lesen Sie das Chat-Protokoll und ordnen Sie die Aufgaben den Fotos zu.

Helen:	Basti, wie war's gestern? Was hast du gestern gemacht?
Bastian:	Es war sehr anstrengend! Aber auch sehr interessant. Ich habe ab 8:00 Finanzunterlagen geprüft und kopiert.
Helen:	Aha, und dann? Was hast du dann gemacht?
Bastian:	Ab 10:00 habe ich viel gerechnet, Rechnungen erstellt und verschickt.
Helen:	Hast du keine Pause gemacht?
Bastian:	Nein, ein Kollege ist krank und ich habe mittags im Kundendienst gearbeitet. Ich habe drei Stunden telefoniert – ohne Pause. ☺
Helen:	Uff! Und dann?
Bastian:	Am Nachmittag habe ich etwas Besonderes gemacht: Ich war in der Marketingabteilung. Denn wir haben dort Fotos für die Messeflyer gemacht. Ein Fotograf hat die Maschinen fotografiert. ☺
Helen:	Wow!
Bastian:	Ja, und abends habe ich Pizza bestellt, im Büro zusammen essen war superlustig. Wir haben bis 1:00 geredet. ☺
Helen:	Cool!
Bastian:	Ja, aber die Spülmaschine war kaputt. Und ICH habe nachts bis 2:00 die Teller gespült. ☺
Helen:	Nein!! Du??? Ist ja lustig!
Bastian:	Ja, sehr lustig!

Fotozuordnung: 1 2 3 4 5 6

A ☐   B ☐ *1*   C ☐   D ☐   E ☐   F ☐

2 Grammatik auf einen Blick: Perfekt – regelmäßige Verben mit „haben" › G: 1.3

a Was hat Bastian gemacht? Markieren Sie die Verbformen im Chat-Protokoll in 1 und ergänzen Sie sie.

Verben ohne Besonderheiten

prüfen: er hat *ge-prüf-t* _____

spülen: er hat _____

Verben auf „-ieren"

kopieren: er hat *ge-kopier-t* _____

telefonieren: er hat _____

Verben mit „t", „d" und manchmal „n"

arbeiten: er hat *ge-arbeit-et* _____

reden: er hat _____

rechnen: er hat _____

Verben mit untrennbarer Vorsilbe, z. B. „be-", „er-", „ver-"

erstellen: er hat *ge-erstell-t* _____

verschicken: er hat _____

bestellen: er hat _____

b Lesen Sie die Verbformen in 2a und ergänzen Sie die Regeln. › ÜB: B1

Ⓖ

1. Regelmäßige Verben: Partizip Perfekt mit Vorsilbe „_____" und Endung „_____" oder „_____".
2. Verben auf „-ieren": Partizip Perfekt ohne Vorsilbe „_____" und mit Endung „_____".
3. Regelmäßige Verben mit untrennbarer Vorsilbe: Partizip Perfekt ohne Vorsilbe „_____".

3 Was hat Bastian Pauls in der Kalenderwoche 45 gemacht?

Bastian Pauls schreibt Wochenprotokolle. Lesen Sie sein Protokoll von der KW 45 und beantworten Sie die Fragen.

KW 45		
Montag, 02.11.	**Vormittag**	Buchhaltung: Rechnungen geprüft, Bestelllisten von Einkauf nicht gefunden, Frau Minten in Urlaub → prüfe Rechnungen für Einkauf in KW 46
	Nachmittag	Mails geschrieben und Post zum Versand gebracht (langweilig!!!)
Dienstag, 03.11.	**Vormittag**	Gehälterberechnung mit Frau Jung besprochen, aber nicht viel verstanden
	Nachmittag	Gehälter berechnet (sehr schwer!)
Mittwoch, 04.11.	**Vormittag + Nachmittag**	Controlling: mit Herrn Langer Verkaufszahlen kontrolliert, Verkaufszahlen von Okt. mit Sept. verglichen → nächste Woche: Vergleich Verkaufszahlen Jan. bis Okt.
Donnerstag, 05.11.	**Vormittag + Nachmittag**	mit Herrn Langer Finanzen von der Firma analysiert → viel gelernt und verstanden
Freitag, 06.11.	**Vormittag**	mit Herrn Langer Finanzen von der Firma analysiert
	Nachmittag	mit Frau Bertolt gesprochen: Rat gegeben, in Einkauf, Marketing, Vertrieb besonders Finanzplanung, -organisation kennenlernen → spricht mit allen Abteilungsleitern
Fazit		Controlling sehr interessant → Beruf für mich?

1. Was findet Bastian Pauls langweilig?
2. Was hat er mit Frau Jung gemacht?
3. Was hat er mit Herrn Langer am Mittwoch gemacht?

4. Was hat er mit Herrn Langer analysiert?
5. Welchen Rat hat Frau Bertolt gegeben?
6. Wie findet Bastian Pauls das Controlling?

4 Grammatik auf einen Blick: Perfekt – unregelmäßige + gemischte Verben mit „haben" › G: 1.3

Ordnen Sie die Partizip-Perfekt-Formen aus dem Protokoll in 3 zu und ergänzen Sie die Regeln. › ÜB: B2–3

1. finden	A. gesprochen	1. _C_		5. besprechen	E. verstanden	5. ⌞⌟
2. geben	B. geschrieben	2. ⌞⌟		6. vergleichen	F. gebracht	6. ⌞⌟
3. schreiben	C. gefunden	3. ⌞⌟		7. verstehen	G. verglichen	7. ⌞⌟
4. sprechen	D. gegeben	4. ⌞⌟		8. bringen	H. besprochen	8. ⌞⌟

1. Unregelmäßige Verben: Partizip Perfekt mit Vorsilbe „_____" und Endung „_____", oft mit Vokalwechsel.
2. Gemischte Verben, z. B. „bringen": Partizip Perfekt mit Vorsilbe „_____" und Endung „_____", immer mit Vokalwechsel.
3. Unregelmäßige Verben mit untrennbarer Vorsilbe: Partizip Perfekt ohne Vorsilbe „_____".

Ⓖ

5 Wie ist dein Traineeprogramm?

Das Traineeprogramm interessiert Tom, einen Freund von Bastian. Berichten Sie Tom von der KW 45.

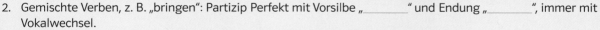

Hallo Tom,
in der Woche habe ich viel gemacht: Am Montag war ich in der Buchhaltung. Am Vormittag habe ich Rechnungen geprüft und nachmittags habe ich Mails geschrieben und die Post zum Versand gebracht (langweilig!). Am Dienstagvormittag …

C Am Computer arbeiten

1 In der Buchhaltung – Bastian Pauls telefoniert

a ▶ 2|22 **Herr Berlinger ruft Herrn Pauls an. Hören Sie Teil 1 vom Telefongespräch. Wo arbeitet Herr Berlinger und was möchte er?**

1. a. ☐ Herr Berlinger arbeitet in der Buchhaltung.   b. ☐ Herr Berlinger ist im Kundendienst.
2. a. ☐ Herr Berlinger hat ein Formular vergessen.   b. ☐ Herr Berlinger braucht ein Formular.

b **Sehen Sie das Formular an. Was ist das?**   › ÜB: C1

c ▶ 2|23–25 **Hören Sie Teil 2 vom Telefongespräch. Was ist richtig (r), was ist falsch (f)? Kreuzen Sie an.**

Reisekostenabrechnung Inland		Buchhaltung		
		Beleg Nr.	Datum	Monat

Pers. Nr.	Vor- und Zuname, Wohnort			
	Dieter Berlinger, 79713 Bad Säckingen			
Bankverbindung		IBAN		BIC
Reiseweg		Kunde		Grund
Dresden		Saumer & Partner		Montage

Hinfahrt	Rückfahrt	(3) Transport		
Datum	Datum	Flugzeug ☐	Flugnummer	
(1)	(2)	Bahn ☐	Bahncard-Nr.	
		Auto ☐	Kennzeichen	

(4) A Fahrtkosten	Euro	MwSt.	
Flugzeug	€	19 %	
Bahn	€	19 %	
Auto	€	19 %	
Parken	€	19 %	
Kilometergeld _____ km	€	x 0,30 Euro	
B Verpflegungskosten Essen	(5) €	Bemerkungen:	
C Übernachtung Hotel	(6) €	Bemerkungen:	
D Bewirtung von Kunden	(7) €	Geschäftsessen Saumer & Partner	
Endsumme	(8)	€	
Für die Richtigkeit:	Genehmigung:		Auszahlung:
Dieter Berlinger			
Datum, Mitarbeiter:	Datum, Vorgesetzter:		Datum, Buchhaltung:
09.11.2015			

	r	f
1. Herr Berlinger möchte die Reisekosten-abrechnung machen.	X	☐
2. Er hat keine Personal-nummer.	☐	☐
3. Herr Berlinger war in Dresden.	☐	☐
4. Er hat dort Maschinen eingerichtet.	☐	☐
5. Er ist mit der Bahn gefahren.	☐	☐
6. Er hat zwei Nächte im Hotel verbracht.	☐	☐
7. Kunden haben Herrn Berlinger zum Essen eingeladen.	☐	☐
8. Herr Berlinger hat für die Reise 349 € ausgegeben.	☐	☐
9. Die Reisekosten-abrechnung ist nicht angekommen.	☐	☐

TIPP

MwSt = Mehrwertsteuer

d **Hören Sie Teil 2 vom Telefongespräch noch einmal und ergänzen Sie die Antworten 1 bis 8 im Formular.**

2 Grammatik auf einen Blick: Perfekt – Verben mit trennbarer Vorsilbe › G: 1.6

a **Markieren Sie die Perfektformen in den Sätzen 4, 7, 8 und 9 in 1c und notieren Sie sie.**

1. einrichten: *hat eingerichtet*

2. einladen: _____

3. ausgeben: _____

4. ankommen: _____

b **Schauen Sie die Perfektformen in 2a an. Was fällt auf? Kreuzen Sie an.** › ÜB: C2

Verben mit trennbarer Vorsilbe: „-ge-" steht   a. ☐ vor der Vorsilbe.   b. ☐ nach der Vorsilbe.

G

3 Grammatik auf einen Blick: Die Satzklammer im Perfekt › G: 1.3

Schreiben Sie die Sätze 5 bis 9 in 1c in die Tabelle und ergänzen Sie die Regeln. › ÜB: C3

Satzklammer

Position 1	Position 2: Hilfsverb (haben / sein)		Satzende: Partizip Perfekt
Er	*ist*	*mit der Bahn*	*gefahren.*

G

1. Satzklammer im Perfekt: _____ auf Position 2 und _____ am Satzende.
2. Man bildet das Perfekt fast immer mit dem Hilfsverb „haben". Bei Verben für Bewegung oder Veränderung und bei „sein" und „bleiben" bildet man das Perfekt mit „_____".

4 Computer für Anfänger: Wie macht man das? Erklär das bitte.

Sprechen Sie zu zweit. Ihr Partner gibt Anweisungen. Wiederholen Sie die Anweisungen im Perfekt. › ÜB: C4–7

Situation 1

Partner A fragt:
Wie schreibt man einen Brief am PC?

Partner B antwortet:
den PC hochfahren, ein Word-Dokument öffnen, einen Namen eingeben, das Dokument abspeichern, in der Kunden-Datenbank die Adresse suchen, den Briefkopf einfügen, den Betreff schreiben, den Text eingeben, den Text speichern, den Brief ausdrucken, das Dokument schließen

Situation 2

Partner B fragt:
Wie schreibt man eine E-Mail mit Anhang?

Partner A antwortet:
den PC starten, ins Internet gehen, das Mailprogramm öffnen, die Adresse eingeben, den Betreff formulieren, die E-Mail schreiben, das Rechtschreibeprogramm aktivieren, die Fehler korrigieren, den Text prüfen, den Anhang herunterladen, prüfen und anhängen, die E-Mail abschicken

Fahr den PC hoch.
Öffne ein Word-Dokument.
Gib …

Okay, ich habe den PC hochgefahren.
Ich habe ein Word-Dokument geöffnet.
Ich habe …

D Beim Trainee-Stammtisch

1 Wie war Ihre Traineezeit? Ein Interview mit Bastian Pauls

Lesen Sie die Fragen von der Journalistin und ordnen Sie die Antworten von Bastian Pauls zu.   › ÜB: D1

Bad Säckinger Zeitung

■ Karriere und Beruf

**Serie: Unsere Reporterin Saskia Krüger fragt:
„Wie war die Traineezeit für Sie, Frau / Herr …?"**

Bastian Pauls ist seit 17 Monaten Trainee bei der Firma Holzer. Noch ein Monat und er ist Controller in der Firma. Saskia Krüger von der Bad Säckinger Zeitung hat Herrn Pauls beim Trainee-Stammtisch getroffen und ihn gefragt: „Wie war die Traineezeit für Sie, Herr Pauls?"

Bad Säckinger Zeitung: Sie sind seit 17 Monaten Trainee bei der Firma Holzer. Herr Pauls, wie war diese Zeit für Sie?
Bastian Pauls: 1. _C_
BSZ: Was haben Sie studiert und was haben Sie als Trainee bei der Firma Holzer gemacht?
Pauls: 2. ⌐⌐
BSZ: Was ist das, ein Traineeprogramm?
Pauls: 3. ⌐⌐

BSZ: Wie sind die Arbeitsbedingungen?
Pauls: 4. ⌐⌐
BSZ: Verdient man als Trainee Geld?
Pauls: 5. ⌐⌐
BSZ: Sie sind hier beim Trainee-Stammtisch, was ist das?
Pauls: 6. ⌐⌐
BSZ: Herr Pauls, vielen Dank und viel Erfolg im Beruf!

A Ich habe Betriebswirtschaft studiert. Und bei Holzer war ich in vier Abteilungen: Zuerst war ich vier Monate in Buchhaltung und Controlling, dann vier Monate im Einkauf, vier im Außendienst und dann drei Monate im Marketing. Dort war ich immer für die Finanzen zuständig. Und jetzt bin ich wieder im Controlling – das ist meine Wunschabteilung. Ich bin dort Assistent.

B Ja, natürlich! Ich verdiene 2.500 Euro im Monat. Ich habe ein Smartphone bekommen, ein Notebook und dieses Tablet hier. Diese Geräte darf ich natürlich auch privat benutzen.

C Die Zeit war super! Ich habe viel gelernt. Und ich habe meinen Beruf gefunden, das ist perfekt.

D Sehr gut. Ein Trainee hat immer einen Mentor, das ist sehr hilfreich. Ich hatte eine Mentorin. Die war sehr gut. Ich hatte viele Fragen und auch Probleme, aber sie hat immer eine Lösung gefunden.

E Traineeprogramm heißt: Unternehmen suchen Fachkräfte, und wir Hochschulabsolventen haben studiert und suchen einen Job. Wir sind aber noch keine Profis und arbeiten und lernen ein bis zwei Jahre in vier bis fünf Abteilungen von einer Firma.

F Wir sind zehn Trainees. Acht Firmen haben diesen Trainee-Stammtisch organisiert. Am Freitag bekommen wir Trainees um 16 Uhr frei, sind hier am Stammtisch und trinken ein Bier – oder zwei. Wir reden, lachen, aber wir besprechen auch Probleme. Im Juli sind wir zusammen nach St. Anton in Österreich gefahren. Dort sind wir Gleitschirm geflogen. Wir sind ein Wochenende geblieben und jetzt sind wir Freunde. Dieses Wochenende war wirklich super!

2 Grammatik auf einen Blick: Demonstrativartikel und -pronomen › G: 3.3

Markieren Sie im Interview in 1 die Formen vom Demonstrativartikel „dies-" und von den Demonstrativpronomen „der"/„das"/„die" und schreiben Sie sie in die Tabelle. Kreuzen Sie dann in der Regel an. › ÜB: D2

	Maskulinum (M)		Neutrum (N)		Femininum (F)		Plural (M, N, F)	
Nominativ	dieser	/ der	/ das		diese	/	diese	/ die
Akkusativ		/ den	/ das		diese	/ die		/ die

Der Demonstrativartikel „dies-" und die Demonstrativpronomen „der"/„das"/„die" haben im Nominativ und Akkusativ die gleichen Endungen wie der   a. ☐ bestimmte Artikel.   b. ☐ unbestimmte Artikel.

G

3 Haben Sie das schon gemacht?

Fragen und antworten Sie. Partner A: Datenblatt A10, Partner B: Datenblatt B10.

Aussprache

1 Verben im Infinitiv und Perfekt

a ▶ 2|26 **Hören Sie die Verben. Welche Silbe ist betont? Markieren Sie.**

1. produzieren – hat produziert
2. organisieren – hat organisiert
3. bestellen – hat bestellt
4. ergänzen – hat ergänzt
5. verkaufen – hat verkauft
6. zerkleinern – hat zerkleinert

b **Hören Sie die Verben in 1a noch einmal und sprechen Sie sie. Was fällt auf? Kreuzen Sie an.**

A

1. Bei untrennbaren Verben mit „-ieren" betont man immer   a. ☐ die erste Silbe.   b. ☐ „ie" in „ieren".
2. Bei Verben mit untrennbarer Vorsilbe betont man immer   a. ☐ die Vorsilbe.   b. ☐ den Wortstamm.

c ▶ 2|27 **Hören Sie die Verben. Welche Silbe ist betont? Markieren Sie.**

1. schicken – hat geschickt | abschicken – hat abgeschickt
2. rechnen – hat gerechnet | ausrechnen – hat ausgerechnet

d **Hören Sie die Verben in 1c noch einmal und sprechen Sie sie. Was fällt auf? Kreuzen Sie an.**

A

1. Bei Verben ohne Vorsilbe betont man immer   a. ☐ den Wortstamm.   b. ☐ die Endung.
2. Bei Verben mit trennbarer Vorsilbe betont man immer   a. ☐ die Vorsilbe.   b. ☐ den Wortstamm.

e ▶ 2|28 **Hören Sie die Verben. Welche Silbe ist betont? Markieren Sie. Sprechen Sie dann die Verben.**

1. sprechen – hat gesprochen | besprechen – hat besprochen | aussprechen – hat ausgesprochen
2. schreiben – hat geschrieben | beschreiben – hat beschrieben | abschreiben – hat abgeschrieben
3. bringen – hat gebracht | verbringen – hat verbracht | mitbringen – hat mitgebracht

E Schlusspunkt

Situation 1

Person A

Sie sind Herr Graf, der Personalchef von der Firma Holzer.
Sie brauchen Fachkräfte in
der Firma. Sie möchten einen
Trainee einstellen.
Sie und ein Trainee sprechen
zusammen. Notieren Sie kurz
die Antworten vom Trainee.

Person B

Sie sind Frau Rabl, eine Hoch-
schulabsolventin. Sie möchten
als Trainee bei der Firma Holzer
arbeiten.
Sie und der Personalchef
sprechen zusammen.

Situation 2

Person A

Sie sind Herr Wagner, ein Hochschulabsolvent. Sie möchten
als Trainee bei der Firma Holzer
arbeiten.
Sie und die Personalchefin
sprechen zusammen.

Person B

Sie sind Frau Steffen, die Personalchefin von der Firma Holzer.
Sie brauchen Fachkräfte in
der Firma. Sie möchten einen
Trainee einstellen.
Sie und ein Trainee sprechen
zusammen. Notieren Sie kurz
die Antworten vom Trainee.

▶ Wo sind Sie geboren?
▶ Ich bin in … geboren.

▶ Wo sind Sie in die Schule
   gegangen?
▶ Ich bin in … in die Schule
   gegangen.

▶ Welchen Schulabschluss haben
   Sie?
▶ Ich habe …

▶ Welche Ausbildung haben Sie
   gemacht? / Was haben Sie
   studiert?
▶ Ich habe … gelernt / studiert.

▶ Wann haben Sie Ihren Abschluss
   gemacht?
▶ Ich habe meinen Abschluss …
   gemacht.

▶ Welche Praktika haben Sie
   gemacht?
▶ Ich habe ein Praktikum bei der
   Firma … (und bei …) gemacht.

▶ Wo haben Sie gearbeitet?
▶ Ich habe bei Firma … als …
   gearbeitet.

▶ Haben Sie im Ausland studiert /
   gearbeitet?
▶ Ich habe ein Jahr / … Jahre in …
   studiert / gearbeitet. /
   Nein, ich habe nicht im Ausland
   studiert / gearbeitet. Ich möchte
   das aber tun.

▶ Welche Sprachen sprechen Sie?
▶ Ich spreche …

▶ Welche Abteilungen möchten
   Sie kennenlernen?
▶ Ich möchte … kennenlernen.

▶ Welche Aufgaben finden Sie
   interessant?
▶ Ich möchte gern …

▶ Wie viel möchten Sie verdienen?
▶ Ich möchte … Euro verdienen.

Lektionswortschatz

Abteilungen:
das Controlling *(nur Sg.)*
der Versand *(nur Sg.)*

Aufgaben und Tätigkeiten:
die Daten *(hier nur Pl.)*
verwalten
die Finanzen *(nur Pl.)*
analysieren
das Gehalt, ⸚er
berechnen
der Kunde, -n
akquirieren
beraten
vor Ort besuchen
betreuen
der Mitarbeiter, - /
   die Mitarbeiterin, -nen
einstellen
entlassen
die Mitteilung, -en
   Pressemitteilung
erstellen
die Post *(nur Sg.)*
zum Versand bringen
der Preis, -e
recherchieren
verhandeln
das Produkt, -e
bauen
entwickeln
konstruieren
testen
vermarkten
der Server, -
betreiben
die Rechnung, -en
prüfen
der Vertrag, ⸚e
schreiben
die Unterlage, -n
kontrollieren
kopieren
die Ware, -n
annehmen
bereitstellen
transportieren
verpacken
verschicken
das Intranet, -s /
   die Webseite, -n
pflegen

Reisekostenabrechnung:
die Abrechnung, -en
abrechnen
die Kosten *(nur Pl.)*
das Formular, -e
die Auszahlung, -en
die Bank, -en
die Bankverbindung, -en
die IBAN, -s (= *International
   Bank Account Number*)
der BIC, -s (= *Bank Identifier
   Code*)
der Beleg, -e
die Bemerkung, -en
die Bewirtung, -en
die Fahrt, -en
   Hinfahrt
   Rückfahrt
der Flug, ⸚e
das Flugzeug, -e
die Genehmigung, -en
der Grund, ⸚e
das Kennzeichen, -
der Transport, -e
die Übernachtung, -en
die Verpflegung, -en
der / die Vorgesetzte, -n

Arbeit am Computer:
aktivieren
anhängen
ausdrucken
ausfüllen
downloaden = herunter- /
   runterladen
einfügen
eingeben
eintragen
hochfahren ≠ herunter-
   fahren
speichern
   abspeichern
schließen
der Briefkopf, ⸚e
die Datenbank, -en
das Dokument, -e
   Word-Dokument
das Feld, -er
das Programm, -e
   Mailprogramm
   Rechtschreibprogramm
die Software, -s

Personen:
der Arbeiter, -
der Betriebswirt, -e
der Controller, - /
   die Controllerin, -nen
die Fachkraft, ⸚e
der Fotograf, -en /
   die Fotografin, -nen
der Profi, -s
der Reporter, - /
   die Reporterin, -nen

Ausbildung / Studium:
der Abschluss, ⸚e
   Schulabschluss
der Absolvent, -en /
   die Absolventin, -nen
   Hochschulabsolvent / -in
das Studium, Studien
studieren
der Trainee, -s
   als Trainee
das Traineeprogramm, -e

Verben:
ankommen
aussprechen
ausgeben
einladen
geben
   einen Rat geben
spülen
verbringen
verdienen
vergessen
verstehen
zuständig sein (für + A)

Nomen:
der Abschluss, ⸚e
die Bedingung, -en
die Berechnung, -en
der Bericht, -e
die Betriebswirtschaft
   (nur Sg.)
das Ende *(hier nur Sg.)*
   Ende (März / August / …)
   am Ende
das Erdgeschoss, -e
der Flyer, -
die Karriere, -n
die Kopie, -n
der Kopierer, -
der Lageplan, ⸚e
die Lösung, -en
die Mitte, -n
   in der Mitte
das Praktikum, Praktika
der Rat *(nur Sg.)*
die Recherche, -n
die Spülmaschine, -n
der Stammtisch, -e
das Tablet, -s
der Vergleich, -e
die Verpackung, -en
der Wunsch, ⸚e

Adjektive:
anstrengend
hilfreich
krank
lustig
schwer

Adverbien:
oben ≠ unten

Redemittel:
etwas Besonderes

Schade Maschinenbau

Das Unternehmen

- Standort: Wildeshausen in Niedersachsen
- Mitarbeiter: 42
- Gründungsjahr: 1969 (von Kurt Schade)
- Geschäftsführer: Dirk Schade
- Maschinenpark: 9 CNC- und konventionelle Bohr-und Fräswerke; Schleif- und Drehmaschinen
- Tätigkeitsbereich: Fertigung von Maschinenbauelementen im Auftrag von Firmen
- Leistungen: mechanische Bearbeitung von Einzelteilen und Komponenten, Fertigung mit Montage

1 Leistungen von Schade Maschinenbau

a **Lesen Sie die Informationen zu Schade Maschinenbau. Was ist richtig (r), was ist falsch (f)? Kreuzen Sie an.**

	r	f
1. Kurt Schade hat Schade Maschinenbau 1969 gegründet.	☐	☐
2. Kurt Schade ist der Geschäftsführer von Schade Maschinenbau.	☐	☐
3. Das Unternehmen hat neun Maschinen.	☐	☐
4. Schade Maschinenbau produziert für Kunden Maschinenbauelemente.	☐	☐
5. Das Unternehmen bearbeitet keine Maschinenbauelemente.	☐	☐
6. Schade Maschinenbau kann auch die Montage machen.	☐	☐

b 🎬 Film|3 **Was macht Schade Maschinenbau? Lesen zuerst Sie die Überschriften 1 bis 6. Sehen Sie dann den Film an. Welche Bereiche zeigt er? Kreuzen Sie an.**

1. Konstruktion ☐   3. Lager ☐   5. Sonderanlagenbau ☐

2. Stahlbau ☐   4. CNC-Zerspanung ☐   6. Montage ☐

c **Schauen Sie den Film noch einmal an. Ordnen Sie dann die Fotos den Beschreibungen oben rechts zu.**

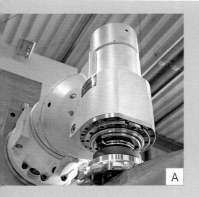

A   B   C   D

1. Schade Maschinenbau bearbeitet und erstellt Maschinenbauelemente. Foto: _____

2. Ingenieure prüfen die Konstruktionen für die Kunden und entwickeln Bauteile. Foto: _____

3. Der Schwerpunkt von Schade Maschinenbau ist das Fräsen und Bohren. Foto: _____

4. Techniker arbeiten mit CNC-Maschinen. Foto: _____

2 Was leisten Maschinen?

a **Wie heißen die Tätigkeiten? Lesen Sie die Verben bei den Fotos und ordnen Sie die Buchstaben zu.**

[f | h | r | s | ß | z]

b **Wie heißen die Maschinen in 2a? Notieren Sie.**

1. drehen + Maschine

   die Drehmaschine

2. fräsen + Maschine

   _____

3. stanzen + Maschine

   _____

4. schweißen + Gerät

   _____

5. schleifen + Maschine

   _____

6. bohren + Maschine

   _____

> **TIPP**
>
> **Nomen bilden:**
> drehen + Maschine
> → Drehmaschine

1 dreh_h_en

2 boh___en

3 stan___en

4 schwei___en

5 frä___en

schlei___en

A Eine Dienstreise

Preis p.P. **116,09 €***			
✈ Hinflug		Flugzeiten (Ortszeit)	Verbindung
Hamburg (HAM) → Zürich (ZRH) Airline: Germanwings (Linienflug)	germanwings	Di. 24. März 2015 Ab: 07:00 | An: 08:30	Direktflug Reisedauer: 01:30 h

Preis p.P. **153,33 €***			
✈ Hinflug		Flugzeiten (Ortszeit)	Verbindung
Bremen (BRE) → Zürich (ZRH) Airline: Air France (Linienflug)	AIRFRANCE	Di. 24. März 2015 Ab: 6:40 | An: 14:10	1 Stopp (Paris) Reisedauer: 07:30 h

Preis p.P. **471,73 €***			
✈ Hinflug		Flugzeiten (Ortszeit)	Verbindung
Hannover (HAJ) → Zürich (ZRH) Airline: SWISS (Linienflug)	SWISS	Di. 24. März 2015 Ab: 9:55 | An: 11:15	Direktflug Reisedauer: 01:20 h

Preis p.P. **1.025,28 €***			
✈ Hinflug		Flugzeiten (Ortszeit)	Verbindung
Hamburg (HAM) → Zürich (ZRH) Airline: Lufthansa (Linienflug)	Lufthansa	Di. 24. März 2015 Ab: 09:45 | An: 11:15	Direktflug Reisedauer: 01:30 h

Bahnhof / Haltestelle	Datum	Zeit	Dauer	Umst.	Produkt
Bremen Hbf Hannover Hbf	24.03.15	ab 06:18 an 07:38	1:20	0	RE
Bremen Hbf Hannover Hbf	24.03.15	ab 07:14 an 08:14	1:00	0	ICE
Bremen Hbf Hannover Hbf	24.03.15	ab 07:18 an 08:38	1:20	0	RE

Bahnhof / Haltestelle	Datum	Zeit	Dauer	Umst.	Produkt
Bremen Hbf Hamburg Hbf	24.03.15	ab 05:55 an 06:51	0:56	0	IC
Bremen Hbf Hamburg Hbf	24.03.15	ab 07:17 an 08:12	0:55	0	ICE
Bremen Hbf Hamburg Hbf	24.03.15	ab 07:27 an 08:33	1:06	0	IC

1 Flug nach Zürich

a ▶ 2|29 **Jutta Peters muss dienstlich nach Zürich. Hören Sie das Telefongespräch mit der Kollegin aus der Reisestelle, Frau Abel. Was ist das Thema?**

    a. ☐ Ein Besuch in Zürich.   b. ☐ Reisemöglichkeiten nach Zürich.

b **Hören Sie das Telefongespräch noch einmal und beantworten Sie die Fragen.**

    1. Wann will Frau Peters fliegen?
    2. Von wo will sie abfliegen?
    3. Wann muss sie in der Niederlassung sein?

c **Sehen Sie die Verbindungen oben an. Welche Verbindung empfehlen Sie Frau Peters? Warum?**

10

d Lesen Sie die Vorschläge von Frau Abel. Was empfiehlt sie? Empfiehlt sie das Gleiche wie Sie in 1c?

Liebe Frau Peters,

mit der Verbindung nach Zürich gibt es Probleme. Von Bremen gibt es keinen Direktflug. Der Flug geht über Paris und die Landung in Zürich ist zu spät: 14:10 Uhr. Von Hamburg gibt es einen Flug um 7:00, Ankunft in Zürich um 8:30. Nur müssen Sie dann mit dem Auto nach Hamburg fahren, denn der Zug ist erst um 6:51 in Hamburg. Mit der Bahn können Sie gut einen Flug mit Lufthansa erreichen, Abflug um 9:45, Ankunft um 11:15. Aber: der Flug ist sehr teuer – 1.025 €!
Mein Vorschlag: Fliegen Sie nicht von Hamburg, sondern von Hannover. Hier fliegt SWISS um 9:55, Landung in Zürich 11:15. Der Flug ist nicht sehr preiswert (471 €), aber nicht so teuer wie Lufthansa. Für die Fahrt nach Hannover empfehle ich den ICE um 7:14, Ankunft Hannover Hbf.: 8:14. Die S-Bahn braucht dann noch 20 Minuten zum Flughafen. Bitte geben Sie Bescheid.

Liebe Grüße – Katja Abel

---

e Lesen Sie die Antwortmail von Frau Peters. Was macht sie, und was soll Frau Abel tun? › ÜB: A1

Liebe Frau Abel,

vielen Dank für die Verbindungen. Ihr Vorschlag mit dem Flug von Hannover ist sehr gut. Den nehme ich. Aber ich fahre nicht mit dem ICE um 7:14, sondern ich nehme den Regionalexpress um 6:18, Ankunft in Hannover Hbf. um 7:38. Dann kann ich die S-Bahn um 8:05 nehmen und bin um 8:23 am Flughafen, das ist besser. Bitte buchen Sie den Flug und den Zug.

Vielen Dank und liebe Grüße – Jutta Peters

---

2 Grammatik auf einen Blick: „nicht …, sondern" › G: 6.2

Lesen Sie die Sätze und markieren Sie „nicht" und „sondern". Ergänzen Sie dann die Regeln. › ÜB: A2–3

1. Hauptsatz / Satzteil	Position 0	2. Hauptsatz / Satzteil
Fliegen Sie nicht von Hamburg,	sondern	(fliegen Sie) von Hannover.
Ich fahre nicht mit dem ICE um 7:14,	sondern	(ich) nehme den Regionalexpress um 6:18.

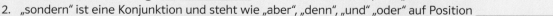

1. Bei „nicht – sondern" verneint „_nicht_____" ein Satzelement. Es steht vor dem Satzelement,
   z. B. „nicht von Hamburg". „_____" nennt die Alternative, z. B. „von Hannover".
2. „sondern" ist eine Konjunktion und steht wie „aber", „denn", „und" „oder" auf Position _____.
3. Verb / Subjekt im ersten Hauptsatz = Verb / Subjekt im zweiten Hauptsatz →
   Das _____ und / oder _____ im zweiten Hauptsatz kann wegfallen.

---

3 Und Ihre Verbindung: Wohin und wann wollen Sie fliegen?

Ihr Partner / Ihre Partnerin arbeitet in der Reisestelle und sucht Verbindungen auf einem Flugportal (z. B. www.flug.de, www.billigfluege.de, www.airline-direct.de) und empfiehlt Flüge. › ÜB: A4

▶ Ich möchte am … von … nach … fliegen.
  Was können Sie empfehlen?
▶ Wie lange dauert der Flug?
▶ Um wie viel Uhr ist der Abflug? / ist die Ankunft? /
  fliegt das Flugzeug ab? / landet das Flugzeug?
▶ Wie viel kostet der Flug?

▶ Es gibt einen Flug mit Stopp in … / einen Flug
  über … / einen Direktflug.
▶ Der Flug dauert … Stunden, … Minuten.
▶ Der Abflug / Die Ankunft / Die Landung ist um …
▶ Der Flug kostet … €.

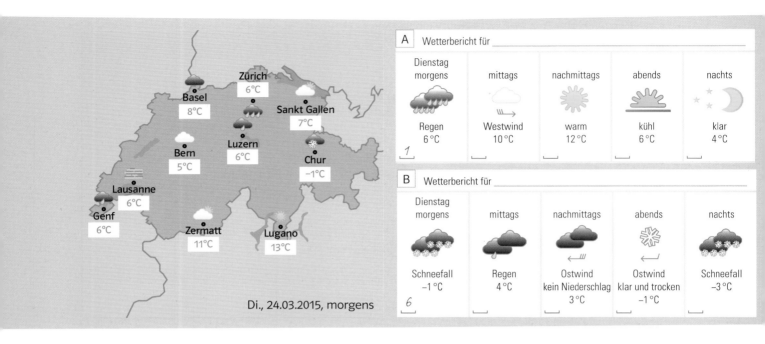

Di., 24.03.2015, morgens

1 Wetterbericht für Zürich und Chur

a Suchen Sie die Städte auf der Karte oben. Welcher Wetterbericht (A und B) passt zu welcher Stadt?

b Lesen Sie die Sätze und ergänzen Sie die Nummern in den Wetterberichten oben rechts wie im Beispiel.

1. Es regnet stark und die Temperatur beträgt 6° Celsius. ☒
2. Es ist warm, die Temperatur steigt auf 12° Celsius. Gewitter sind möglich. ☐
3. Der Himmel ist klar und die Temperatur sinkt auf 4 Grad. ☐
4. Die Temperatur sinkt schnell auf 6 °C. ☐
5. Ein Westwind weht stark bei 10 °C. ☐
6. Es schneit und es ist sehr kalt, minus ein Grad. ☐
7. Die Temperatur steigt auf 4 Grad und es regnet leicht. ☐
8. Bei minus ein Grad ist der Himmel klar und der Ostwind weht nur noch schwach. ☐
9. Der Wind hört auf, es wird sehr kalt und es schneit. ☐
10. Der Wind kommt aus Osten und der Regen hört auf. ☐

> TIPP
>
> **Himmelsrichtungen**
> der Norden
> der Westen ◈ der Osten
> der Süden

> TIPP
>
> Sie sprechen: 6 Grad Celsius.
> Sie schreiben: 6 °C.

c ▶ 2|30 Hören Sie nun den Wetterbericht für Zürich und Chur. Wie ist das Wetter für die Jahreszeit? Kreuzen Sie an.

a. ☐ Zu kalt.   b. ☐ Normal.

d Hören Sie den Wetterbericht noch einmal. Welche Sätze aus 1b hören Sie? Kreuzen Sie dort an.   › ÜB: B1

2 Wie ist das Wetter in …?

Schauen Sie auf die Wetterkarte oben und sprechen Sie zu zweit.   › ÜB: B2

Wie ist das Wetter in Genf?

Es regnet und die Temperatur beträgt 6 Grad Celsius.
Und wie ist das Wetter in …?

3 Reisevorbereitung – Was nehme ich mit?

a **Ordnen Sie die Wörter den Kleidungsstücken zu.** › ÜB: B3

[Anzug | Blazer | Bluse | Handschuh | Hemd | Hose | Hosenanzug | Jeans | Kleid | Kostüm |
Krawatte | Mantel | Mütze | Pullover | Regenjacke | Rock | Schal | Schuh | Socke | Stiefel

der H osenanzu g   das H _____ d   der R _____ k   der A _____ g   die B _____ e

das K _____ m   der M _____ l   der P _____ r   der S _____ l   die K _____ e

der S _____ h   die H _____ e   der B _____ r   die M _____ e   der S _____ l

der H _____ h   die J _____ s   die S _____ e   das K _____ d   die R _____ e

b Welche Kleidungsstücke nimmt Frau Peters auf die Reise nach Zürich und dann nach Chur zu ihrer Freundin Alina mit? Überlegen Sie zu zweit.

c ▶ 2|31 Frau Peters und eine Freundin packen. Hören Sie ihr Gespräch. Was packt Frau Peters ein? Kreuzen Sie in den Bildern in 3a an. Was haben Sie vermutet?

d Und was nehmen Sie mit? Einer sagt: „Ich packe meinen Koffer" und nennt ein Kleidungsstück. Der Zweite wiederholt das Kleidungstück plus noch ein Kleidungsstück usw. Sie vergessen ein Kleidungsstück, dann spielen Sie nicht weiter mit. Am Ende gewinnt eine Person das Spiel. Sie hat nichts vergessen.

▶ Ich packe meinen Koffer und nehme eine Mütze mit.
▶ Ich packe meinen Koffer und nehme eine Mütze und ein Kleid mit.
▶ Ich packe meinen Koffer und nehme eine Mütze, ein Kleid und … mit.

C Die Niederlassung

1 Grüezi, Frau Peters

a Der Niederlassungsleiter von Claus Medizintechnik Zürich, Herr Steiner, begrüßt Frau Peters. Lesen Sie die Fragen und Sätze von Herrn Steiner und die Antworten von Frau Peters. Was antwortet sie: a oder b? Überlegen Sie.

1. ▶ Grüezi, Frau Peters.
   ▶ a. ☒ Guten Tag, Herr Steiner.   b. ☐ Hallo, Herr Steiner.

2. ▶ Willkommen in Zürich!
   ▶ a. ☐ Vielen Dank!   b. ☐ Freut mich, Sie kennenzulernen.

3. ▶ Ich hoffe, Sie hatten einen guten Flug.
   ▶ a. ☐ Leider war der Flug sehr schlecht.   b. ☐ Ja, danke, der Flug war sehr gut.

4. ▶ Wie ist Ihr Hotelzimmer? Ich hoffe, Sie sind zufrieden.
   ▶ a. ☐ Das Hotelzimmer ist sehr schön, vielen Dank.   b. ☐ Das Hotelzimmer ist leider nicht schön.

5. ▶ Leider ist das Wetter nicht so gut.
   ▶ a. ☐ Ja, aber das macht nichts.   b. ☐ Ja, das stimmt, aber in Bremen regnet es auch.

6. ▶ Kommen Sie doch in mein Büro.
   ▶ a. ☐ Wollen wir nicht besser in die Kantine gehen?   b. ☐ Ja gern, vielen Dank.

7. ▶ Nehmen Sie doch bitte Platz.
   ▶ a. ☐ Vielen Dank.   b. ☐ Danke, ich möchte im Moment gern stehen.

8. ▶ Möchten Sie einen Kaffee oder einen Tee?
   ▶ a. ☐ Einen Kaffee bitte.   b. ☐ Haben Sie auch Wasser?

b ▶ 2|32 Hören Sie die Begrüßung in 1a. Was antwortet Frau Peters: a oder b? Kreuzen Sie an. Was haben Sie vermutet?

c Spielen Sie zu zweit eine Begrüßungssitutation. Verwenden Sie die Sätze in 1a.

2 Die Entwicklung von Claus Medizintechnik Zürich im Jahr 2014

a Herr Steiner möchte Frau Peters die Entwicklung von Claus Medizintechnik Zürich präsentieren. Er hat Sätze notiert. Ordnen Sie die Grafiken A bis D den Sätzen 1 bis 4 zu. › ÜB: C1a – 1b

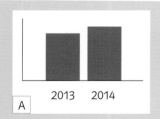
A 2013 2014

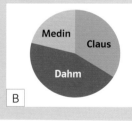
B Medin / Claus / Dahm

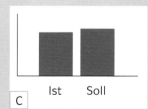
C Ist Soll

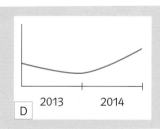
D 2013 2014

> Im Jahr 2014 war die Entwicklung von Claus Medizintechnik Zürich sehr gut:
> 1. 2013 ist der Umsatz leicht gesunken. Aber 2014 konnte Claus Medizintechnik Zürich   _D_
>   den Umsatz um 1 Million Franken auf 21 Millionen Franken steigern.
> 2. Wir wollten 2014 den Absatz um 5 % erhöhen. Das ist uns leider nicht ganz gelungen.   __
>   Wir haben den Absatz aber um 4,8 % gesteigert.
> 3. In der Schweiz hat Claus Medizintechnik seinen Marktanteil erhöht. Wir haben nun einen   __
>   Marktanteil von 34 %.
> 4. 2013 mussten wir drei Mitarbeiter entlassen, konnten aber 2014 wieder sechs Mitarbeiter einstellen.   __
>   Wir haben nun 48 Mitarbeiter.

b **▶ 2|33 Hören Sie den Bericht von Herrn Steiner. Was ist richtig (r), was ist falsch (f)? Kreuzen Sie an.** › ÜB: C1c–d

			r	f
1.	Claus Medizintechnik Zürich sollte den Marktanteil von 31% auf 34% steigern.		☐	☐
2.	Medin hat Marktanteile verloren.		☐	☐
3.	Claus Medizintechnik Zürich durfte sechs Mitarbeiter einstellen.		☐	☐
4.	Wir wollen die Mitarbeiterzahl weiter erhöhen.		☐	☐

3 Grammatik auf einen Blick: Modalverben – Präteritum › G: 1.7

Lesen Sie die Sätze in 2a und 2b und markieren Sie die Modalverben im Präteritum. Ergänzen Sie dann die Tabelle. › ÜB: C2

	können	müssen	dürfen	sollen	wollen
ich	konnte	musste	durfte	sollte	wollte
du	konntest	musstest	durftest	solltest	wolltest
er / sie / es	*konnte*	musste			wollte
wir			durften	sollten	
ihr	konntet	musstet	durftet	solltet	wolltet
sie	konnten	mussten	durften	sollten	wollten
Sie (Sg. + Pl.)	konnten	mussten	durften	sollten	wollten

4 Die Entwicklung von Firma …

a **Ihr Partner / Ihre Partnerin beschreibt die Umsatzentwicklung von Firma A / B. Zeichnen Sie die Entwicklung in Ihre Grafik ein. Partner A: Datenblatt A11, Partner B: Datenblatt B11.**

b **Die Entwicklung von Firma A war gut. Die Entwicklung von Firma B war leider schlecht. Überlegen Sie sich Zahlen und berichten Sie: Partner / Partnerin A berichtet von Firma A und Partner / Partnerin B berichtet von Firma B.** › ÜB: C3

Firma A

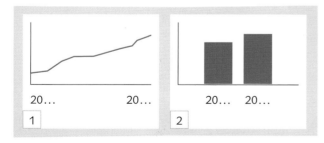

Firma B

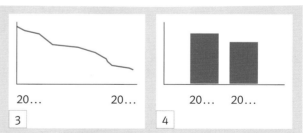

Die Entwicklung von Firma A war im Jahr … sehr gut. | In der Grafik 1 sehen Sie den Umsatz: Er ist von … auf … Euro gestiegen. | Wir konnten den Absatz von … auf … Euro steigern. | In der Grafik 2 sehen Sie den Marktanteil: Wir konnten den Marktanteil um … % auf … % erhöhen. | Und wir konnten die Mitarbeiterzahl um … auf … Mitarbeiter erhöhen.

Die Entwicklung von Firma B war im Jahr … leider nicht gut. | In der Grafik 3 sehen Sie den Umsatz: Er ist von … auf … Euro gesunken. | Der Absatz ist von … auf … Euro gesunken. | In der Grafik 4 sehen Sie den Marktanteil: Leider haben wir … % Marktanteil verloren. Wir haben nun einen Marktanteil von … %. | Leider mussten wir … Mitarbeiter entlassen.

1 Frühstück im Hotel

a **Lesen Sie die Wörter. Was ist was? Ergänzen Sie die Wörter unter den Fotos oben.** › ÜB: D1

Apfel | Banane | Brot | Brötchen | Butter | Croissant | Ei | Frühstücksspeck | Gurke | Honig |
Joghurt | Käse | Marmelade | Margarine | Müsli | Orange | Orangensaft | Quark | Rührei |
~~Schinken~~ | Spiegelei | Toast | Tomate | Wurst | Würstchen

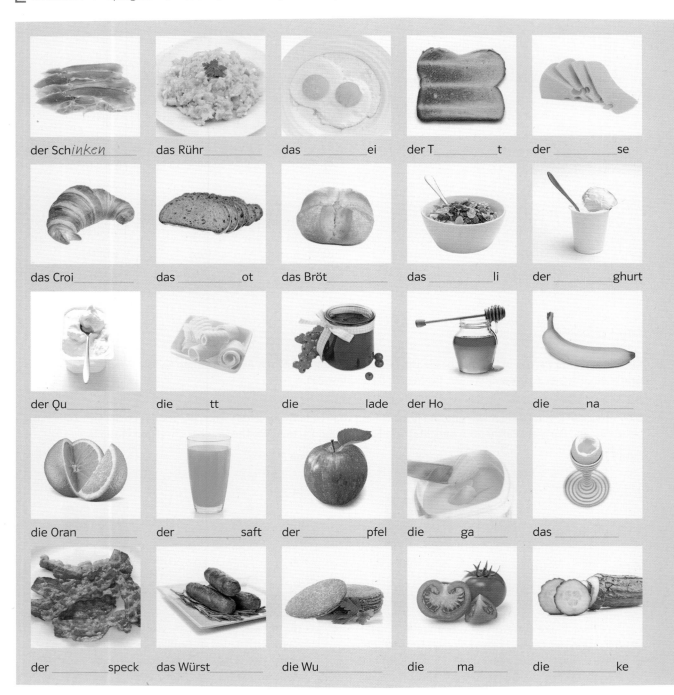

der Sch*inken*   das Rühr_____   das _____ei   der T____t   der _____se

das Croi_____   das _____ot   das Bröt_____   das _____li   der _____ghurt

der Qu_____   die _____tt   die _____lade   der Ho_____   die _____na

die Oran_____   der _____saft   der _____pfel   die _____ga   das _____

der _____speck   das Würst_____   die Wu_____   die _____ma_____   die _____ke

b ▶ 2|34 **Hören Sie Teil 1 vom Gespräch im Frühstücksraum vom Hotel. Aus welchen Ländern kommen die Personen und warum sind sie hier?** › ÜB: D2 c ▶ 2|35 **Hören Sie Teil 2 vom Gespräch. Wer frühstückt was? Notieren Sie**

Mann: _____

Frau: _____

Frau Peters: _____

2 Was essen Sie zum Frühstück?

**Fragen Sie einen Partner / eine Partnerin und notieren Sie die
Antworten. Dann fragt Ihr Partner Sie und notiert Ihre Antworten.**

Was essen Sie zum Frühstück?

Ich esse … Ich trinke …

3 Jutta Peters schreibt an ihre Freundin Annika in Bremen

**Jutta Peters berichtet Annika von den Gesprächen beim Frühstück und beschreibt das Frühstücksbuffet im Hotel.
Schreiben Sie die Mail für Jutta.**

– Wen hat sie getroffen?   – Wie war das Frühstücksbuffet?
– Was waren die Gesprächsthemen?   – Was hat sie gegessen und getrunken?

×

Liebe Annika,
jetzt bin ich in Zürich. Der Flug war gut. Das Hotel ist super, besonders …

Aussprache

1 Umlaute – lang und kurz

a ▶ 2|36 **Hören Sie die Wörter und achten Sie auf die Umlaute ä – ö – ü: _ = lang oder . = kurz? Sprechen Sie dann die
Wörter nach.**

1. Käse – Kälte   2. Brötchen – bewölkt   3. kühl – Kleidungsstück

b **Lesen Sie die Wörter und markieren Sie den Akzentvokal: _ = lang oder . = kurz?**

1. Kostüm   3. Mütze   5. schön   7. Röcke
2. März   4. erhöhen   6. Rührei   8. Gespräch

c ▶ 2|37 **Hören Sie die Wörter in 1b. Ist alles richtig? Sprechen Sie dann die Wörter nach.**

d **Sprechen Sie die Wortpaare und markieren Sie den Akzentvokal: _ = lang oder . = kurz?**

1. Apfel – Äpfelchen   3. Hose – Höschen   5. Bluse – Blüschen
2. Mus – Müsli   4. Jacke – Jäckchen   6. Socke – Söckchen

e ▶ 2|38 **Hören Sie die Wortpaare in 1d. Ist alles richtig? Sprechen Sie dann die Wortpaare nach.**

f **Schreiben Sie drei Wörter mit Umlaut auf drei Karten. Tauschen Sie die Karten mit einem
Partner / einer Partnerin und lesen Sie die Wörter laut vor, die anderen notieren.**

E Schlusspunkt

Situation 1

Person A

Sie sind Frau Siegel. Sie arbeiten im Reisebüro Globus. Herr Krüger ruft Sie an und fragt nach Reiseverbindungen von Leipzig nach Wien.
Geben Sie Herrn Krüger Informationen zu Flugverbindungen.

Spielen Sie dann Partner B und fragen Sie nach anderen Verbindungen und Zeiten.

Person B

Sie sind Herr Krüger und arbeiten in Leipzig. Sie planen vom 22. bis 25. Juni eine Dienstreise nach Wien. Sie müssen am 22. Juni um 12:00 in Wien sein. Sie sprechen mit Frau Siegel vom Reisebüro und fragen sie nach Verbindungen mit dem Flugzeug.

Spielen Sie dann Person A und geben Sie Informationen zu anderen Verbindungen und Zeiten.

✈ Hinflug	381,27 €		
von	**nach**	**Abflug**	**Ankunft**
Leipzig	Wien	08:05	09:25
✈ Rückflug 1	260,54 €		
von	**nach**	**Abflug**	**Ankunft**
Wien	München	12:00	13:00
München	Leipzig	18:05	19:00
✈ Rückflug 2	422,78 €		
von	**nach**	**Abflug**	**Ankunft**
Wien	München	17:55	18:55
München	Leipzig	20:05	21:00

▶ Reisebüro Globus. Anne Siegel. Was kann ich für Sie tun?
▶ Guten Tag, Frau … Ich muss beruflich nach …
▶ Gern. Wann …?
▶ Ich muss am … um … dort sein. Zurück möchte ich am … fliegen.
▶ Einen Moment, bitte. Hin gibt es einen Direktflug: Abflug in … um …, Landung in … um … Zurück haben Sie einen Stopp in …: ab … um …, Ankunft in … um …, Abflug in … um …, Landung in … um …
▶ Hm. Der Rückflug dauert … Stunden. Gibt es keinen Direktflug?
▶ Nein. Es gibt nur einen anderen Flug mit Stopp in …: ab … um …, Ankunft in … um …, Abflug in … um …, Landung in … um …
▶ Und wie viel kostet …?
▶ … €.
▶ Dann nehme ich lieber den Flug …
▶ Dann buche ich ihn.
▶ Vielen Dank!
▶ Nichts zu danken!

Situation 2

Person A

Sie sind Marta und bereiten eine Dienstreise vor. Sie bleiben vier Tage in Wien. Zwei Tage arbeiten Sie und zwei Tage machen Sie Urlaub. Der Wetterbericht sagt:
Mi, Do: kühl und regnerisch, 12 °C; Fr und Sa: warm, 15 ° – 18 °C.
Sie wollen nicht viel mitnehmen und packen den Koffer mit Ihrem Freund Bernd.

Person B

Sie sind Bernd. Ihre Freundin Marta muss eine Dienstreise nach Wien machen. Sie muss den Koffer packen und bittet Sie um Hilfe, denn sie nimmt immer zu viel mit.
Sie packen den Koffer zusammen und Sie beraten Marta.

▶ Was soll ich mitnehmen?
▶ Nimm doch den / das / die … mit!
▶ Soll ich auch … einpacken?
▶ Nein, das ist zu viel / dünn / dick / …
▶ Soll ich noch ein Paar … und zwei … mitnehmen?
▶ …
▶ …

Lektionswortschatz

Das Reisen:
das Reisebüro, -s
die Reisestelle, -n
der Intercity-Express, -e
   (ICE, -s)
der Intercity, -s (IC, -s)
der Regionalexpress, -e
   (RE, -s)
der Flug, ⸚e
   Abflug
   Direktflug
   Charterflug ≠ Linienflug
   Hinflug ≠ Rückflug
abfliegen
hinfliegen ≠ zurückfliegen
die Abfahrt, -en
der Start, -s
starten
die Ankunft, ⸚e
ankommen
die Landung, -en
landen
die Dauer (nur Sg.)
dauern
die Haltestelle, -n
die Ortszeit, -en
der Stopp, -s
das Ticket, -s
umsteigen
die Vorbereitung, -en
vorbereiten
buchen
ab ≠ an
hin ≠ zurück
über (über Paris = nicht
   direkt)

Die Firmenentwicklung:
die Entwicklung, -en
der Absatz, ⸚e
der Umsatz, ⸚e
der Marktanteil, -e
die Grafik, -en
   Balkengrafik
   Liniengrafik
   Tortengrafik
einstellen
entlassen
erhöhen
sinken (auf) ≠ steigen (auf)
steigern
verlieren
um (5 % / 1.000 € / …)

Das Wetter:
der Wetterbericht, -e
die Wetterkarte, -n
das Gewitter, -
gewittern
blitzen
donnern
der Himmel (hier nur Sg.)
der Nebel, -
neblig
der Niederschlag, ⸚e
der Regen (nur Sg.)
regnen
regnerisch
der Schnee (nur Sg.)
der Schneefall, ⸚e
schneien
die Sonne (hier nur Sg.)
sonnig
scheinen (die Sonne)
stürmen
stürmisch
die Temperatur, -en
   die Temperatur beträgt
sinken (auf) ≠ steigen (auf)
das Grad, -e
   3 Grad Celsius (3 °C)
der Wind, -e
windig
wehen
werden (es wird schön /
   warm / …)
bedeckt
bewölkt
heiter
kalt – warm – heiß
klar
kühl
trocken
minus ≠ plus

Die Himmelsrichtungen:
der Norden (nur Sg.)
der Osten (nur Sg.)
der Süden (nur Sg.)
der Westen (nur Sg.)

Die Kleidung:
das Kleidungsstück, -e
der Anzug, ⸚e
   Hosenanzug
der Blazer, -
das Sakko, -s
die Hose, -n
die Jeans (Pl.)
das Kostüm, -e
das Kleid, -er
der Rock, ⸚e
das Hemd, -en
die Bluse, -n
der Pullover, -
die Jacke, -n
   Regenjacke
der Mantel, ⸚
die Socke, -n /
   der Socken, -
das Söckchen, -
die Krawatte, -n
der Handschuh, -e
der Schal, -s
die Mütze, -n
der Schuh, -e
das Paar, -e
   das Paar Schuhe
   das Paar Socken
der Stiefel, -
der Koffer, -
dick ≠ dünn

Das Frühstück:
das Frühstück, -e
frühstücken
das Brot, -e
das Brötchen, -
das Croissant, -s
der Toast, -e / -s
das Ei, -er
   Rührei
   Spiegelei
die Butter (nur Sg.)
die Margarine (nur Sg.)
der Käse, -
der / das Joghurt, -s
der Quark (nur Sg.)
der Schinken, -
der Speck, -e (Pl. selten)
   Frühstücksspeck
die Wurst, ⸚e
das Würstchen, -
der Honig, -e

die Marmelade, -n
die Tomate, -n
die Gurke, -n
das Obst (nur Sg.)
der Apfel, ⸚
die Orange, -n

Verben:
aufhören
berichten
gelingen
gewinnen
packen
stehen
treffen
überlegen
wiederholen
vermuten

Nomen:
der Bescheid, -e
   Bescheid geben
der Besuch, -e
die Niederlassung, -en
das Spiel, -e

Adjektive:
langsam ≠ schnell
preiswert ≠ teuer
schwach ≠ stark
weit – weiter

Redemittel:
Freut mich, Sie kennen-
   zulernen.
Nehmen Sie doch Platz.
Nichts zu danken!

A Herzlich willkommen!

1 Guten Tag! › KB: A1c

Gespräch 1 und 2. Schreiben Sie.

Gespräch 1

> Guten Tag. Ich bin Michèle Morel. | Woher kommen
> Sie? | Ich komme aus England. Und woher
> kommen Sie? | Ich komme aus Frankreich. |
> Guten Tag, mein Name ist George Peters.

▶ *Guten Tag. Ich bin Michèle Morel.* _____

▶ _____

▶ _____

▶ _____

▶ _____

Gespräch 2

> Und ich komme aus Österreich, aus Wien. |
> Guten Tag. Mein Name ist Axel Berg. Und wie
> heißen Sie? | Ich heiße Paula Arias. Ich komme
> aus Peru.

▶ _____

▶ _____

▶ _____

▶ _____

2 Fragen und Antworten › KB: A2b › G: 1.1

a **Verbinden Sie die Fragen und die Antworten.**

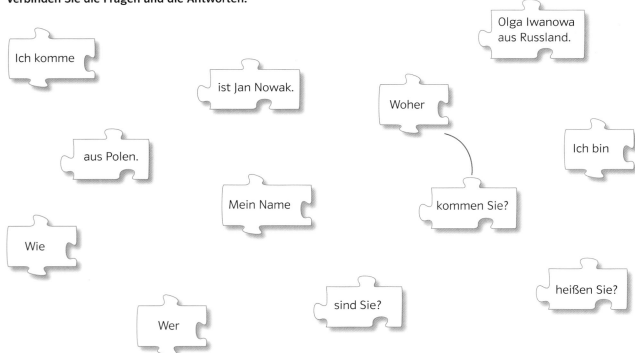

b **Notieren Sie die Fragen und Antworten in 2a.**

1. ▶ *Woher kommen Sie?* _____ ▶ *Ich komme aus …* _____

2. ▶ _____ ▶ _____

3. ▶ _____ ▶ _____

Z **c** **Schreiben Sie die Fragen und Antworten in die Tabelle.**

1. a. ▶ Woher kommen Sie?   b. ▶ Aus Polen.
2. a. ▶ Wer sind Sie?   b. ▶ Paula Arias aus Peru.
3. a. ▶ Wie heißen Sie?   b. ▶ George Peters.

	Position 1	Position 2	
1. a.	Woher	kommen	Sie?
b.			Aus Polen.
2. a.			
b.			
3. a.			
b.			

TIPP

Die Antwort ist oft kurz:
- Ich komme aus Polen.
- Ich bin Paula Arias aus Peru.
- Ich heiße George Peters.

3 Länder, Länder, Länder ▸ KB: A3

a **Woher kommen Sie? Schreiben Sie Sätze.**

aus | aus der | aus dem | aus den

~~China~~ | Irak | Iran | Niederlanden | Peru | Spanien | Südafrika | Türkei | USA

Ich komme aus China. ...

b **Notieren Sie die Kontinente.**

~~Afrika~~ | Asien | Australien | Europa | Nordamerika | Südamerika

1. _____

2. _____

3. _____

4. Afrika

5. _____

6. _____

c Länder und Kontinente. Was ist richtig? Markieren Sie. Achtung: Einmal ist alles falsch.

Afrika
Kamerun
Bolivien
Thailand

Asien
Finnland
Ägypten
Japan

Australien
Brasilien
Indonesien
Neuseeland

Europa
Mosambik
Griechenland
Thailand

Nordamerika
Kanada
Tunesien
Argentinien

Europa
Tschechien
Chile
USA

B Guten Tag, das ist …

1 Verben richtig konjugieren › KB: B2b › G: 1.2

a Was ist richtig: a oder b? Kreuzen Sie an.

1. Guten Tag. Ich — a. ☒ heiße — b. ☐ heißt — Aishe Demir.
2. Und wer — a. ☐ ist — b. ☐ sind — Sie?
3. Ich — a. ☐ bin — b. ☐ bist — Janis Papas aus Griechenland.
4. Und das — a. ☐ sind — b. ☐ ist — Magalie Lebeau.
5. Sie — a. ☐ kommst — b. ☐ kommt — aus Belgien.
6. Und woher — a. ☐ kommen — b. ☐ komme — Sie?
7. Ich — a. ☐ kommst — b. ☐ komme — aus der Türkei.

b „kommen", „heißen", „sein". Ergänzen Sie die Tabelle.

	kommen	heißen	sein
ich	komme		
du			
er / sie			
Sie (Sg. + Pl.)			

TIPP

Vergleichen Sie:
du komm-st ↔ du heiß-s̶t

c Wie heißen die Verben? Schreiben Sie.

1. Hallo, ich _bin_____ Michèle,
   die Praktikantin aus Frankreich. (sein)

2. Und woher _____ du? (kommen)

3. Ich _____ aus England.
   (kommen)

4. Und wie _____ du? (heißen)

5. Mein Name _____ George. (sein)

6. Und wer _____ du? (sein)

7. Ich _____ Bernd. (sein)

8. Und wie _____ die Praktikantin aus Peru?
   (heißen)

9. Sie _____ Paula. (heißen)

2 Von A bis Z › KB: B4c

a Ergänzen Sie die Buchstabiertafel und lesen Sie laut: A wie Anton, . . .

_A_ Anton	___ Gustav	___ Otto	___ Theodor
___ Ärger	___ Heinrich	___ Ökonom	___ Ulrich
___ Berta	___ Ida	___ Paula	___ Übermut
___ Cäsar	___ Julius	___ Quelle	___ Viktor
_Ch_ Charlotte	___ Kaufmann	___ Richard	___ Wilhelm
___ Dora	___ Ludwig	___ Siegfried / Samuel	___ Xanthippe
___ Emil	___ Martha	_Sch_ Schule	___ Ypsilon
___ Friedrich	___ Nordpol	_ß_ Eszett	___ Zeppelin / Zacharias

TIPP

s am Beginn „Siegfried" = [s]
z am Beginn „Zeppelin" = [z]
ch am Beginn „Charlotte" = [ʃ]

b Strategie: Sortieren Sie die Wörter nach dem Alphabet.

Antwort | Ägypten | Anton | Asien | ~~Afrika~~ | Argentinien | Alphabet | Australien | Amerika

Afrika, _____

C Kommen Sie aus …?

1 Ja oder nein? › KB: C2c › G: 1.1

a Ja- / Nein-Fragen und Antworten. Was passt: a oder b? Kreuzen Sie an.

1. Kommen Sie aus Spanien?
   a. ☒ Nein. Ich komme aus Argentinien. b. ☐ Ich komme aus Argentinien.

2. Sind Sie die Praktikantin aus Frankreich?
   a. ☐ Ich bin die Praktikantin aus der Schweiz. b. ☐ Nein. Ich bin die Praktikantin aus der Schweiz.

3. Sind Sie Axel Berg?
   a. ☐ Ja. Ich bin Axel Berg. b. ☐ Ich bin Axel Berg.

4. Heißt du Paula?
   a. ☐ Mein Name ist Paula. b. ☐ Ja. Mein Name ist Paula.

b Schreiben Sie Sätze.

1. heißen – Sie – wie – ? _Wie heißen Sie?_
2. Japan – kommen – Sie – aus – ? _____
3. komme – aus – ich – nein. – China – . _____
4. du – woher – kommst – ? _____
5. aus – Sie – der Praktikant – sind – Polen – ? _____
6. bin – Polen – ja. – aus – ich –. _____
7. Griechenland – aus – kommt – Elena –. _____

TIPP

Satzzeichen:
Frage: **?**
Antwort / Aussagesatz: **.**
1. Wort: groß

c Formell (f) und informell (i): Wie heißen die Fragen? Schreiben Sie.

1. ▶ *Woher kommen Sie?*   ▶ Ich komme aus Tunesien. Und Sie? (f)

2. ▶ *Woher kommst du?*   ▶ Ich komme aus Peru. (i)

3. ▶ _____   ▶ Aus den USA. (f)

4. ▶ _____   ▶ Ja, aus Istanbul. (i)

5. ▶ _____   ▶ Stefanie Martin. (f)

6. ▶ _____   ▶ John. Und du? (i)

7. ▶ _____   ▶ Ich heiße Boris Korschakow. (f)

8. ▶ _____   ▶ George Peters, der Praktikant aus England. (f)

2 Berufe › KB: C3a

a Mann und Frau. Ergänzen Sie.

M	F	M	F
1. der Architekt	*die Architektin*	6. der Journalist	
2. der Arzt		7.	die Köchin
3.	die Bankkauffrau	8.	die Lehrerin
4. der Hotelfachmann		9. der Sekretär	
5.	die Ingenieurin	10.	die Malerin

Z b Notieren Sie die Berufe.

Anwalt / Anwältin | Altenpfleger / Altenpflegerin | ~~Busfahrer / Busfahrerin~~ |
Designer / Designerin | Gärtner / Gärtnerin | Informatiker / Informatikerin |
Krankenpfleger / Krankenschwester | Techniker / Technikerin

Busfahrer / Busfahrerin _____ _____ _____

D Mein Name ist …

1 Eins, zwei, drei › KB: D1c

Rechnen Sie.

1. eins + drei = *vier*
2. neun – sieben = _____
3. zwei x drei = _____
4. neun : drei = _____

5. vier • zwei = _____
6. fünf + vier = _____
7. zehn : zwei = _____
8. neun – drei – sechs = _____

Ⓩ 2 Name, Straße, Stadt, Telefonnummer › KB: D2a

Ordnen Sie zu.

1. Weber
2. Schillergasse
3. Ludwigsburg
4. 0049.161.654321
5. Jasmina
6. 71634
7. j.weber@drav_design.de
8. 7
9. DRAV-Design
10. 07141 / 3344-0
11. www.drav_design.de
12. Marketing-Managerin

A. Vorname
B. Familienname
C. Firmenname
D. Funktion
E. Straße
F. Hausnummer
G. Postleitzahl
H. Stadt
I. Telefonnummer
J. Mobilfunknummer
K. E-Mail-Adresse
L. Internet-Adresse

1. _B_
2. ___
3. ___
4. ___
5. ___
6. ___
7. ___
8. ___
9. ___
10. ___
11. ___
12. ___

Rechtschreibung

1 Wörter

a Wo enden die Wörter? Markieren Sie.

1. Wie | heißen | Sie?
2. IchheißeOliviaMiller.
3. Woherkommstdu?
4. ErkommtausRussland.
5. Wieschreibtmandas?
6. WasmachenSieberuflich?
7. IchbinInformatikervonBeruf.
8. BistduausdemIran?
9. MeinNameistPaulaArias.

b Groß oder klein? Korrigieren Sie.

1. er heißt jan nowak. *Er heißt Jan Nowak.*
2. Axel Berg Ist Personalreferent Von Beruf. _____
3. bist du die praktikantin aus linz? _____
4. Was Macht Herr Dahm Beruflich? _____
5. auf wiedersehen, frau fischer. _____
6. Ich Komme Aus Den Niederlanden, Aus Amsterdam. _____

Kurssprache

1 Arbeiten mit DaF im Unternehmen

a **Arbeitsanweisungen 1: Was passt? Notieren Sie.**

Hören Sie. | Lesen Sie. | ~~Sprechen Sie.~~ | Schreiben Sie.

Sprechen Sie. _____   _____   _____   _____

b **Arbeitsanweisungen 2: Ordnen Sie zu.**

1. *E*

2. ⌐

3. ⌐

4. ⌐

5. ⌐ *2, 4, 3, 5, 1* ➡ *1, 2, 3, 4, 5*

A. Antworten Sie.

B. Notieren Sie.

C. Vergleichen Sie.

D. Ergänzen Sie.

E. Fragen Sie.

F. Kreuzen Sie an.

G. Markieren Sie.

H. Sortieren Sie.

I. Ordnen Sie zu.

6. ⌐

7. ⌐

8. ⌐

9. ⌐

c **Symbole: Was passt? Kreuzen Sie an.**

	Text hören	Film sehen	Grammatikregel	Ausspracheregel	Zusatzaufgabe
1. **G**	☐	☐	☒	☐	☐
2. ▶	☐	☐	☐	☐	☐
3. **Z**	☐	☐	☐	☐	☐
4. **A**	☐	☐	☐	☐	☐
5. 🎞	☐	☐	☐	☐	☐

Grammatik im Überblick

1 Wortstellung: Aussagen, W-Fragen und Ja-/Nein-Fragen › G: 1.1

W-Fragen

Position 1	Position 2	
Wie	heißen	Sie?
Wie	heißt	du?
Woher	kommen	Sie?
Woher	kommst	du?

Aussagen / Antworten

Position 1	Position 2	
Ich	heiße	Axel Berg.
Ich	heiße	Michèle Morel.
Ich	komme	aus Österreich.
Ich	komme	aus Frankreich.

Ja-/Nein-Fragen

Position 1	Position 2	
Kommen	Sie	aus Frankreich?
Kommst	du	aus Österreich?
Heißen	Sie	George Peters?
Heißt	du	Michèle Morel?

Aussagen / Antworten

	Position 1	Position 2	
Ja.	Ich	komme	aus Frankreich.
Nein.	Ich	komme	aus Peru.
Nein.	Ich	heiße	George Peters.
Nein.	Ich	heiße	Paula Arias.

2 Regelmäßige Verben: Präsens › G: 1.2

	kommen	heißen	sein
ich	komme	heiße	bin
du	kommst	heißt	bist
er / sie	kommt	heißt	ist
Sie (Sg. + Pl.)	kommen	heißen	sind

A Neu in der Firma

1 Nomen: Artikel – Singular und Plural › KB: A3b › G: 2.1

a „der", „die" oder „das"? Wie heißen die Artikel? Schreiben Sie die Wörter in die Tabelle. Die Wortliste in Lektion 1 hilft.

Abteilung | Ärztin | Büro | Café | Foto | Frau | Gespräch | Hotel | Ingenieur | Koch | Kurs |
Land | Mann | Name | Nummer | Partner | Praktikantin | Stadt | Straße | Titel | Wort

Singular Maskulinum: der	Singular Femininum: die	Singular Neutrum: das
	die Abteilung	

TIPP

Lernen Sie Nomen immer mit Artikel und Plural!
„⸚e" = Umlaut + Endung „-e", z. B. Stadt, Städte

b Wie heißt der Plural? Ordnen Sie die Wörter aus 1a zu. Die Wortliste in Lektion 1 hilft.

Singular	Plural		Singular	Plural	
		–			-n
		-e	*die Abteilung,*	*die Abteilungen,*	-en
		⸚e			-nen
		⸚er			-s

c Mann und Frau: Wie heißen die Berufe? Notieren Sie die Endungen.

Sg. Maskulinum (♂)	Pl. Maskulinum (♂♂)	Sg. Femininum (♀)	Pl. Femininum (♀♀)
Fahr-	Fahr-	Fahrer-	Fahrer-
Gärtn-	Gärtn-	Gärtner-	Gärtner-
Informatik-	Informatik-	Informatiker-	Informatiker-
Leit-	Leit-	Leiter-	Leiter-

(*-er*)

2 Nomen + Nomen: Zusammensetzung › KB: A3b

a Bilden Sie noch acht Wörter.

Bestimmungswort:
Finanz- | Marketing- | Personal-

Grundwort:
-Abteilung | -Chefin | -Manager

Finanzabteilung,

b Was ist das Grundwort? Was ist das Bestimmungswort?

	Zusammensetzung	Bestimmungswort	+ Grundwort
1.	der Personalleiter	*das Personal*	*der Leiter*
2.	der Marketingleiter	*das Marketing*	*der Leiter*
3.	die Marketingassistentin		
4.	die Personalassistentin		
5.	das Personalbüro		
6.	das Ingenieurbüro		

c Lesen Sie die Wörter in 2b und kreuzen Sie an.

Die Zusammensetzung hat den Artikel vom:
a. ☐ Bestimmungswort.
b. ☐ Grundwort.

d Bilden Sie Zusammensetzungen.

[die Abteilung | die Adresse | ~~der Bogen~~ | das Büro | die E-Mail | die Familie | die Führerin |
das Geschäft | das Gespräch | das Haus | der Leiter | der Name | die Nummer | die Nummer |
~~das Personal~~ | das Personal | das Telefon | das Telefon

1. *das Personal + der Bogen: der Personalbogen*
2. _____
3. _____
4. _____
5. _____
6. _____
7. _____
8. _____
9. _____

> **TIPP**
>
> Manchmal Bestimmungswort + „s" oder „n",
> z. B. Geschäft + s + Führung → Geschäftsführung,
> Familie + n + Name → Familienname

3 Tag und Nacht › KB: A4a

Was passt wo? Notieren Sie.

[Guten Abend! | ~~Guten Morgen!~~ | Gute Nacht! | Guten Tag!

1. *Guten Morgen!*   2. _____   3. _____   4. _____

B Im Personalbüro

1 Wer?, Was?, Wie?, Wo?, Woher? › KB: B1

Wie heißen die Fragen? Schreiben Sie.

1. ▶ _Wer ist der Personalchef?_   ▶ Der Personalchef ist Herr Heller.
2. ▶ _Was ist Frau Seidel von Beruf?_   ▶ Frau Seidel ist Marketingassistentin von Beruf.
3. ▶ _____ ▶ Der Vorname von Frau Seidel ist Eva.
4. ▶ _____ ▶ Eva wohnt in Fellbach.
5. ▶ _____ ▶ Eva kommt aus Hannover.
6. ▶ _____ ▶ Herr Asamoah ist der Marketingleiter.
7. ▶ _____ ▶ Die E-Mail-Adresse ist falsch.

2 Zahlen, Zahlen, Zahlen › KB: B2d

a Ordnen Sie die Zahlen zu.

1. elf	A. 83	1. _E_
2. einundzwanzig	B. 12	2. __
3. dreiundachtzig	C. 78	3. __
4. achtunddreißig	D. 184	4. __
5. achtundsiebzig	E. 11	5. __
6. vierhunderteinundachtzig	F. 38	6. __
7. zwölf	G. 87	7. __
8. einhundertvierundachtzig	H. 481	8. __
9. siebenundachtzig	I. 21	9. __

b Schreiben Sie die Zahlen.

1. 6: _sechs_
2. 106: _____
3. 64: _____
4. 600: _____
5. 16: _____
6. 46: _____
7. 606: _____
8. 66: _____

> **TIPP**
>
> sechs, sechsundzwanzig,
> **aber:** sechzehn, sechzig
>
> eins, **aber:** einundzwanzig

c Wie heißen die Zahlen? Notieren Sie.

1. zehn: _10_
2. einhundert: _____
3. eintausend: _____
4. hunderttausend: _____
5. elf: _____
6. eine Million: _____
7. eine Milliarde: _____
8. zehntausend: _____
9. eine Billion: _____

3 Telefonnummern › KB: B2d

▶ 2 | 39 – 44 **Hören Sie die Telefonnummern und notieren Sie.**

1. _624218_
2. _____
3. _____
4. _____
5. _____
6. _____

> **TIPP**
>
> Sie hören oft „zwo" für „zwei",
> „hundert" für „einhundert" un[d]
> „tausend" für „eintausend".

4 Wer ist wer? › KB: B5b › G: 3.1

a Wie heißen die Personalpronomen? Schreiben Sie.

[ich | du | er | sie | e̶s̶ | w̶i̶r̶ | ihr | sie | Sie

1. *wir*   2. *es*   3. _____   4. _____   5. _____

6. _____   7. _____   8. _____   9. _____

b sie, Sie oder sie? Wer ist das? Schreiben Sie.

1. Eva arbeitet in der Marketingabteilung. Sie ist Marketingassistentin. → *Eva*
2. Gloria und José arbeiten auch in der Marketingabteilung. Sie sind Kollegen. → _____
3. Hallo, das sind Frau Song und Herr Wirtz, sie sind die Informatiker. → _____
4. Und das ist Frau Roth, sie ist die Sekretärin. → _____
5. Herr Heller, kommen Sie bitte. → _____

c du oder Sie / ihr oder Sie – informell oder formell? Schreiben Sie Fragen.

1. ▶ *Wie heißen Sie?* ▶ Ich heiße Eva Seidel.
2. ▶ _____ ▶ Eva wohnt in Fellbach und ich wohne in Stuttgart.
3. ▶ _____ ▶ Herr Heller und ich arbeiten bei Erler & Co.
4. ▶ _____ ▶ Ich bin Klaus, der Praktikant.

5 Wer sind sie? › KB: B5b › G: 1.2

a Wie heißen die Verbformen? Schreiben Sie. Markieren Sie die Endungen.

	wohnen	leben	machen	heißen	arbeiten	reden
ich	wohne					
du						redest
er / sie / es					arbeitet	
wir			machen			
ihr				heißt		
sie		leben				
Sie (Sg. + Pl.)	wohnen					

b **Ich heiße ... Ergänzen Sie die Endungen.**

1. Ich heiße*e* Eva Seidler.

2. Und wie heiß____ du?

3. Komm____ ihr aus Spanien?

4. Wir wohn____ in Stuttgart.

5. Gloria und José leb____ in Deutschland.

6. Was mach____ Sie bei Erler & Co?

7. Herr Asamoah arbeit____ viel.

8. Eva zeichn____ perfekt.

9. Ich notier____ Zahlen.

10. Du rechn____ sehr schnell.

TIPP

rechnen: du rechnest,
er / sie / es rechnet, ihr rechn**t**
zeichnen: du zeichnest,
er / sie / es zeichnet,
ihr zeichnet (aber: du lernst)

c **Ergänzen Sie die Formen von „sein".**

1. Herr Heller: Guten Morgen, das *ist* Eva Seidel.

2. Svea: _____ Sie die Marketingassistentin?

3. Eva: Ja, ich _____ die Assistentin.

4. Svea: Hallo, ich _____ Svea.

5. Svea: Und das _____ Gloria und José.

6. Eva: Hallo, _____ ihr aus Spanien?

7. Gloria und José: Ja, wir _____ aus Spanien.

8. Svea: Und das _____ Beat.

9. Eva: Hallo, _____ du auch im Team?

10. Ja, wir _____ alle ein Team. Willkommen!

d **Eva schreibt an Tim. Ergänzen Sie die Verben „arbeiten", „kommen", „machen", „sein", „wohnen" in der richtigen Form.**

→ ✉ tim.rohde@xpu.de	_ □ ✕

Hallo Tim,

ich [1] *arbeite* jetzt bei Erler & Co in Stuttgart. Ich [2] _____ bei Erler Marketingassistentin.

Das Marketingteam [3] _____ international: Der Teamleiter [4] _____ aus Ghana. Zwei Kollegen

[5] _____ aus Spanien und ein Kollege [6] _____ aus der Schweiz. Die zwei Kollegen aus Spanien

und ich [7] _____ in Fellbach. Wir [8] _____ ein prima Team.

Was [9] _____ du? [10] _____ du noch bei TEDON? [11] _____ du noch in Bochum oder

schon in Essen?

Liebe Grüße – Eva

6 **Länder, Staatsangehörigkeiten und Sprachen** › KB: B6

Ergänzen Sie.

Land	Staatsangehörigkeit	Sprache
1. Argentinien	*argentinisch*	Spanisch
2. Belgien		Niederländisch, Französisch, Deutsch
3.	brasilianisch	Portugiesisch
4.	deutsch	
5. Finnland		Finnisch, Schwedisch
6.	neuseeländisch	
7.	österreichisch	
8. Schweiz		Deutsch, Französisch, Italienisch, Rätoromanisch
9. Tunesien		Arabisch
10. USA	US-amerikanisch	

7 Der Personalbogen › KB: B6

Notieren Sie die Antworten.

Bei Erler & Co. | Die Adresse ist Blumenstraße 98a, 73728 Esslingen. | Deutsch, Englisch, Finnisch und Akan. | Die Telefonnummer ist 0711/65434. | Finnisch. | g.asamoah@xpu.de. | Gerald. | In Esslingen. | Marketingleiter. | ~~Mein Familienname ist Asamoah.~~

1. ▶ Wie ist Ihr Familienname? ▶ *Mein Familienname ist Asamoah.*
2. ▶ Wie ist Ihr Vorname? ▶ _____
3. ▶ Was sind Sie von Beruf? ▶ _____
4. ▶ Wo arbeiten Sie? ▶ _____
5. ▶ Welche Sprachen sprechen Sie? ▶ _____
6. ▶ Welche Staatsangehörigkeit haben Sie? ▶ _____
7. ▶ Wo wohnen Sie? ▶ _____
8. ▶ Wie ist Ihre Adresse? ▶ _____
9. ▶ Wie ist Ihre Telefonnummer? ▶ _____
10. ▶ Wie ist Ihre E-Mail-Adresse? ▶ _____

C Das Team

1 Wie geht es Ihnen? › KB: C3a

Was ist richtig: a oder b? Kreuzen Sie an.

1. Wie geht es Ihnen? — a. ☒ Danke, gut. Und Ihnen? — b. ☐ Freut mich.
2. Wiedersehen, bis morgen. — a. ☐ Super! — b. ☐ Tschau.
3. Wie geht's? — a. ☐ Guten Tag! — b. ☐ Leider nicht so gut.
4. Guten Tag zusammen! — a. ☐ Guten Morgen! — b. ☐ Es geht.
5. Wie geht es dir? — a. ☐ Willkommen! — b. ☐ So lala.
6. Auf Wiedersehen! — a. ☐ Tschüss, bis morgen! — b. ☐ Es geht mir schlecht.

2 „Guten Tag!" und „Auf Wiedersehen!" in Deutschland, Österreich und der Schweiz › KB: C4

a ▶ 2|45–48 **Ist die Situation auf dem Foto formell oder informell? Kreuzen Sie an. Hören Sie dann die Gespräche. Welches Gespräch passt zu welchem Foto? Notieren Sie.**

1 — a. ☐ formell — b. ☒ informell
2 — a. ☐ formell — b. ☐ informell
3 — a. ☐ formell — b. ☐ informell
4 — a. ☐ formell — b. ☐ informell

Gespräch 1: Foto _3_ Gespräch 2: Foto ___ Gespräch 3: Foto ___ Gespräch 4: Foto ___

b **Hören Sie die Gespräche in 2a noch einmal. Woher kommen die Sprecher: A, CH oder D?**

1. Uf Wiederluege (*CH*)
2. Auf Wiederschau'n (____)
3. Servus (____)
4. Grüezi (____)
5. Auf Wiedersehen (____)
6. Grüß Gott (____)
7. Guten Tag (____)
8. Tschüss (____)
9. Hoi (____)
10. Hallo (____)
11. Tschau (____)
12. Servus (____)

c **Formell oder informell? Schreiben Sie die Redemittel aus 2b in die Tabelle.**

	begrüßen	verabschieden
formell		*Uf Wiederluege,*
informell		

D Arbeiten hier und dort

1 Wörter international › KB: D2a

Wie heißen die Wörter auf Englisch und in Ihrer Muttersprache? Notieren Sie.

1. die Grafik: *graph (Engl.),* _____
2. das Prozent: _____
3. die Nummer: _____
4. der Kollege: _____
5. das Team: _____
6. international: _____

2 Wo ist das Verb? › KB: D3b › G: 1.1

Markieren Sie das Verb und das Subjekt in zwei unterschiedlichen Farben. Was fällt auf? Schreiben Sie immer zwei Sätze wie im Beispiel.

1. heute – Beat – zu Hause – arbeitet *Heute arbeitet Beat zu Hause. / Beat arbeitet heute zu Hause.*
2. Eva – bei Erler & Co. – glücklich – ist _____
3. hier – „du" – wir – sagen _____
4. zwei Kollegen – Spanien – aus – kommen _____
5. aus – Europa – 68 % – sind _____

Rechtschreibung

1 Zahlen und Buchstaben

Wie schreibt man die Zahlen? Ergänzen Sie die Buchstaben.

1. sech _s_ _
2. se___zehn
3. nu___
4. drei___ig
5. Mill___on
6. zwan___ig
7. f___nfundsiebzig
8. zw___
9. a___tzig
10. ei___hundert
11. Mi___iarde
12. dreiundn___nzig
13. v___rzig
14. siebentausen___
15. achtze___n
16. zw___lf

Grammatik im Überblick

1 Regelmäßige Verben: Präsens › G: 1.2

	kommen	machen	wohnen	heißen	arbeiten	sein
ich	komme	mache	wohne	heiße	arbeite	bin
du	kommst	machst	wohnst	heißt	arbeitest	bist
er / sie / es	kommt	macht	wohnt	heißt	arbeitet	ist
wir	kommen	machen	wohnen	heißen	arbeiten	sind
ihr	kommt	macht	wohnt	heißt	arbeitet	seid
sie	kommen	machen	wohnen	heißen	arbeiten	sind
Sie (Sg. + Pl.)	kommen	machen	wohnen	heißen	arbeiten	sind

2 Wortstellung: Aussagesätze › G: 1.1

Position 1	Position 2	
17,1 Prozent	kommen	aus Polen.
Aus Rumänien	kommen	10,8 Prozent.
Beat	arbeitet	heute zu Hause.
Heute	arbeitet	Beat zu Hause.
Wir	sagen	hier „du".
Hier	sagen	wir „du".

3 Nomen: Der bestimmte Artikel Singular › G: 2.1

Berufe

Maskulinum	Femininum
der Assistent	die Assistentin
der Chef	die Chefin
der Leiter	die Leiterin
der Manager	die Managerin

Andere Nomen

Maskulinum (M)	Neutrum (N)	Femininum (F)
der Kurs	das Büro	die Abteilung
der Mensch	das Team	die Arbeit
der Wohnort	das Thema	die Firma
der Satz	das Wort	die Sprache

4 Pluralformen › G: 2.1

Singular	Plural		Singular	Plural	
der Partner der Titel	die Partner die Titel	–	der Name die Nummer	die Namen die Nummern	-n
der Ingenieur der Kurs	die Ingenieure die Kurse	-e	die Abteilung die Frau	die Abteilungen die Frauen	-en
der Koch der Satz	die Köche die Sätze	¨e	die Ärztin die Informatikerin	die Ärztinnen die Informatikerinnen	-nen
das Land der Mann	die Länder die Männer	¨er	das Foto das Team	die Fotos die Teams	-s

A Arbeitsalltag

1 Ein Wörterbuch benutzen › KB: A1c

Sehen Sie im Wörterbuch nach und ergänzen Sie Artikel und Pluralendungen.

1. _das_ Telefon, _die Telefone_
2. _____ Computer, _____
3. _____ Maus, _____
4. _____ Notizblock, _____
5. _____ Schreibtisch, _____
6. _____ Tastatur, _____

7. _____ Stift, _____
8. _____ Drucker, _____
9. _____ Mauspad, _____
10. _____ Bürostuhl, _____
11. _____ Kalender, _____
12. _____ Lampe, _____

Z 2 „der", „das" oder „die"? › KB: A1d

Schreiben Sie die Wörter aus 1 in die Tabelle.

Maskulinum (M)	Neutrum (N)	Femininum (F)
der Computer	_das Telefon_	_die Maus_

TIPP

Lernen Sie die Nomen imme[r] mit Artikel und Plural.

3 Artikel: unbestimmt = neu – bestimmt = bekannt › KB: A2c › G: 2.2

Ergänzen Sie den Artikel.

1. ▶ Dort ist _ein_ Bürostuhl. Wie ist er? ▶ _Der_ Bürostuhl ist alt.
2. ▶ Hier ist _____ Tastatur. Wie ist sie? ▶ _____ Tastatur ist klein.
3. ▶ Dort ist _____ Mauspad. Welche Farbe hat es? ▶ _____ Mauspad ist grün.
4. ▶ Hier sind _____ Kugelschreiber. Welche Farbe haben sie? ▶ _____ Kugelschreiber sind blau.

4 Farben › KB: A2c

Welche Farben sind hier? Schreiben Sie.

1. ■ _schwarz_
2. ■ _____
3. ■ _____
4. ■ _____
5. □ _____
6. ■ _____

B Ich habe ein Problem

1 Das Verb „haben" › KB: B1c › G: 1.2

Ergänzen Sie die Formen von „haben".

ich	*habe*	wir	
du		ihr	
er / sie / es		sie	
Sie (Sg.)		Sie (Pl.)	

2 Nomen und Verb › KB: B2

Welches Verb passt? Kreuzen Sie an.

1. ein Problem   a. ☒ haben   b. ☐ reparieren
2. den Drucker   a. ☐ bestellen   b. ☐ sein
3. den Fehler   a. ☐ brauchen   b. ☐ kennen
4. den Computer   a. ☐ sein   b. ☐ starten
5. den Fehler   a. ☐ finden   b. ☐ benutzen
6. einen Auftrag   a. ☐ starten   b. ☐ schreiben
7. das Problem   a. ☐ bestellen   b. ☐ beschreiben
8. das Gerät   a. ☐ reparieren   b. ☐ beantworten

3 Nominativ und Akkusativ › KB: B3b › G: 2.3

a Wie heißen die Artikel? Notieren Sie.

	bestimmter Artikel				unbestimmter Artikel			
	Nominativ		Akkusativ		Nominativ		Akkusativ	
Maskulinum	*der*	Drucker	*den*	Drucker	*ein*	Drucker	*einen*	Drucker
Neutrum	*das*	Gerät	*das*	Gerät		Gerät		Gerät
Femininum		Tastatur		Tastatur		Tastatur		Tastatur
Plural		Drucker / Geräte / Tastaturen		Drucker / Geräte / Tastaturen		Drucker / Geräte / Tastaturen		Drucker / Geräte / Tastaturen

b Welche Formen sind in 3a gleich? Markieren Sie sie in der gleichen Farbe.

c Markieren Sie in den Sätzen den Nominativ gelb und den Akkusativ grau.

1. Herr Mindt hat ein Problem.
2. Der Computer ist kaputt.
3. Herr Mindt braucht den Computer.
4. Er fragt die Technikerin.
5. Die Technikerin kennt den Fehler.
6. Die Reparatur klappt nicht.
7. Herr Mindt schreibt einen Auftrag.
8. Die Technikerin bestellt die Geräte.

d Lesen Sie die Sätze in 3c und beantworten Sie die Fragen.

1. ▶ Wer hat ein Problem?   ▶ *Herr Mindt.*
2. ▶ Was hat Herr Mindt?   ▶ *Ein Problem.*
3. ▶ Was ist kaputt?   ▶ _____
4. ▶ Was braucht Herr Mindt?   ▶ _____
5. ▶ Wen fragt Herr Mindt?   ▶ _____
6. ▶ Wer kennt den Fehler?   ▶ _____
7. ▶ Was klappt nicht?   ▶ _____
8. ▶ Was schreibt Herr Mindt?   ▶ _____
9. ▶ Was bestellt die Technikerin?   ▶ _____

e Ergänzen Sie die Artikel.

1. Frau Steiner schreibt *eine* _____ E-Mail.
2. Sie hat _____ Problem.
3. Sie fragt _____ Technikerin, Frau Ley.
4. Sie beschreibt _____ Problem.
5. _____ Drucker von Frau Steiner startet und nichts passiert.
6. _____ Technikerin kennt _____ Fehler.
7. Sie repariert _____ Drucker.
8. _____ Tastatur von Frau Steiner ist auch kaputt.
9. Hier klappt _____ Reparatur nicht.
10. _____ Technikerin bestellt _____ Tastatur.

Z 4 Eine E-Mail › KB: B4

a Strategie: E-Mail-Aufbau – Ordnen Sie die Redemittel und die Sätze den E-Mail-Abschnitten zu.

1.	E-Mail-Adresse	A.	Lieber Herr Mindt,	1. _E_
2.	Betreff	B.	Antworten Sie bitte kurz. Vielen Dank.	2. ⌣
3.	Anrede	C.	Bestellung	3. ⌣
4.	E-Mail-Text	D.	Viele Grüße – I. Ley	4. ⌣
5.	Dank	E.	marvin.mindt@weier-kst.de	5. ⌣
6.	Grußformel	F.	ich habe eine Information: Der Computer ist da.	6. ⌣

b Schreiben Sie aus den E-Mail-Teilen in 4a eine E-Mail.

→ ✉ marvin.mindt@weier-kst.de	_ □ ✕
Betreff: Bestellung	

TIPP

Grußformel „Gruß":
in Deutschland: oft;
in Österreich: unhöflich
→ dort: „Viele Grüße"
in der Schweiz: unhöflich
→ dort: „Viele Grüsse"

C Alles neu im Büro

1 Büromöbel, -technik und -bedarf

a **Notieren Sie die Wörter mit Artikel und Plural. Sehen Sie bei Fragen im Kursbuch nach.** › KB: C1a

der Aktenschrank, ⸚e

b **Was passt wohin? Ordnen Sie den Bürobedarf zu. Ergänzen Sie auch Artikel und Pluralformen.** › KB: C1c

Ablagekorb | Bleistift | Büroklammer | Druckerpapier | Heftmaschine | Kalender |
Kugelschreiber | Locher | Marker | Notizblock | Ordner | Radiergummi | Spitzer

Stifte	Papier	Ordnung	Sonstiges
der Bleistift, –e	das Druckerpapier (hier nur Sg.)	der Ablagekorb, ⸚e	
	der Kalender, –		

Z **c** Was gibt es noch? Bilden Sie Wörter und notieren Sie die Artikel. Manchmal gibt es mehrere Lösungen. › KB: C1c

Bildschirm | Korb | Lampe | Ordner | Papier | Schrank | Tisch

1. *die* Büro*lampe, der Büroschrank*
2. _____ Akten*ordner, Aktenschrank*
3. _____ Notebook_____
4. _____ Flipchart_____

5. _____ Notiz_____
6. _____ Computer_____
7. _____ Papier_____
8. _____ Schreibtisch_____

2 Der Nullartikel (Ø-Artikel) › KB: C2b › G: 2.2

a Warum ist hier der Nullartikel? Lesen Sie die Sätze und notieren Sie die Regelnummer.

Regel 1
unbestimmte Menge: Singular

Regel 2
unbestimmte Menge: Plural

Regel 3
abstrakte, nicht zählbare Nomen

1. Frau Steiner hat Probleme. Regel: *2*
2. Sie braucht Hilfe. Regel: _____

3. Herr Mindt bestellt Papier. Regel: _____
4. Er braucht auch Bleistifte. Regel: _____

b Unbestimmter Artikel oder Nullartikel? Ergänzen Sie.

Marvin hat nur [1] *einen* Schreibtisch. Er braucht noch [2] _____ Regal, [3] _____

Aktenschrank, [4] _____ Rollcontainer und [5] _____ Notebook. Er bestellt auch [6] _____

Schreibpapier, [7] _____ Kalender, [8] _____ Stifte, [9] _____ Notizblock und

[10] _____ Büroklammern. Er hat [11] _____ Glück, alles kommt schnell.

3 Der Schreibtisch ist praktisch, … › KB: C3a

Welche Wörter fehlen? Lesen Sie die Redemittel in 3a im Kursbuch und ergänzen Sie.

1. Der Schreibtisch ist praktisch, *aber* zu groß.
2. Das Regal ist perfekt, es ist breit _____.
3. Das Büro ist hell, aber _____ klein.
4. Das Notebook ist schön, aber _____ schnell genug.
5. Der Aktenschrank ist sehr gut, er ist nicht _____ schmal.

D Viele Grüße aus …

1 Wie ist/sind …? › KB: D1a

Lesen Sie die E-Mail von Marvin im Kursbuch, 1a, und notieren Sie die Adjektive.

1. Die Kolleginnen und Kollegen und auch der Chef sind *kompetent und sehr nett* .
2. Der Schreibtischstuhl ist _____.
3. Das Büro ist _____, _____ und _____.
4. Der Computer ist _____.
5. Marvin ist _____.

2 Welcher? Welches? Welche? › KB: D1a › G: 3.4

a Markieren Sie die Endungen von „welch-" und von den Artikeln. Was fällt auf? Ergänzen Sie die Regel.

1. ▶ Welch**er** Schreibtischstuhl ist alt?   ▶ De**r** Schreibtischstuhl von Herrn Mindt.

2. ▶ Welches Büro ist leer?   ▶ Das Büro von Herrn Mindt.

3. ▶ Welche Maus ist kaputt?   ▶ Die Maus von Herrn Mindt.

4. ▶ Welche Kollegen sind nett?   ▶ Die Kollegen von Herrn Mindt.

Endung von „welch-" = Endung wie _____ Artikel.

b Ergänzen Sie „welch-" und das Wort mit dem Artikel in der passenden Form.

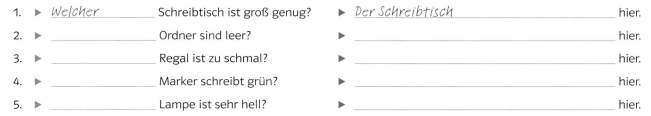

1. ▶ *Welcher*   Schreibtisch ist groß genug?   ▶ *Der Schreibtisch* _____ hier.

2. ▶ _____ Ordner sind leer?   ▶ _____ hier.

3. ▶ _____ Regal ist zu schmal?   ▶ _____ hier.

4. ▶ _____ Marker schreibt grün?   ▶ _____ hier.

5. ▶ _____ Lampe ist sehr hell?   ▶ _____ hier.

Ⓩ 3 SMS schreiben und lesen › KB: D1b

a Marvin antwortet Jens. Was heißen die Abkürzungen? Notieren Sie.

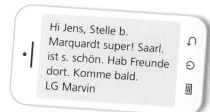

1. b = *bei* _____

2. Saarl. = _____

3. s. = _____

4. Hab = _____

5. LG = _____

> **TIPP**
>
> In SMS benutzt man oft Abkürzungen oder schreibt Wörter nicht, z. B. Artikel, Verben, Personalpronomen, z. B. „hab", nicht: „ich habe".
> Städte und Länder: Abkürzung oft wie bei Autos
> z. B. Berlin → B
>   Dresden → DD
>   Italien → I

b Machen Sie aus der E-Mail von Marvin eine SMS.

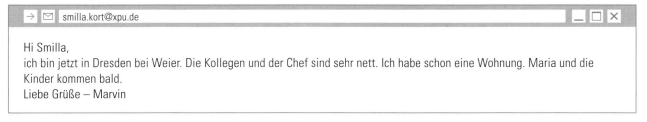

→ ✉ smilla.kort@xpu.de   _ ▢ ✕

Hi Smilla,
ich bin jetzt in Dresden bei Weier. Die Kollegen und der Chef sind sehr nett. Ich habe schon eine Wohnung. Maria und die Kinder kommen bald.
Liebe Grüße – Marvin

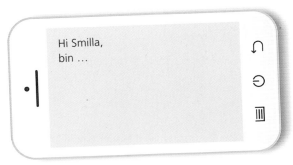

Hi Smilla,
bin …

4 Die Firma Weier-Kunststoffwerke und Co. – Kurzporträt › KB: D2

a Welche Wörter sind das? Notieren Sie.

1. menirFmena _____Firmenname_____
2. Unmensnehterdungrün _____
3. keittigTä _____
4. ortndSta _____
5. rerschäftsGefüh _____
6. zahlMitbeiarter _____
7. schäftsGereibeche _____

b Ordnen Sie die Wörter aus 4a den Informationen zu.

1. _Firmenname_____ : Weier-Kunststoffwerke
2. _____ : Dresden
3. _____ : Paul und Kerstin Weier
4. _____ : 2002
5. _____ : 450
6. _____ : weltweit
7. _____ : Kunststoffmöbel

Rechtschreibung

1 Eine Wortschatzliste korrigieren

a Lesen Sie die Wortschatzliste und den Beispielsatz. Markieren und korrigieren Sie immer zwei Fehler.

1. der Bildscherm, -e → _Bildschirm_____   Der Bildschirm ist kaput. → _kaputt_____
2. der Druker, - → _____   Der Drucker drukt gut. → _____
3. der Kugelschrieber, - → _____   Ich bestele einen Kugelschreiber. → _____
4. der Bürostul, Bürostüle → _____   Der Bürostuhl ist allt. → _____
5. der Kundenservize, -s → _____   Marvin bracht den Kundenservice. → _____
6. der Shrank, ⸚e → _____   Der Schrank ist ler. → _____
7. das Notbook, -s → _____   Der Techniker reparirt das Notebook. → _____
8. der Feler, - → _____   Frau Ley kent den Fehler. → _____
9. die Hotleine, -s - → _____   Die Hotline funtioniert gut. → _____
10. die Bestelliste, -n → _____   Frau Raue braucht die Bestellliste dingend. → _____

b Wie korrigiert Ihr Partner / Ihre Partnerin? Vergleichen Sie.

c Notieren Sie Wörter aus der Wortschatzliste und schreiben Sie Sätze. Machen Sie immer zwei Fehler wie in 1a. Ihr Partner / Ihre Partnerin korrigiert die Fehler.

Grammatik im Überblick

1 Nominativ und Akkusativ › G: 2.3

	bestimmter Artikel		unbestimmter Artikel	
	Nominativ	**Akkusativ**	**Nominativ**	**Akkusativ**
Maskulinum	der Drucker	den Drucker	ein Drucker	einen Drucker
Neutrum	das Gerät	das Gerät	ein Gerät	ein Gerät
Femininum	die Tastatur	die Tastatur	eine Tastatur	eine Tastatur
Plural	die Drucker / Geräte / Tastaturen	die Drucker / Geräte / Tastaturen	Ø Drucker / Geräte / Tastaturen	Ø Drucker / Geräte / Tastaturen

1. Herr Mindt hat ein Problem. Der Computer ist kaputt.
   → Wer hat ein Problem? → Herr Mindt.
   → Was ist kaputt? → Der Computer.
2. Herr Mindt braucht die Technikerin. Sie bestellt einen Computer.
   → Wen braucht Herr Mindt? → Die Technikerin.
   → Was bestellt die Technikerin? → Einen Computer.

2 Unbestimmter und bestimmter Artikel › G: 2.2

- ▶ Auf dem Foto ist ein Schreibtisch. Welche Farbe hat er?
- ▶ Auf dem Foto ist ein Mauspad. Welche Farbe hat es?
- ▶ Auf dem Foto ist eine Maus. Welche Farbe hat sie?

- ▶ **Der** Schreibtisch ist weiß.
- ▶ **Das** Mauspad ist blau.
- ▶ **Die** Maus ist grau.

Die Information ist neu: unbestimmter Artikel.
Die Information ist jetzt bekannt: **bestimmter** Artikel.

3 Nullartikel › G: 2.2

1. Unbestimmte Menge Singular, z. B. Herr Mindt bestellt Papier.
2. Unbestimmte Menge Plural, z. B. Herr Mindt braucht Bleistifte.
3. Abstrakte, nicht zählbare Nomen, z. B. Herr Mindt braucht Hilfe.

4 Welcher? Welches? Welche? › G: 3.4

1. ▶ Welcher Schreibtischstuhl ist alt?
2. ▶ Welches Büro ist leer?
3. ▶ Welche Maus ist kaputt?
4. ▶ Welche Kollegen sind nett.

- ▶ Der Schreibtischstuhl von Herrn Mindt.
- ▶ Das Büro von Herrn Mindt.
- ▶ Die Maus von Herr Mindt.
- ▶ Die Kollegen von Herrn Mindt.

Endung von „welch-" = Endung wie bestimmter Artikel.

5 Das Verb „haben" › G: 1.2

ich	habe
du	hast
er / sie / es	hat
wir	haben
ihr	habt
sie	haben
Sie (Sg. + Pl.)	haben

A Termine wann und wo?

1 Offizielle Uhrzeiten › KB: A1c

a ▶ 2|49 **Welche Uhrzeit hören Sie: a, b oder c? Kreuzen Sie an.**

1. a. ☐ 04:00 Uhr b. ☒ 14:00 Uhr c. ☐ 24:00 Uhr
2. a. ☐ 08:00 Uhr b. ☐ 08:08 Uhr c. ☐ 18:00 Uhr
3. a. ☐ 13:03 Uhr b. ☐ 13:13 Uhr c. ☐ 13:30 Uhr
4. a. ☐ 12:14 Uhr b. ☐ 12:40 Uhr c. ☐ 12:44 Uhr
5. a. ☐ 18:02 Uhr b. ☐ 18:20 Uhr c. ☐ 20:18 Uhr
6. a. ☐ 19:20 Uhr b. ☐ 20:19 Uhr c. ☐ 21:29 Uhr
7. a. ☐ 07:16 Uhr b. ☐ 07:46 Uhr c. ☐ 07:56 Uhr
8. a. ☐ 05:20 Uhr b. ☐ 05:25 Uhr c. ☐ 05:52 Uhr

b **Lesen Sie die Abkürzungen. Schreiben Sie die Wochentage.**

1. Mo: _Montag_
2. Di: _____
3. Mi: _____
4. Do: _____
5. Fr: _____
6. Sa: _____
7. So: _____

c ▶ 2|50 **Hören Sie den Wochentag und die Uhrzeit und notieren Sie.**

1. _Dienstag, 21:15 Uhr_
2. _____
3. _____
4. _____
5. _____
6. _____

d **Der Terminplan bei Firma Buchinger: „am" oder „um"? Kreuzen Sie an.** › G: 5.1

1. Am ☒ Um ☐ Montag ist eine Konferenz bei Firma Buchinger.
2. Die Konferenz ist am ☐ um ☐ 14:00 Uhr.
3. Die Konferenz endet am ☐ um ☐ 15:30 Uhr.
4. Am ☐ Um ☐ Mittwoch ist Herr Buchinger am ☐ um ☐ 9:00 Uhr im Unternehmen.
5. Am ☐ Um ☐ Freitag ist die Teamsitzung am ☐ um ☐ 15:00 Uhr.
6. Und am ☐ um ☐ 19:00 Uhr ist eine Feier im Restaurant Alt Paris.

Ⓩ 2 Tageszeiten und Uhrzeiten › KB: A2

Welche Tageszeit ist das? Was sagt man?

1. 12:00 Uhr   vormittags
2. 16:00 Uhr   nachts   Gute Nacht!
3. 19:00 Uhr   morgens   Guten Tag!
4. 00:30 Uhr   mittags   Guten Morgen!
5. 11:00 Uhr   abends   Guten Abend!
6. 07:45 Uhr   nachmittags

TIPP

5:00 Uhr bis 10:00 Uhr:
„Guten Morgen."
10:00 Uhr bis 17:30 Uhr:
„Guten Tag."
17:30 Uhr bis 24:00 Uhr:
„Guten Abend."
Sie gehen ins Bett:
„Gute Nacht."

B Hast du Zeit?

1 Uhrzeiten offiziell und inoffiziell. › KB: B1c

a Die Stunde, die Dreiviertelstunde, die halbe Stunde, . . . Ordnen Sie zu.

> eine Stunde | vierzig Minuten | zehn Minuten | eine Viertelstunde | ~~fünf Minuten~~ |
> eine halbe Stunde | zwanzig Minuten | eine Minute | fünfzig Minuten | eine Dreiviertelstunde

1.
2.
3.
4.
5.

fünf Minuten _____   _____   _____   _____   _____

6.
7.
8.
9.
10.

_____   _____   _____   _____   _____

b Ordnen Sie die Uhrzeiten zu.

1. 12:30 Uhr	A. Es ist eins, Punkt eins.	1.	*F*
2. 01:00 Uhr	B. Es ist Viertel nach zwölf.	2.	☐
3. 16:02 Uhr	C. Es ist fünf nach halb vier.	3.	☐
4. 12:15 Uhr	D. Es ist Viertel vor neun.	4.	☐
5. 15:35 Uhr	E. Es ist kurz nach vier.	5.	☐
6. 11:31 Uhr	F. Es ist halb eins.	6.	☐
7. 08:45 Uhr	G. Es ist kurz nach halb zwölf.	7.	☐

TIPP

In vielen Regionen von Deutschland und Österreich heißt es:
viertel elf = Viertel nach zehn
drei viertel elf = Viertel vor elf

c Schreiben Sie die Uhrzeiten offiziell und inoffiziell. Beachten Sie die Tageszeit!

1.
2.
3.
4.
5.
6.
7.
8.

| morgens | vormittags | mittags | nachmittags | nachmittags | abends | nachts | nachts |

1. offiziell: *sieben Uhr fünfundfünfzig*_____ inoffiziell: *fünf vor acht*_____
2. offiziell: _____ inoffiziell: _____
3. offiziell: _____ inoffiziell: _____
4. offiziell: _____ inoffiziell: _____
5. offiziell: _____ inoffiziell: _____
6. offiziell: _____ inoffiziell: _____
7. offiziell: _____ inoffiziell: _____
8. offiziell: _____ inoffiziell: _____

2 Fragepronomen: Wann? Von wann bis wann? Um wie viel Uhr? › KB: B1c

Hier sind die Antworten. Wie heißen die Fragen? Schreiben Sie.

1. ▶ *Wann ist die Teambesprechung?*
   ▶ Die Teambesprechung ist am Montag.

2. ▶ _____
   ▶ Die Teambesprechung ist um 8:30 Uhr.

3. ▶ _____
   ▶ Die Teambesprechung geht von 8:30 Uhr bis 9:15 Uhr.

4. ▶ _____
   ▶ Frau Dr. Amos kommt am 25. Juni.

5. ▶ _____
   ▶ Herr Bauer kommt von Montag bis Donnerstag.

3 Die Negation: „nicht" und „kein-". › KB: B2c › G: 6.1

a Wo steht „nicht"? Verneinen Sie die Sätze.

1. Am Wochenende habe ich *nicht* frei __—__ .
2. Am Wochenende kann _____ ich _____ .
3. Die Präsentation ist _____ gut _____ .
4. Frau Schmidt hat _____ viele Termine _____ .
5. Abends arbeitet _____ Barbara _____ .

b Ergänzen Sie „kein-" in der passenden Form.

1. Morgen ist *keine* Teambesprechung.
2. Frau Schmidt hat _____ Meeting.
3. Wir machen _____ Pause.
4. Sie machen _____ Fehler (Plural).
5. Am Montag passt _____ Termin.
6. Das ist _____ Problem.
7. Heute sind _____ Konferenzen.
8. Die Firma bekommt _____ Auftrag.

c „nicht" oder „kein-" – was passt? Notieren Sie.

1. Frau Schmidt arbeitet am Donnerstag *nicht* .
2. Herr Bastian hat _____ Meeting.
3. Die Firma Müller ist _____ bekannt.
4. Die Präsentation ist _____ gut.
5. Heute ist _____ Besprechung.
6. Frau Ogashi kommt heute _____ .

d Der Chef fragt, der Mitarbeiter sagt „nein"! Schreiben Sie „nicht" oder „kein-".

1. ▶ Haben Sie Zeit?
   ▶ *Nein, ich habe keine Zeit.*

2. ▶ Arbeiten Sie lang?
   ▶ _____

3. ▶ Haben Sie ein Treffen mit Frau Ogashi?
   ▶ _____

4. ▶ Schreiben Sie eine E-Mail?
   ▶ _____

5. ▶ Kommen Sie am Sonntag?
   ▶ _____

6. ▶ Machen Sie eine Präsentation?
   ▶ _____

7. ▶ Arbeiten Sie gern?
   ▶ _____

C Arbeit und Urlaub

1 Die Kalendermonate › KB: C1a

TIPP
Jahreszeiten, Kalendermonate
→ Artikel „der"
z. B. der Frühling, der Sommer
der Januar, der Februar

Schreiben Sie die Monate und Jahreszeiten in die Tabelle.

April | August | Dezember | Februar | Frühling | Herbst | Januar | Juli |
Juni | März | Mai | September | Sommer | November | Oktober | Winter

Frühling			Winter
		September	
April			Februar
	August		

2 Ordinalzahlen › KB: C1b

a ▶ 2|51 **Welches Datum hören Sie? Kreuzen Sie an.**

1. a. ☐ der 03.11. b. ☒ der 11.03. 4. a. ☐ am 05.05. b. ☐ am 15.05.
2. a. ☐ am 10.01. b. ☐ am 01.10. 5. a. ☐ der 22.07. b. ☐ der 23.07.
3. a. ☐ der 30.12. b. ☐ der 31.12. 6. a. ☐ am 09.08. b. ☐ am 19.08.

b **Schreiben Sie die Termine wie im Beispiel.**

erste Kalenderwoche, am vierten Ersten

fünfte und sechste KW, vom ersten bis ...

c ▶ 2|52–54 **Hören Sie und notieren Sie die Termine.**

1. Bademode International
Monat: *April*
Kalenderwoche: _____
Termin: _____

2. Flug nach London
Datum: _____
Wochentag: _____
Uhrzeit: _____

3. Hotel Karolinger
Datum: _____
Anreise bis: _____
Frühstück wann: _____

d Schreiben Sie die Termine wie im Beispiel.

1. Frau Aab, Mo 03.01. _Frau Aab, am Montag, den/dem dritten Ersten_

2. Kino, Mi, 12. Juni _____

3. Restaurant, So, 18.01. _____

4. Meeting, Fr, 29.05. _____

TIPP

Der Wievielte ist heute?
– Heute ist **der** fünf**te** April.
– Heute ist Montag, **der** fünf**te** Ap

Wann ist . . .?
– Das Treffen ist **am** fünf**ten** April.
– Das Treffen ist **am** Samstag,
  den / **dem** fünf**ten** April.

3 Die Jahreszahlen › KB: C1b

Schreiben Sie die Jahreszahlen.

1. zweitausendfünfzehn: _2015_

2. neunzehnhundertacht: _____

3. siebzehnhundertachtzehn: _____

4. zweitausendelf: _____

4 Die Arbeitswoche von Frau Bär › KB: C2b › G: 5.1

TIPP

in (der) Kalenderwoche 4
in (der) KW 4

Ergänzen Sie die Präpositionen.

[am | bis | im | im | in der | ~~um~~ | um | von … bis | von … bis]

1. Frau Bär ist Geschäftsführerin und hat viel Arbeit. Sie ist immer _um_ 8:00 Uhr im Büro.

2. Sie arbeitet _____ Dienstag _____ Donnerstag neun Stunden.

3. _____ 12:00 Uhr _____ 12:30 Uhr macht sie eine Mittagspause.

4. _____ Mittwochnachmittag _____ 15:00 Uhr hat sie immer eine Skype-Konferenz.

5. _____ Kalenderwoche 13 fliegt sie nach Bern und ist dort _____ Freitag.

6. Frau Bär macht _____ Sommer vier Wochen Urlaub und _____ Februar eine Woche Urlaub.

5 Messe und Co. › KB: C3b

Welche Wörter passen zusammen? Kreuzen Sie an.

1. a. ☒ Sportmode
   b. ☒ Sportschuhe
   c. ☐ Weiterbildung

2. a. ☐ Kleidung
   b. ☐ Urlaub
   c. ☐ Schuhe

3. a. ☐ Restaurant
   b. ☐ Messe
   c. ☐ Messestand

4. a. ☐ Ausbildung
   b. ☐ Studium
   c. ☐ Sportartikel

D Ich grüße dich!

1 Personalpronomen im Nominativ und Akkusativ › KB: D2 › G: 3.1

a Formulieren Sie Fragen und kreuzen Sie an: Nominativ (N) oder Akkusativ (A).

			N	A
1.	_Wer besucht die Messe in München?_	Wir besuchen die Messe in München.	☒	☐
2.	_____	Den Messeaufbau plane ich.	☐	☐
3.	_____	Herr Bastian macht ihn.	☐	☐
4.	_____	Er macht viel Arbeit.	☐	☐
5.	_____	Der Chef kontrolliert uns oft.	☐	☐

b Welches Personalpronomen ist richtig? Kreuzen Sie an.

1. Ich besuche die ISPO. Kommst   a. ☒ du   b. ☐ dich   auch?

2. Hanna und Kristin grüßen   a. ☐ du.   b. ☐ dich.

3. Besucht du   a. ☐ uns?   b. ☐ wir?

4. Messebau Müller macht den Messeaufbau. Ich organisiere   a. ☐ er.   b. ☐ ihn.

5. Herr Bastian kommt auch.   a. ☐ Er   b. ☐ Ihn   kennt dich.

6. Herr Bastian und ich haben Zeit und besuchen   a. ☐ ihr.   b. ☐ euch.

c Vanessa und Barbara telefonieren. Ergänzen Sie die Personalpronomen im Nominativ und Akkusativ.

ich | ich | du | du | er | er | ihn | ihn | wir | wir | uns | ihr

▶ Barbara, hallo, [1] _ich_ bin es, Vanessa.

▶ Vanessa, bist [2] _____ hier in München? Wie geht's?

▶ Stress, Stress und Stress! [3] _____ bin zwei Tage hier und besuche eine Möbelmesse und heute Abend treffe ich Martin. Kennst du [4] _____ ?

▶ Martin? Ja, klar! Was macht [5] _____ in München?

▶ Er besucht auch die Möbelmesse. [6] _____ essen heute Abend zusammen.

▶ Wo esst [7] _____ ?

▶ [8] _____ essen im Restaurant Maximilian. Hast [9] _____ auch Zeit?

▶ Leider nein. Ich habe einen Termin.

▶ Wann ist [10] _____ ?

▶ Um halb sieben – der Chef ist neu. Wir begrüßen [11] _____ , er begrüßt [12] _____ und, und, und …

2 Die Konjunktionen „aber", „denn", „und" und „oder" › KB: D4b › G: 4.1

a Welche Konjunktion passt? Kreuzen Sie an.

1. Ich kann am Donnerstag,   a. ☒ aber   b. ☐ oder   ich kann nicht am Mittwoch.

2. Gehen wir am Freitag ins Kino,   a. ☐ oder   b. ☐ und   gehen wir essen?

3. Am Freitag kann ich nicht,   a. ☐ oder   b. ☐ denn   da habe ich ein Meeting.

4. Machen wir jetzt eine Pause   a. ☐ und   b. ☐ oder   machen wir keine Pause?

5. Anna hat um 9:00 Uhr einen Termin,   a. ☐ und   b. ☐ denn   ich habe einen Termin um 13:00 Uhr.

b Wie heißen die Sätze? Ordnen Sie zu.

1. Er kommt nicht,   es ist Sonntag.
2. Du arbeitest schnell und viel,   aber   in Japan.
3. Im April komme ich nach Frankfurt,   du machst viele Fehler.
4. Kommt der Techniker heute   denn   er hat keine Zeit.
5. Firma Klotz produziert in Deutschland   telefonieren wir?
6. Frau Schmidt kennt die Modemesse in Berlin,   und   morgen?
7. Herr Bastian macht den Messeaufbau   nicht die Bildungsmesse in Zürich.
8. Machen wir eine Skype-Konferenz   oder   Frau Schmidt organisiert den Messeabbau.
9. Morgen arbeiten wir nicht,   ich besuche die Frühjahrsmesse.

Z c **Schreiben Sie die Sätze aus 2b in eine Tabelle in Ihr Heft.**

1. Hauptsatz / Satzteil	Position 0	2. Hauptsatz / Satzteil
Er kommt nicht,	*denn*	*er hat keine Zeit.*

Z d **Bilden Sie Sätze.**

1. Herr Bax – im September – Urlaub – macht – oder – im Oktober – er – Urlaub – macht

   Herr Bax macht Urlaub im September oder er macht Urlaub im Oktober.

2. Frau Schmidt – die Termine – plant – und – die Messen – sie – organisiert

3. Frau Schmidt – am Samstag – keine Zeit – hat – , – aber – Zeit – am Sonntag – sie – hat

4. Herr Bastian – mit Japan – skypt – oder – telefoniert – er – mit Japan

5. Die Skype-Konferenz – mit Japan – am Montag – ist – und – am Mittwoch – ist – sie

6. Frau Schmidt – die Messe – besucht – , – denn – sie – den Messeaufbau – macht

Z e **Lesen Sie die Sätze 1 bis 5 in 2d und markieren Sie die Wiederholungen. Schreiben Sie dann die Sätze kürzer.**

1. *Herr Bax macht Urlaub im September oder im Oktober.*
2. *Frau Schmidt plant die Termine und organisiert die Messen.*
3. _____
4. _____
5. _____

> **TIPP**
>
> Sätze mit „aber" kann man nu[r]
> kürzen, wenn Subjekt und Ve[rb]
> gleich sind.
> Sätze mit „denn" kann man
> nicht kürzen.

Rechtschreibung

1 Termine, Termine

▶ 2|55 **Hören Sie die Fragen und Antworten und schreiben Sie. Korrigieren Sie dann Ihren Partner / Ihre Partnerin. Ihre Partnerin / Ihr Partner korrigiert Sie.**

1. ▶ *Wie viel Uhr* _____ ist es?   ▶ Es ist *halb elf* _____ .
2. ▶ _____ besuchst du mich?   ▶ Am _____ .
3. ▶ _____ ist heute?   ▶ Heute ist der _____ .
4. ▶ _____ kommst du?   ▶ Um _____ .
5. ▶ _____ ist das Meeting?   ▶ Das Meeting ist _____ .
6. ▶ _____ ist die Konferenz?   ▶ Die Konferenz ist _____ .
7. ▶ _____ machen Sie Urlaub?   ▶ Im _____ .
8. ▶ _____ ist es?   ▶ Es ist _____ .

Grammatik im Überblick

1 Die Negation: „nicht" und „kein-" › G: 6.1

- **„nicht"** am Satzende verneint den Satz: Herr Bastian arbeitet am Sonntag. Frau Schmidt arbeitet am Sonntag **nicht**.
- **„nicht"** vor einem Wort verneint das Wort: Herr Lüder hat am Wochenende frei. Herr Bax hat heute **nicht** frei.
- **„kein-"** verneint den Artikel „ein-" oder den Nullartikel: Am Mittwoch sind **ein** Meeting und **eine** Teambesprechung. Am Donnerstag sind **kein** Meeting und **keine** Teambesprechung. / Ich habe Ø Zeit. Ich habe **keine** Zeit. / Ich habe Ø Termine. Ich habe **keine** Termine.

2 „ein-" und „kein-" im Nominativ und Akkusativ › G: 2.2

	Nominativ +	Nominativ –	Akkusativ +	Akkusativ –
Maskulinum	ein Termin	kein Termin	einen Termin	keinen Termin
Neutrum	ein Meeting	kein Meeting	ein Meeting	kein Meeting
Femininum	eine Präsentation	keine Präsentation	eine Präsentation	keine Präsentation
Plural (M, N, F)	Ø Termine	keine Termine	Ø Termine	keine Termine

3 Datumsangaben – Ordinalzahlen

Heute ist ...	Wann?
1.2. – der erste Februar / der erste Zweite	am ersten Januar / am ersten Ersten
3.4. – der dritte April / der dritte Vierte	am zweiten März / zweiten Dritten
5.6. – der fünfte Juni / der fünfte Sechste	am fünfzehnten Mai / fünfzehnten Fünften
7.8. – der siebte August / der siebte Achte	am zwanzigsten Juli / zwanzigsten Siebten
9.10. – der neunte Oktober / der neunte Zehnte	am dreißigsten November / dreißigsten Elften
Heute ist Montag, **der** dreißigste Elfte.	am Freitag, **den / dem** einunddreißigsten Zwölften

4 Personalpronomen › G: 3.1

Nominativ	ich	du	er	sie	es	wir	ihr	sie	Sie
Akkusativ	mich	dich	ihn	sie	es	uns	euch	sie	Sie

5 Konjunktionen: aber (Gegensatz), denn (Grund), und (plus), oder (Alternative) › G: 4.1

1. Hauptsatz / Satzteil	Position 0	2. Hauptsatz / Satzteil
Frau Schmidt organisiert den Messeaufbau,	aber	(sie organisiert) nicht den Messeabbau.
Ich bin nicht in München,	denn	da habe ich keine Zeit.
Ich suche meinen Terminkalender	und	(ich suche) einen Kugelschreiber.
Ich kann am Nachmittag um 15:00 Uhr	oder	(ich kann) am Abend um 19:00 Uhr.

6 Temporale Präpositionen › G: 5.1

Wann? → Tageszeiten → Wochentage → Datum	Um wie viel Uhr? Wann? → Uhrzeit	Wann? → Monate → Jahreszeiten	Wie lange? → Uhrzeit und Tage → Monate → Jahreszeiten
am Morgen / morgens	**um** 7:00 Uhr	**im** Januar	**von** 8:00 **bis** 10:00 Uhr
am Mittag / mittags	**um** 18:20 Uhr	**im** Februar	**von** Montag **bis** Samstag
am Abend / abends	**um** (Punkt) sechs Uhr	**im** ...	**von** Mai **bis** Juli
in der Nacht / nachts	**um** halb acht	**im** Sommer	**von** Herbst **bis** Winter
am Montag / Dienstag / ...	**um** Viertel nach neun	**im** Herbst	**vom** 29. Juni **bis** 10. Juli
am Wochenende = WE	**um** Viertel vor elf	**im** Winter	
am 24. November		**im** Frühling	

A Das Werk

1 Ein Werk besichtigen › KB: A2b

Was kann man: a, b, c oder d? Kreuzen Sie an. Es gibt immer mehrere Lösungen.

1. ein Werk   a. ☒ besichtigen   b. ☒ fotografieren   c. ☐ schreiben   d. ☒ präsentieren
2. ein Unternehmen   a. ☐ interviewen   b. ☐ vorstellen   c. ☐ präsentieren   d. ☐ besuchen
3. die Produktion   a. ☐ kontrollieren   b. ☐ sehen   c. ☐ drucken   d. ☐ vorstellen
4. ein Produkt   a. ☐ präsentieren   b. ☐ besuchen   c. ☐ kontrollieren   d. ☐ fotografieren
5. einen Mitarbeiter   a. ☐ besichtigen   b. ☐ interviewen   c. ☐ fotografieren   d. ☐ vorstellen
6. einen Artikel   a. ☐ schreiben   b. ☐ drucken   c. ☐ kontrollieren   d. ☐ besichtigen

2 Sätze mit Modalverben › G: 1.7

a Schreiben Sie die Sätze in die Tabellen. › KB: A3b

1. Ein Journalist möchte das Unternehmen vorstellen.
2. Kann die Praktikantin auch das Werk besichtigen?
3. Der Journalist will einen Artikel für die „Thüringer Zeitung" schreiben.
4. Wann möchte Herr Becker kommen?
5. Will der Journalist drei Mitarbeiter interviewen?
6. Wen kann er interviewen?
7. Leider kann Frau Lahn nicht schnell antworten.

Satzklammer

Position 1	Position 2: Modalverb		Satzende: Verb (Infinitiv)
1. Ein Journalist	möchte	das Unternehmen	vorstellen.

Satzklammer

Position 1: Modalverb		Satzende: Verb (Infinitiv)
2. Kann	die Praktikantin auch das Werk	besichtigen?

b Schreiben Sie Sätze. › KB: A3b

1. das Werk – Herr Becker – besichtigen – möchte –. *Herr Becker möchte das Werk besichtigen.*

2. Frau Wahner – auch – kommen – will –. _____

3. Ein Mitarbeiter – die Produktion – präsentieren – möchte –. _____

4. das Unternehmen – Frau Wahner – besichtigen – kann –. _____

5. die Mitarbeiter – Wer – interviewen – kann –? _____

6. Frau Wahner – die Mitarbeiter – fotografieren – kann –. _____

c **Was möchten Sie ... machen? – Ich möchte ... Schreiben Sie Fragen und Antworten.** › KB: A4

morgen | am Abend | im Urlaub | am Samstag | um 13:00 Uhr | heute Nachmittag

ins Kino gehen | Zeitung lesen | eine E-Mail schreiben | eine Freundin besuchen |
eine Stadt besichtigen | Mittag essen

▶ *Was möchten Sie morgen machen?*   ▶ *Ich möchte eine Freundin besuchen.*

▶ _____   ▶ _____

▶ _____   ▶ _____

▶ _____   ▶ _____

▶ _____   ▶ _____

▶ _____

B Die Werksbesichtigung

1 Hier dürfen Sie ... › KB: B2b › G: 1.7

Was passt: a oder b? Kreuzen Sie an.

1. a. ☐ Hier dürfen Sie ein
Mobilfunktelefon benutzen.
   b. ☒ Hier dürfen Sie kein
Mobilfunktelefon benutzen.

2. a. ☐ Hier müssen Sie
Arbeitsschuhe tragen.
   b. ☐ Hier müssen Sie
keine Arbeitsschuhe tragen.

3. a. ☐ Hier dürfen Sie
essen.
   b. ☐ Hier dürfen Sie
nicht essen.

4. a. ☐ Hier dürfen Sie
sprechen.
   b. ☐ Hier dürfen Sie
nicht sprechen.

2 müssen, dürfen, können, wollen, möchte- › G: 1.7

a **Welche Form passt wo? Kreuzen Sie an.** › KB: B3

	ich	du	er / sie / es	wir	ihr	sie	Sie (Sg. + Pl.)
1. kann	☒	☐	☒	☐	☐	☐	☐
2. müsst	☐	☐	☐	☐	☐	☐	☐
3. darf	☐	☐	☐	☐	☐	☐	☐
4. willst	☐	☐	☐	☐	☐	☐	☐
5. möchte	☐	☐	☐	☐	☐	☐	☐
6. musst	☐	☐	☐	☐	☐	☐	☐
7. dürfen	☐	☐	☐	☐	☐	☐	☐
8. möchten	☐	☐	☐	☐	☐	☐	☐
9. wollt	☐	☐	☐	☐	☐	☐	☐
10. muss	☐	☐	☐	☐	☐	☐	☐
11. kannst	☐	☐	☐	☐	☐	☐	☐

b **Was bedeutet ...? Ordnen Sie die Sätze zu.** › KB: B4b

> Im Werk muss man einen Helm tragen. | Herr Ziemer möchte keine Pause machen. | Eva kann gut
> fotografieren. | Ich kann den Computer nicht reparieren. | Herr Becker will einen Artikel schreiben. |
> Im Vertrieb muss man keinen Helm tragen. | Herr Ziemer kann das Werk zeigen. | Herr Ziemer will
> die Personalabteilung nicht zeigen. | Die Praktikantin darf das Werk auch besichtigen. |
> Herr Becker kann nicht mit der Geschäftsführung sprechen. | Man darf die Maschine nicht berühren. |
> Der Journalist möchte drei Mitarbeiter interviewen.

1. Es ist (nicht) möglich: _____

2. Man ist (nicht) fähig: *Eva kann gut fotografieren. / Ich kann den Computer nicht reparieren.*

3. Es ist (nicht) nötig: *Im Werk muss man einen Helm tragen. / ...*

4. Es ist (nicht) erlaubt: _____

5. Man wünscht (sehr direkt) / plant etwas (nicht): _____

6. Man wünscht (höflich) etwas (nicht): *Herr Ziemer möchte keine Pause machen. / ...*

c **Notieren Sie die richtige Verbform.** › KB: B4b

1. Wann *können* _____ wir das Werk besichtigen? (können)

2. _____ ich hier fotografieren? (dürfen)

3. Was _____ ihr die Mitarbeiter fragen? (wollen)

4. _____ Sie auch den Vertrieb sehen? (möchte-)

5. Du _____ den Artikel bis morgen schreiben. (müssen)

6. _____ man hier rauchen? (dürfen)

7. Wer _____ das Unternehmen präsentieren? (können)

8. _____ du den Artikel lesen? (möchte-)

9. Was _____ wir dem Journalisten zeigen? (wollen)

10. _____ ich auch Arbeitsschuhe tragen? (müssen)

Ⓩ 3 So viele Regeln › KB: B4b

Ein Praktikant bei Compogroup schreibt eine E-Mail. Ergänzen Sie die Modalverben in der richtigen Form. Manchmal passen zwei Modalverben.

→ ✉ n.johnson@xpu.de	— □ ✕

Lieber Nicolas,

das Praktikum bei Compogroup ist schön. Ich [1] *kann* _____ sehr viel lernen. Aber es gibt viele Regeln. Ich

[2] _____ morgens um Punkt 8:00 Uhr im Büro sein. Dort [3] _____ wir nicht im Internet

surfen, und wir [4] _____ keine SMS schreiben oder lesen. Bei Besprechungen [5] _____

alle Mitarbeiter leise sein, nur der Chef [6] _____ sprechen. Aber die Kollegen sind sehr nett. Ich

[7] _____ sie alles fragen. Am Donnerstag [8] _____ wir ins Kino gehen.

Ich [9] _____ dich bald sehen. [10] _____ du mich am Wochenende besuchen?

Liebe Grüße – Sven

④ 4 Darf man im Büro …? › KB: B5

Welche Antworten passen: a oder b? Kreuzen Sie an.

1. Darf man im Büro essen?   a. ☒ Ja, das darf man.   b. ☐ Nein, das ist nicht nötig.
2. Muss man Arbeitskleidung tragen?   a. ☐ Ja, das ist möglich.   b. ☐ Nein, das muss man nicht.
3. Darf man am Freitag schon mittags gehen?   a. ☐ Ja, das muss man.   b. ☐ Nein, das ist nicht erlaubt.
4. Kann man in der Kantine essen?   a. ☐ Ja, das kann man.   b. ☐ Nein, das ist nicht möglich.
5. Darf man privat im Internet surfen?   a. ☐ Ja, das ist erlaubt.   b. ☐ Nein, das muss man nicht.
6. Muss man im Büro leise sein?   a. ☐ Ja, das muss man.   b. ☐ Nein, das ist verboten.

C Die Firmenstruktur

1 Die Firma › KB: C1b

a Schauen Sie im Organigramm im Kursbuch nach und ergänzen Sie die Abteilungen und Bereiche. Notieren Sie auch den Artikel.

	der Einkauf	die Produktion		das Marketing
die IT-Abteilung			*der Innendienst*	

b Markieren Sie im Organigramm in 1a die Wörter mit der Endung „-ung". Was fällt auf? Notieren Sie. › G: 2.1

Ⓖ

Wörter mit der Endung „-ung" haben den Artikel „_____".

c Was macht man wo? Ordnen Sie die Abteilungen zu.

1. Software installieren
2. Produkte produzieren
3. Kunden besuchen
4. Werbung machen
5. Produkte planen
6. Zahlen kontrollieren
7. Weiterbildungen planen
8. Kundenfragen beantworten

A. Buchhaltung
B. Marketing
C. IT-Abteilung
D. Innendienst
E. Fertigung
F. Personalabteilung
G. Entwicklung
H. Außendienst

1. _C_
2. __
3. __
4. __
5. __
6. __
7. __
8. __

② 2 Die Präsentation von Compogroup › KB: C2

Welche Wörter fehlen? Notieren Sie.

1. Compogroup hat 350 *Mitarbeiter* _____.
2. Die Firma _____ in Deutschland.
3. Das Unternehmen ist europaweit _____.
4. Es hat _____ Verwaltung, Einkauf, Produktion, Vertrieb und Marketing.
5. Es _____ Baumaschinen und _____ die Produkte in Europa.

3 Dativ: „im", „in der", „in den" und „am", „an der", „an den" › KB: C4 › G: 5

a Wo sind die Mitarbeiter? Notieren Sie die Präpositionen und Artikel.

1. der Vertrieb: *im* _____ Vertrieb
2. das Büro: _____ Büro
3. die Kantine: _____ Kantine
4. die Räume (Pl.): _____ Räume**n**

5. der Drucker: _____ Drucker
6. das Handy: _____ Handy
7. die Tür: _____ Tür
8. die Computer (Pl.): _____ Computer**n**

b Wann arbeiten die Mitarbeiter? Notieren Sie die Präpositionen und Artikel.

1. *der* __ Winter: *im* _____ Winter
2. _____ Jahr 2018: _____ Jahr 2018
3. _____ Nacht: _____ Nacht
4. _____ Morgenstunde**n** (Pl.): _____ Morgenstunde**n**

5. _____ Vormittag: _____ Vormittag
6. _____ Wochenende: _____ Wochenende
7. _____ Arbeitstage (Pl.): _____ Arbeitstage**n**

4 Die Präpositionen „an", „bei" und „in" › KB: C4 › G: 5

Lesen Sie die Sätze und ergänzen die Präpositionen und Artikel.

Frau Weber arbeitet [1] *bei der* _____ Firma „Compogroup", [2] _____

Marketing-Abteilung. Sie arbeitet viel [3] _____ Computer, denn sie

schreibt die Werbetexte. Sie arbeitet oft [4] _____ Wochenende, denn sie

organisiert die Messen. Viele Messen sind [5] _____ Frühling und

[6] _____ Herbst, oft [7] _____ Oktober. Frau Weber geht

[8] _____ Abend oft mit Kunden essen. [9] _____

Kalenderwoche 18 präsentiert sie die Compogroup-Produkte [10] _____

Firma Weller.

TIPP

bei + Dativ:
– bei Compogroup
– bei der Firma Compogroup
– beim Unternehmen
  Compogroup

Ⓩ 5 Wortfamilien › KB: C5b

Wie heißen die Verben zu den Nomen? Notieren Sie.

1. die Arbeit – *arbeiten*
2. die Besichtigung – _____
3. die Besprechung – _____
4. der Besuch – _____
5. der Druck – _____
6. der Film – _____
7. das Interview – _____
8. die Kontrolle – _____

9. der Leiter – _____
10. die Organisation – _____
11. die Planung – _____
12. die Präsentation – _____
13. das Produkt – _____
14. die Reparatur – _____
15. der Vertrieb – _____
16. die Vorstellung – _____

D Wie war die Besichtigung?

1 Die Verben „haben" und „sein" im Präteritum › KB: D2 › G: 1.4

a Notieren Sie die Formen von „haben" und „sein" im Präteritum.

	haben	sein
ich	*hatte*	
du		
er / sie / es		
wir		*waren*
ihr		
sie / Sie (Sg. + Pl.)		

b Welche Präteritum-Form ist richtig: a oder b? Kreuzen Sie an.

1. Die Werksbesichtigung   a. ☒ war   b. ☐ waren   sehr interessant.
2. Wir   a. ☐ hatte   b. ☐ hatten   viel Spaß.
3. Ich   a. ☐ hatte   b. ☐ hattet   viele Fragen.
4. Leider   a. ☐ war   b. ☐ warst   du nicht bei der Besichtigung.
5. Wir   a. ☐ waren   b. ☐ wart   dann noch in der Kantine.
6. Die Firmenmitarbeiter   a. ☐ hattest   b. ☐ hatten   viele Informationen.
7. Und so   a. ☐ waren   b. ☐ war   die Gespräche sehr gut.
8. Aber ihr   a. ☐ hatten   b. ☐ hattet   leider zu wenig Zeit.

c Präsens oder Präteritum von „haben" und „sein"? Was passt?

Herr Ziemer [1] *ist* _____ heute nicht im Unternehmen. Er [2] _____ in Köln, er [3] _____

dort eine Weiterbildung. Gestern [4] _____ er im Unternehmen, er [5] _____ eine

Werksbesichtigung. Die Präsentation [6] _____ für Herrn Becker und Frau Wahner. Herr Becker

[7] _____ Journalist und Frau Wahner [8] _____ Praktikantin. Frau Lahn sagt:

„Frau Wahner [9] _____ nett, aber Herr Becker [10] _____ nicht sehr freundlich."

2 Vielen Dank, Frau Lahn – eine E-Mail › KB: D3

Schreiben Sie die Mail von Herrn Becker. Achten Sie auf Präsens und Präteritum.

> Sehr geehrte Frau Lahn, | die Werksbesichtigung – sehr spannend – sein | Und – die Präsentation von Herrn Ziemer – sehr interessant – sein | Wir – in den Abteilungen Produktion, Vertrieb und Marketing – sein | Auch – die Interviews – gut – sein | Die Mitarbeiter – sehr freundlich – sein | Ich – nun – viele Informationen – haben – und – das Unternehmen „Compogroup" – sehr gut – kennen | Ich – jetzt – den Artikel – schreiben | Dann – ich – ihn – noch korrigieren – müssen | Sie – ihn – bald – bekommen | Mit freundlichen Grüßen | Roland Becker

Sehr geehrte Frau Lahn,

die Werksbesichtigung war sehr spannend. Und …

Suchen Sie die Adjektive und ordnen Sie sie zu.

o	h	s	b	r	w	i	u	q	p	ü	k
w	j	a	f	s	p	ä	t	l	y	p	e
s	ä	d	q	p	ö	v	s	k	u	r	z
l	h	a	r	a	c	n	m	ö	s	t	e
e	r	l	a	n	g	w	e	i	l	i	g
i	k	o	l	n	p	j	x	b	y	o	u
s	c	h	r	e	c	k	l	i	c	h	t
e	z	r	d	n	a	a	k	p	ä	m	w
c	ü	p	e	d	t	l	o	z	s	c	h
u	h	o	d	a	u	t	p	t	e	e	l

1. früh   ≠   _spät_
2. heiß   ≠   _kalt_
3. interessant   ≠ _____
4. lang   ≠ _____
5. schön   ≠ _____
6. laut   ≠ _____
7. schlecht   ≠ _____
8. langweilig   ≠ _____

Rechtschreibung

1 Kurz oder lang?

a   Welche Nomen sind das? Ergänzen Sie die Buchstaben.

       k   l   k   l

1. der Mi_tt_ag   ☒ ☐   8. die Kontro_____e   ☐ ☐
2. das W_____rk   ☐ ☐   9. das J_____r   ☐ ☐
3. die D_____nstreise   ☐ ☐   10. die Kant_____ne   ☐ ☐
4. das Untern_____men   ☐ ☐   11. der K_____ndenservice   ☐ ☐
5. das Produ_____t   ☐ ☐   12. das Glü_____   ☐ ☐
6. die Masch_____ne   ☐ ☐   13. der Vertr_____b   ☐ ☐
7. die Entwi_____lung   ☐ ☐   14. der I_____endienst   ☐ ☐

TIPP

Wörter auf „-ine" sind immer lang, z. B. Maschine.

b   ▶ 2|56   Hören Sie die Nomen in 1a und kreuzen Sie an: kurz (k) oder lang (l)?

c   Warum sind die Wörter in 1a kurz oder lang? Notieren Sie.

kurz: 1. _____   2. _____

lang: 1. _____   2. _____

d   ▶ 2|57   Hören Sie die Wörter und notieren Sie sie.

1. _hier_ _____   4. _____   7. _____
2. _____   5. _____   8. _____
3. _____   6. _____   9. _____

Grammatik im Überblick

1 Wortstellung: Aussagesätze und W-Fragen mit Modalverben › G: 1.7

Position 1	Position 2: Modalverb	Satzklammer	Satzende: Verb (Infinitiv)
Ein Journalist	möchte	das Unternehmen „Compogroup"	vorstellen.
Herr Becker	will	einen Artikel	schreiben.
Wann	können	Herr Becker und Frau Wahner	kommen?
Am 18. März	dürfen	sie	kommen.
Frau Lahn	muss	die Werksbesichtigung	organisieren.

2 Wortstellung: Ja-/Nein-Fragen mit Modalverben › G: 1.7

Position 1: Modalverb	Satzklammer	Satzende: Verb (Infinitiv)
Können	wir nächste Woche	kommen?
Darf	Frau Wahner auch das Werk	besichtigen?
Muss	man einen Helm	tragen?

3 Die Modalverben „können", „müssen", „dürfen", „wollen", „möchte-" – Präsens › G: 1.7

	können	müssen	dürfen	wollen	möchte-
ich	kann	muss	darf	will	möchte
du	kannst	musst	darfst	willst	möchtest
er / sie / es	kann	muss	darf	will	möchte
wir	können	müssen	dürfen	wollen	möchten
ihr	könnt	müsst	dürft	wollt	möchtet
sie	können	müssen	dürfen	wollen	möchten
Sie (Sg. + Pl.)	können	müssen	dürfen	wollen	möchten

4 Die Modalverben „können", „müssen", „dürfen", „wollen", „möchte-" – Bedeutung › G: 1.7

- **Es ist (nicht) möglich:** Herr Ziemer kann das Werk zeigen. / Herr Becker kann nicht mit der Geschäftsführung sprechen.
- **Man ist (nicht) fähig:** Frau Wahner kann gut fotografieren. / Herr Becker kann den Computer nicht reparieren.
- **Es ist (nicht) nötig:** Im Werk muss man einen Helm tragen. / Im Vertrieb muss man keinen Helm tragen.
- **Es ist (nicht) erlaubt:** Frau Wahner darf das Werk besichtigen. / Man darf die Maschine nicht berühren.
- **Man wünscht (sehr direkt) / plant etwas (nicht):** Herr Becker will einen Artikel schreiben. / Herr Ziemer will die Personalabteilung nicht zeigen.
- **Man wünscht (höflich) etwas (nicht):** Der Journalist möchte drei Mitarbeiter interviewen. / Herr Ziemer möchte keine Pause machen.

5 Dativ – Wo? und Wann? › G: 5

Dativ		M (der) → dem	N (das) → dem	F (die) → der	Plural (die) → den ... (-n)
Wo?	in	im (in + dem) Einkauf	im (in + dem) Lager	in der Fertigung	in den Hallen
	an	am (an + dem) Computer	am (an + dem) Telefon	an der Maschine	an den Computern
Wann?	in	im (in + dem) Sommer	im (in + dem) Jahr	in der Nacht	in den Nächten
	an	am (an + dem) Montag	am (an + dem) Wochenende	–	an den Wochenenden

A Ein Arbeitsessen

1 Was kann man alles machen? › KB: A2b

Notieren Sie die Nomen zu den Verben. Es passen immer drei Nomen.

einen Besprechungsraum | ~~einen Computer~~ | eine Feier | ein Gericht | ~~ein Gespräch~~ |
einen Großkunden | eine Idee | eine Kollegin | ein Problem | ~~ein Projekt~~ | eine Reise |
einen Sauerbraten | eine Speise | ein Thema | einen Tisch

1. starten: *einen Computer, ein Gespräch, ein Projekt*
2. essen: _____
3. besuchen: _____
4. reservieren: _____
5. besprechen: _____

2 Die Präposition „für" › KB: A2b

a Was gehört zusammen? Ordnen Sie zu.

1. Ich reserviere einen Tisch	A. für einen Kaffee?	1. _E_
2. Hast du heute Nachmittag Zeit	B. für alle Mitarbeiter.	2. __
3. Die Firma bestellt Laptops	C. für das Flipchart?	3. __
4. Hast du auch Stifte	D. für Sie.	4. __
5. Hier ist eine Liste	E. für morgen.	5. __

b Nach „für" steht der Akkusativ. Welche Lösung ist richtig? Kreuzen Sie an.

1. Sie bezahlen nichts für	a. ☒ das	b. ☐ den	Essen.
2. Für	a. ☐ ich	b. ☐ mich	ist der Termin sehr gut.
3. Was brauchen wir noch für	a. ☐ die	b. ☐ den	Besprechung?
4. Für das Projekt brauchen wir noch	a. ☐ ein	b. ☐ einen	Mitarbeiter.
5. Danke für	a. ☐ das	b. ☐ den	Treffen!
6. Gut, dann bestelle ich morgen einen Tisch für	a. ☐ wir.	b. ☐ uns.	

ⓩ 3 Die Partikel „ja" › KB: A2b

Wo steht die Partikel „ja"? Notieren Sie.

1. Das kennen Sie _ja_ schon __—__ .
2. Das Essen dort war _____ sehr gut _____ .
3. Nein, das geht nicht. Das ist _____ nicht _____ erlaubt.
4. Bis Samstag haben _____ wir _____ noch Zeit.
5. Das Datum können wir _____ nicht _____ ändern.
6. Unser Treffen ist _____ schon _____ am Mittwoch.

> **TIPP**
>
> **Die Partikel „ja"**
> Der Sprecher möchte sagen:
> Das kennen Sie schon. /
> Das ist bekannt.
>
> „ja" steht oft vor Adverbien
> und Negationen.

4 Möchten Sie reservieren? › KB: A3a

Ergänzen Sie die Fragewörter.

Auf welchen | ~~Für wann~~ | Um wie viel Uhr | Wie | Wie viele | Wo

1. ▶ _Für wann_ möchten Sie reservieren? ▶ Für Montag, den 10.08.
2. ▶ _____ Personen sind Sie? ▶ Wir sind 12 Personen.
3. ▶ _____ kommen Sie? ▶ Um 13:00 Uhr.
4. ▶ _____ möchten Sie sitzen? ▶ In einer Ecke oder am Fenster.
5. ▶ _____ Namen soll ich reservieren? ▶ Auf den Namen „Kehl".
6. ▶ _____ buchstabiert man das? ▶ K – e – h – l.

5 Eine Tischreservierung › KB: A3b

Sie möchten einen Tisch im Restaurant „Zum Anker" reservieren. Schreiben Sie eine E-Mail. Die Redemittel helfen.

– für den 06.08.   – um 12:30 Uhr   – ruhig
– für 3 Personen   – in der Ecke oder am Fenster   – Besprechung

Herzlichen Dank im Voraus. | ~~Sehr geehrte Damen und Herren,~~ | Mit freundlichen Grüßen |
Der Tisch muss … sein, denn wir haben eine … | Wir kommen um … | Ich möchte einen Tisch in … |
ich möchte für … einen Tisch für … reservieren.

☒

Sehr geehrte Damen und Herren,
ich …

B Ein bisschen Small Talk

1 Wie ist das Wetter? Wie viel Grad sind es? › KB: B1

Was passt zusammen? Schreiben Sie.

~~Es ist sehr warm.~~ | Die Sonne scheint. | Es ist kalt. | Es ist bewölkt. | Es regnet. | Es sind 25 Grad.

1   2   3

Es ist sehr warm.   _____   _____

4   5   6

_____   _____   _____

2 Was macht die Familie? › KB: B2b

Es passen immer zwei Verben. Welche?

		a.		b.		c.		d.	
1.	Urlaub	a.	☒ machen	b.	☐ fahren	c.	☒ haben	d.	☐ kommen
2.	Fotos	a.	☐ passen	b.	☐ machen	c.	☐ schicken	d.	☐ genießen
3.	Tennis	a.	☐ klopfen	b.	☐ spielen	c.	☐ besichtigen	d.	☐ lernen
4.	Essen	a.	☐ kochen	b.	☐ leiten	c.	☐ vorstellen	d.	☐ bestellen
5.	Bücher	a.	☐ lesen	b.	☐ interviewen	c.	☐ schreiben	d.	☐ fragen

3 Possessivartikel im Nominativ und im Akkusativ › KB: B3b › G: 3.2

a Lesen Sie die Regel und ergänzen Sie die Endungen.

Ⓖ

Die Endungen vom Possessivartikel sind identisch mit den Endungen vom unbestimmten Artikel (ein-)
und Negativartikel (kein-).

Personalpronomen	→	Possessivartikel
ich	→	mein Stift
du (informell, Sg.)	→	dein Stift
er (Maskulinum)	→	sein Stift
sie (Femininum)	→	ihr Stift
es (Neutrum)	→	sein Stift
wir	→	unser Stift
ihr (informell, Pl.)	→	euer Stift
sie	→	ihr Stift
Sie (formell, Sg./Pl.)	→	Ihr Stift

Possessivartikel im Nominativ und Akkusativ

Nominativ:

Maskulinum (Sg.)	Das ist mein	Sohn.
Femininum (Sg.)	Das ist mein *e*	Tochter.
Neutrum (Sg.)	Das ist mein	Kind.
M / F / N (Pl.)	Das sind mein	Söhne / Töchter / Kinder.

Akkusativ:

Maskulinum (Sg.)	Kennen Sie mein *en*	Sohn?
Femininum (Sg.)	Kennen Sie mein	Tochter?
Neutrum (Sg.)	Kennst du mein	Kind?
M / F / N (Pl.)	Kennst du mein	Söhne / Töchter / Kinder?

b Ergänzen Sie die Possessivartikel im Akkusativ.

1. Könnt ihr *eure*_____ Feier nicht am Samstag machen?

2. Kannst du _____ Chef fragen?

3. Sie besucht _____ Freunde.

4. Wir müssen _____ Freunde besuchen.

5. Die Firma produziert Drucker. Kennen Sie _____ Geschäftsführer?

6. Grüßen Sie bitte _____ Frau!

7. Er will noch _____ Text korrigieren.

8. Die Mitarbeiter haben _____ Mittagspause von 12:30 Uhr bis 13:30 Uhr.

9. Möchtet ihr _____ Konzept präsentieren?

10. Das Lager schickt _____ Bestellung nächste Woche.

11. Ich muss _____ Projekt noch heute beenden.

> **TIPP**
>
> Possessivartikel „euer" + Endung:
> → Stamm „eur-" + Endung,
> z. B. „eu~~e~~re" → eure

4 „sein-" oder „ihr-"? › KB: B3b › G: 3.2

Ergänzen Sie „sein-" und „ihr-" im Nominativ und Akkusativ.

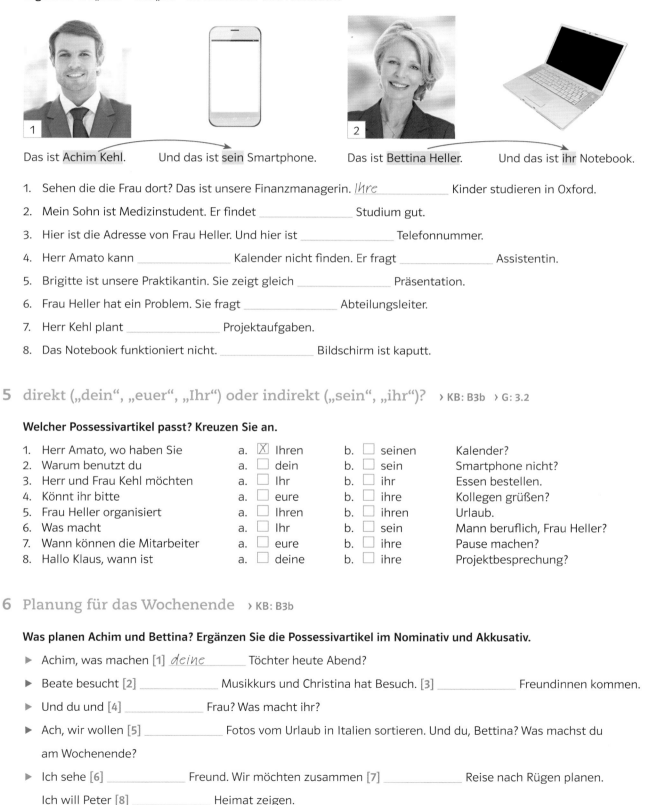

Das ist Achim Kehl.   Und das ist sein Smartphone.   Das ist Bettina Heller.   Und das ist ihr Notebook.

1. Sehen die die Frau dort? Das ist unsere Finanzmanagerin. *Ihre* _____ Kinder studieren in Oxford.

2. Mein Sohn ist Medizinstudent. Er findet _____ Studium gut.

3. Hier ist die Adresse von Frau Heller. Und hier ist _____ Telefonnummer.

4. Herr Amato kann _____ Kalender nicht finden. Er fragt _____ Assistentin.

5. Brigitte ist unsere Praktikantin. Sie zeigt gleich _____ Präsentation.

6. Frau Heller hat ein Problem. Sie fragt _____ Abteilungsleiter.

7. Herr Kehl plant _____ Projektaufgaben.

8. Das Notebook funktioniert nicht. _____ Bildschirm ist kaputt.

5 direkt („dein", „euer", „Ihr") oder indirekt („sein", „ihr")? › KB: B3b › G: 3.2

Welcher Possessivartikel passt? Kreuzen Sie an.

1. Herr Amato, wo haben Sie   a. ☒ Ihren   b. ☐ seinen   Kalender?
2. Warum benutzt du   a. ☐ dein   b. ☐ sein   Smartphone nicht?
3. Herr und Frau Kehl möchten   a. ☐ Ihr   b. ☐ ihr   Essen bestellen.
4. Könnt ihr bitte   a. ☐ eure   b. ☐ ihre   Kollegen grüßen?
5. Frau Heller organisiert   a. ☐ Ihren   b. ☐ ihren   Urlaub.
6. Was macht   a. ☐ Ihr   b. ☐ sein   Mann beruflich, Frau Heller?
7. Wann können die Mitarbeiter   a. ☐ eure   b. ☐ ihre   Pause machen?
8. Hallo Klaus, wann ist   a. ☐ deine   b. ☐ ihre   Projektbesprechung?

Ⓩ 6 Planung für das Wochenende › KB: B3b

Was planen Achim und Bettina? Ergänzen Sie die Possessivartikel im Nominativ und Akkusativ.

▶ Achim, was machen [1] *deine* _____ Töchter heute Abend?

▶ Beate besucht [2] _____ Musikkurs und Christina hat Besuch. [3] _____ Freundinnen kommen.

▶ Und du und [4] _____ Frau? Was macht ihr?

▶ Ach, wir wollen [5] _____ Fotos vom Urlaub in Italien sortieren. Und du, Bettina? Was machst du am Wochenende?

▶ Ich sehe [6] _____ Freund. Wir möchten zusammen [7] _____ Reise nach Rügen planen. Ich will Peter [8] _____ Heimat zeigen.

C Ich nehme …

1 Was kann man essen? › KB: C1b

Bilden Sie Wörter. Verwenden Sie auch ein Wörterbuch.

Hühner- | Fisch- | Fleisch- | Kartoffel- | Lamm- | -auflauf | -braten | -fleisch | -kloß |
Nudel- | Reis- | Rinder- | Rindfleisch- | Schweine-   -püree | -salat | -suppe

Hühnerfleisch, Hühnersalat, Hühnersuppe, _____

_____

_____

_____

2 Was mögen Sie? › KB: C2b › G: 1.7

a Ergänzen Sie die Formen von „mögen".

	mögen
ich	mag
du	mag-st
er / sie /es	mag
wir	mög-en
ihr	mög-t
sie	mög-en
Sie (Sg. + Pl.)	mög-en

1. Herr Kehl, was können Sie mir empfehlen? – *Mögen* _____ Sie Fleisch?
2. _____ du Kartoffeln? – Ja, Kartoffeln _____ ich sehr gern.
3. _____ ihr Sekt? – Ja, natürlich, wir _____ Sekt sehr.
4. Mit Reis? – Nein, ich _____ keinen Reis.
5. Frau Heller und Herr Kehl _____ das Projekt mit Herrn Amato.
6. Bettina _____ die Kinder von Achim.
7. _____ Sie Düsseldorf? – Ja, die Stadt ist sehr international.
8. Er _____ kein Bier. Er trinkt gerne Wein oder Sekt.

b Welches Verb passt? Kreuzen Sie an.

1. Ich a. ☐ mag b. ☒ nehme die Forelle, denn ich c. ☒ mag d. ☐ nehme Fisch.
2. Ich a. ☐ mag b. ☐ bestelle Braten. Ich c. ☐ mag d. ☐ bestelle also den Sauerbraten.
3. Ich a. ☐ mag b. ☐ esse den Gemüseauflauf, denn ich c. ☐ mag d. ☐ esse Gemüse.

Z c Ergänzen Sie.

1. ► Magst du *Fisch* _____?
   ► Nein, ich mag *keinen Fisch* _____. Ich mag *Fleisch* _____. (Fisch → Fleisch)

2. ► Mögen Sie _____?
   ► Nein, ich mag _____. Ich mag lieber _____. (Gemüse → Salat)

3. ► Mögt ihr _____?
   ► Nein, wir mögen _____. Aber wir mögen _____. (Kartoffeln → Reis)

4. ► Mag er _____?
   ► Nein, er mag _____. Aber er mag besonders gern _____. (Pizza → Nudeln)

3 Ich nehme, du nimmst › KB: C3b › G: 1.2

Welche Verbform ist richtig: a oder b? Kreuzen Sie an.

1. Was können Sie   a. ☒ empfehlen?   b. ☐ empfehlen?
2. Herr Kehl   a. ☐ esst   b. ☐ isst   eine Suppe.
3. Wir   a. ☐ nehmen   b. ☐ nimmen   alle Kaffee.
4.   a. ☐ Nehmst   b. ☐ Nimmst   du einen Nachtisch?
5.   a. ☐ Sehst   b. ☐ Siehst   du die Kellnerin?
6.   a. ☐ Besprecht   b. ☐ Bespricht   ihr das Projekt?

4 Gerichte und Getränke bestellen › KB: C4a

Wie heißen die Sätze? Ordnen Sie zu.

1. Ich hätte gern
2. Als Vorspeise nehme ich
3. Und dazu hätte ich
4. Ich nehme als
5. Ich probiere
6. Ich trinke
7. Als Hauptspeise hätte

A. ich gern die Forelle.
B. einen Gemüseauflauf.
C. Nachspeise ein Eis.
D. ein Mineralwasser.
E. eine Kartoffelsuppe.
F. gern ein Bier.
G. mal die Rinderroulade.

1. _B_
2. ⌐
3. ⌐
4. ⌐
5. ⌐
6. ⌐
7. ⌐

Ⓩ 5 Kellner und Gast im Gespräch › KB: C4a

Ordnen Sie den Dialog.

⌐ Einen Rotwein oder einen Weißwein?
⌐ Nein, Fisch mag ich nicht so gerne. Ich mag Fleisch.
⌐ Nein, danke.
_1_ Ich möchte gerne typisch Deutsch essen. Was können Sie empfehlen?
⌐ Gerne. Und noch ein Dessert?

_2_ Mögen Sie Fisch? Dann empfehle ich die Forelle blau mit Salzkartoffeln und Salat.
⌐ Einen Rotwein, bitte.
⌐ Ja, gut die nehme ich. Und ich möchte gerne einen Wein.
⌐ Dann vielleicht die Rinderroulade mit Erbsen, Möhren und Kartoffeln.

D Wir möchten zahlen!

1 Verben mit Vokalwechsel › KB: D2b › G: 1.2

a **Schreiben Sie die Verben in die Tabelle.**

⌐ ~~empfehlen~~ | essen | fahren | halten | laufen | nehmen | raten | schlafen | sehen | sprechen

a → ä	au → äu	e → i	e → ie
			empfehlen

b **Stammendung „d" und „t". Notieren Sie die Verbformen.**

	Verben ohne Vokalwechsel		Verben mit Vokalwechsel	
	arbeiten	beenden	raten	halten
ich	*arbeite*			
du				
er /sie / es				

c **Ergänzen Sie die Verbformen und kreuzen Sie an: Verb mit Vokalwechsel (mV) oder ohne Vokalwechsel (oV)? Verwenden Sie auch ein Wörterbuch.**

                    mV oV

1. *Siehst* _____ du den Kellner? (sehen)   ☒ ☐
2. Was _____ du? (bestellen)   ☐ ☐
3. Er _____ ein Eis. (essen)   ☐ ☐
4. _____ du, das Essen ist hier gut? (glauben)   ☐ ☐
5. Wie _____ man die Speise hier? (nennen)   ☐ ☐
6. Wir brauchen die Getränkekarte. _____ du den Kellner? (fragen)   ☐ ☐
7. Nein, ich fahre nicht. Heute _____ du bitte. (fahren)   ☐ ☐
8. _____ du nach Hause? (laufen)   ☐ ☐

2 Zahlen bitte! › KB: D3b

Wer sagt was? Ordnen Sie die Redemittel zu.

> Zahlen Sie getrennt oder zusammen? | Getrennt/Zusammen bitte. | Das macht … €. | Ich hatte … |
> Was hatten Sie denn? | Können Sie bitte auf … € herausgeben? | Ja, gern, danke. | … €, stimmt so. |
> Vielen Dank.

Kellner / Kellnerin: *Zahlen Sie getrennt oder zusammen?* _____

Gast: _____

TIPP

Die Partikel „denn"
„denn" in Frage → Der Sprech
zeigt Interesse.

Rechtschreibung

1 „e" oder „eh", „a" oder „ah"?

▶ **2|58 Hören Sie die Sätze und ergänzen Sie die Wörter.**

1. *Nehmt* _____ ihr Pizza oder Fisch?
2. Unser _____ produziert Schuhe.
3. Wo _____ Ihre Kinder?
4. Entschuldigung, das war mein _____.
5. Abends _____ ich oft noch ein Buch.
6. _____ Sie die Kellnerin?
7. Besichtigen Sie noch den _____?
8. Nein, ich möchte heute früh _____.
9. Ich hatte ein Eis mit _____.
10. Entschuldigung, Sie müssen noch _____.
11. Ich _____ Fisch nicht so gern.
12. Im Werk müssen Sie einen Helm _____.

Grammatik im Überblick

1 Possessivartikel im Nominativ und im Akkusativ › G: 3.2

Personalpronomen	→	Possessivartikel
ich	→	mein Stift
du (informell, Sg.)	→	dein Stift
er (Maskulinum)	→	sein Stift
sie (Femininum)	→	ihr Stift
es (Neutrum)	→	sein Stift
wir	→	unser Stift
ihr (informell, Pl.)	→	euer Stift
sie	→	ihr Stift
Sie (formell, Sg./Pl.)	→	Ihr Stift

Possessivartikel im Nominativ und Akkusativ

Nominativ:

Maskulinum (Sg.)	Das ist mein	Sohn.
Femininum (Sg.)	Das ist meine	Tochter.
Neutrum (Sg.)	Das ist mein	Kind.
M/F/N (Pl.)	Das sind meine	Söhne/Töchter/Kinder.

Akkusativ:

Maskulinum (Sg.)	Ich kenne euren	Sohn.
Femininum (Sg.)	Ich kenne eure	Tochter.
Neutrum (Sg.)	Ich kenne euer	Kind.
M/F/N (Pl.)	Ich kenne eure	Söhne/Töchter/Kinder.

- Die Endungen vom Possessivartikel sind identisch mit den Endungen vom unbestimmten Artikel (ein-) und Negativartikel (kein-).
- **Achtung:** Possessivartikel „euer" + Endung: Stamm „eur-" + Endung: z. B. „euere" → eure

2 Verben mit Vokalwechsel › G: 1.2

	e → i **sprechen**	e → ie **lesen**	a → ä **fahren**	au → äu **laufen**
ich	spreche	lese	fahre	laufe
du	sprichst	liest	fährst	läufst
er/sie/es	spricht	liest	fährt	läuft
wir	sprechen	lesen	fahren	laufen
ihr	sprecht	lest	fahrt	lauft
sie	sprechen	lesen	fahren	laufen
Sie (Sg. + Pl.)	sprechen	lesen	fahren	laufen
auch:	besprechen, essen, nehmen (nimmst)	empfehlen, sehen	schlafen, tragen, raten	

3 Verben mit Stammendung „d" oder „t" › G: 1.2

	Verben ohne Vokalwechsel	Verben mit Vokalwechsel
ich	arbeite	halte
du	arbeitest	hältest
er/sie/es	arbeitet	hältet
wir	arbeiten	halten
ihr	arbeitet	haltet
sie	arbeiten	halten
Sie (Sg. + Pl.)	arbeiten	halten
auch:	antworten, betrachten, enden, finden	raten

4 Das Modalverb „mögen" › G: 1.7

ich	mag	wir	mögen
du	magst	ihr	mögt
er/sie/es	mag	sie	mögen
Sie (Sg.)	mögen	Sie (Pl.)	mögen

A Wo finde ich Sie?

1 Termine machen › KB: A1a

Welcher Satz passt? Ordnen Sie zu.

1. einen Termin vorschlagen
2. einen Termin vereinbaren
3. einen Termin verschieben

A. Leider kann ich nicht am 14. Mai. Können Sie auch am 15. Mai?
B. Können Sie am 14. Mai?
C. Ich kann am 14. Mai, ich komme dann um 11:00 Uhr.

1. ⌐
2. ⌐
3. ⌐

2 Fahren Sie … › KB: A1b

Betrachten Sie die Zeichnungen und notieren Sie die Wegbeschreibungen.

links abbiegen | rechts abbiegen | ~~bis zur Kreuzung fahren~~ | geradeaus (weiter-)fahren | abfahren | ~~verlassen~~

1. _verlassen_

2. _bis zur Kreuzung fahren_

3. _____

4. _____

5. _____

6. _____

3 Was kann man und was ist …? › KB: A1c

Welche Verben passen? Einmal passen alle. Kreuzen Sie an.

	a.	b.	c.
1. ein Netzwerk	☒ einrichten	☒ reparieren	☐ drucken
2. eine SMS	☐ bekommen	☐ kommen	☐ schreiben
3. eine E-Mail	☐ abschicken	☐ schicken	☐ notieren
4. den Ablauf	☐ organisieren	☐ machen	☐ stören
5. die Wegbeschreibung	☐ ist falsch	☐ stimmt	☐ ist richtig

4 Wegbeschreibung › KB: A1c

Lesen Sie die Wegbeschreibungen und die E-Mail von Frau Häuser und ordnen Sie zu.

1. es gibt
2. links auf die
3. nach 200 m rechts in die
4. auf der Blankenberger Straße
5. rechts in
6. nach 200 m rechts

A. B 478 fahren
B. die Lise-Meitner-Straße einbiegen
C. in die Conrad-Röntgen-Straße fahren
D. Blankenberger Straße abbiegen
E. eine Baustelle auf der A 560
F. geradeaus weiterfahren

1. _E_
2. ⌐
3. ⌐
4. ⌐
5. ⌐
6. ⌐

TIPP

A 560 = Autobahn 560
B 478 = Bundesstraße 478
L 121 = Landesstraße 121

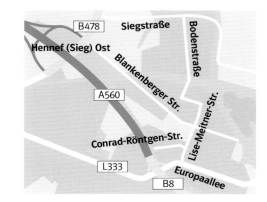

5 Er biegt rechts ab › KB: A2b › G: 1.6

a Konjugieren Sie die Verben mit trennbarer Vorsilbe.

1. abbiegen (er): *Er biegt ab.*
2. herkommen (wir): _____
3. weiterfahren (ich): _____
4. wegfahren (du): _____
5. abfahren (sie, Pl.): _____
6. einbiegen (ihr): _____
7. einrichten (sie, Sg.): _____

b Bilden Sie Sätze und schreiben Sie sie in die Tabelle. Achten Sie auf die Satzklammer.

1. Herr Mahlberg – einrichten – das Netzwerk
2. Frau Häuser – abschicken – die E-Mail
3. Herr Jung – einzeichnen – den Weg
4. die Kollegen – abfahren – in Hennef

	Position 2	Satzklammer	Satzende
1. *Herr Mahlberg*	*richtet*	*das Netzwerk*	*ein.*
2.			
3.			
4.			

c Stellen Sie W-Fragen mit den Sätzen in 5b.

1. Was? *Was richtet Herr Mahlberg ein?*
2. Wer? _____
3. Was? _____
4. Wo? _____

d Stellen Sie Ja-/Nein-Fragen mit den Sätzen in 5b.

1. *Richtet Herr Mahlberg das Netzwerk ein?*
2. _____
3. _____
4. _____

6 Er fährt nicht weiter › KB: A3b

Verneinen Sie die Sätze mit „nicht".

1. Wir fahren weiter. *Wir fahren nicht weiter.*
2. Sie fahren ab. _____
3. Herr Mahlberg kommt her. _____
4. Herr Jung biegt ab. _____

B Wenden Sie bitte!

1 Fahren Sie geradeaus! › KB: B2a › G: 1.5

Formulieren Sie die Sätze im Imperativ mit „Sie".

1. Sie fahren geradeaus bis zur Ampel. *Fahren Sie geradeaus bis zur Ampel!*
2. Sie wenden an der Kreuzung. _____
3. Sie fahren auf der Straße zurück. _____
4. Sie biegen die dritte Straße rechts ab. _____
5. Sie verlassen hier die Autobahn. _____

2 Ich möchte wegfahren › KB: B4c › G: 1.6

Wie heißen die Sätze mit Modalverb? Schreiben Sie.

1. Der Käufer sieht heute das Auto an. (wollen) *Der Käufer will heute das Auto ansehen.*
2. Svea kommt heute zurück. (möchte-) _____
3. Udo holt Svea nicht vom Flughafen ab. (können) _____
4. Er richtet bei Gerhards das Netzwerk ein. (müssen) _____
5. Ich fahre schon heute weg. (dürfen) _____

ⓩ 3 Trennbare Verben › KB: B5

Welche trennbaren Verben finden Sie auf den Doppelseiten A und B von Lektion 7? Notieren Sie.

| ab- | an- | ein- | her- | mit- |
| weg- | weiter- | zurück- |

| ~~biegen~~ | fahren | holen | kommen | machen |
| nehmen | richten | schicken | sehen |

abbiegen, einbiegen, _____

_____

_____

C Ziehen Sie um mit …

1 Das macht die Umzugsfirma Gerhards › KB: C1b › G: 2.1

a Wie heißen die Nomen zu den Verben? Notieren Sie auch Artikel und Pluralformen.

1. anbringen: *das Anbringen (kein Pl.)*
2. transportieren: _____
3. lagern: _____
4. montieren: _____
5. organisieren: _____
6. einpacken: _____
7. umziehen: _____
8. verkaufen: _____

ⓩ b Was kann man . . .? Kreuzen Sie an.

1. einpacken   a. ☒ Akten   b. ☐ Stromanschlüsse
2. lagern   a. ☐ Möbel   b. ☐ Umzüge
3. anschließen   a. ☐ Kartons   b. ☐ Herde
4. montieren   a. ☐ Kleider   b. ☐ Küchenmöbel
5. anbringen   a. ☐ Lampen   b. ☐ Stühle
6. organisieren   a. ☐ Schränke   b. ☐ Transporte

ⓩ 2 Getränke › KB: C2a

a ▶ 2|3 Hören Sie Teil 1 vom Gespräch in der Firma Gerhards im Kursbuch. Wer trinkt was? Kreuzen Sie an.

1. Udo Mahlberg: a. ☐ Kaffee mit Zucker   b. ☐ Kaffee mit Milch, ohne Zucker
2. Jens Jung: a. ☐ Tee mit Zucker   b. ☐ Tee mit Milch
3. Jens Jung: a. ☐ Wasser mit Kohlensäure b. ☐ Wasser ohne Kohlensäure

b Was kann man bestellen? Korrigieren Sie die Getränke.

1. Wasser mit ~~Zucker~~ *Kohlensäure* ___   3. Kaffee mit Salz ___
2. Tee ohne Wasser ___   4. Wasser ohne Milch ___

ⓩ 3 Gespräch bei der Firma Gerhards › KB: C2b

▶ 2|4 Hören Sie Teil 2 vom Gespräch in der Firma Gerhards im Kursbuch. Wer sagt was? Kreuzen Sie an.

	Susanne	Jens	Udo
1. Nehmt doch alles mit, Kaffee, Tee und so.	☒	☐	☐
2. Nimm den Kaffee und den Tee und wir nehmen den Rest.	☐	☐	☐
3. Geh doch schon mal zum Auto und hol die Sachen.	☐	☐	☐
4. Ich geh' mal schnell.	☐	☐	☐
5. Seid ganz entspannt! Wir haben Zeit.	☐	☐	☐
6. Öffne mal bitte die Tür!	☐	☐	☐
7. Lade schon mal ab. Ich hole schnell den Rest.	☐	☐	☐
8. Habt doch nicht so viel Stress! Ihr habt doch Zeit.	☐	☐	☐

4 Holt bitte Wasser! › KB: C3b › G: 1.5

a Wie heißt der informelle Imperativ Singular? Notieren Sie.

1. du holst → *Hol!* ___   5. du nimmst → ___
2. du wartest → ___   6. du läufst → ___
3. du öffnest → ___   7. du schickst ab → ___
4. du entschuldigst → ___   8. du lädst ab → ___

b Wie heißt der informelle Imperativ Plural von den Verben in 4a? Notieren Sie.

1. *Holt!* ___   5. ___
2. ___   6. ___
3. ___   7. ___
4. ___   8. ___

Z c Notieren Sie alle Imperativformen – formell und informell.

		Imperativ mit „Sie"	Imperativ für „du"	Imperativ für „ihr"
1.	schreiben	*Schreiben Sie!*	*Schreib!*	*Schreibt!*
2.	fahren			
3.	zeichnen			
4.	arbeiten			
5.	abbiegen			
6.	sein			
7.	lesen			
8.	ansehen			

5 Udo hat keine Zeit › KB: C3b › G: 1.5

a Udo ist sehr direkt. Er gibt Jens Anweisungen. Schreiben Sie sie.

1. schnell machen: *Mach schnell!*

2. die Sachen holen: _____

3. mich nicht stören: _____

4. zum Auto gehen: _____

Z b Udo bittet Susanne. Formulieren Sie die Anweisungen höflich.

1. den Tee nehmen (doch bitte): *Nimm doch bitte den Tee.*

2. das Fenster öffnen (doch mal): _____

3. die Papiere halten (mal): _____

4. den Computer starten (bitte mal): _____

5. einen Kaffee trinken (doch): _____

TIPP

Bei Bitten und Vorschlägen verwendet man oft „doch", „mal" und „doch mal". „doch" betont den Vorschlag, „mal" macht ihn freundlich.

D Besuch mich mal!

1 Verkehrsmittel › KB: D1b

a Verkehrsmittel oder Ort? Notieren Sie die Wörter und ergänzen Sie auch den Plural.

die Allee | die Altstadt | die Ampel | das Auto | der Bahnhof | der Bus | der Flughafen | die Gasse |
die Kreuzung | das Museum | der Parkplatz | der Platz | die S-Bahn | das Stadtzentrum |
die Straße | die Straßenbahn | die Tram | die U-Bahn | der Zug

Verkehrsmittel: *das Auto, –s;* _____

_____

Ort: *die Allee, –n;* _____

b „mit dem" oder „mit der"? Notieren Sie.

1. Udo kommt mit *der* _____ Straßenbahn.

2. René fährt mit _____ Auto.

3. Jens kommt mit _____ U-Bahn.

4. Susanne fährt mit _____ Bus.

5. Svea kommt mit _____ Zug.

6. Und Frau Häuser geht _____ Fuß.

TIPP

Wie fährt / kommt man?
→ **mit + Dativ:**
der Bus → mit dem Bus
das Auto → mit dem Auto
die Bahn → mit der Bahn

aber: zu Fuß gehen

2 Wege › KB: D1c › G: 5.2

a **Den Weg beschreiben – Bilden Sie Sätze im Imperativ mit „Sie".**

1. zu – Oxfordstraße – gehen *Gehen Sie zur Oxfordstraße.* _____

2. von – Parkplatz – zu – Bahnhof – fahren _____

3. bei – Museum – parken _____

4. bis zu – Kreuzung – zurückfahren _____

TIPP

„von", „zu", „bei" + Dativ:
von dem → vom
zu dem → zum
zu der → zur
bei dem → beim

b **Präpositionen verstehen: Wo? oder Wohin? Lesen Sie die Fragen und wählen Sie die richtige Präposition aus der Tabelle.**

Wo? + Dativ	Wohin? + Akkusativ
in → im, im, in der	**in** → in den, in das (ins), in die
an → am, am, an der	**an** → an den, an das (ans), an die
auf → auf dem, auf dem, auf der	**auf** → auf den, auf das (aufs), auf die

1. ▶ Wo muss ich abbiegen?   ▶ Biegen Sie *in die* _____ Münsterstraße ab.

2. ▶ Wo überquere ich die Oxfordstraße?   ▶ Überqueren Sie die Oxfordstraße _____ Ampel.

3. ▶ Wo muss ich geradeaus weitergehen?   ▶ Gehen Sie _____ Poststraße geradeaus weiter.

4. ▶ Wo kann ich parken?   ▶ Parken Sie _____ Altstadt, _____ Parkhaus.

5. ▶ Wohin muss ich fahren?   ▶ Fahren Sie nach rechts _____ Landesstraße 77.

6. ▶ Ich muss parken. Wohin kann ich fahren?   ▶ Fahren Sie _____ Parkhaus am Bahnhof.

Z 3 Ortsangaben › KB: D1c

Wie heißen die Präpositionen? Notieren Sie.

1. René lebt seit 2011 *in* _____ Deutschland.

2. Aber er kommt _____ Frankreich.

3. Er wohnt _____ Bonn, _____ der Maxstraße 42.

4. Udo arbeitet _____ einer Netzwerk-Firma.

5. Die Firma sitzt _____ Sankt Augustin-Niederpleis.

6. Am Freitag fährt er _____ Sankt Augustin-Niederpleis _____ Hennef.

4 Entschuldigung, wie komme ich zu … › KB: D1d

Sehen Sie den Plan an und lesen Sie dann die Wegbeschreibung. Was ist das Ziel? Notieren Sie.

		Europaallee		Bachgasse	
	Arzt	Café	Kino		

Schillerstraße — Hauptstraße — Marktstraße — Mozartstraße

Museum	Marktplatz	Parkplatz

Bahnhofstraße

Restaurant	Hotel	Bahnhof

X — Steingasse

Sie sind hier.

1. Gehen Sie nach links in die Steingasse. Gehen Sie bis zur Schillerstraße. Biegen Sie dort rechts ab in die Schillerstraße. Gehen Sie über die Kreuzung. Dort ist rechts *das Museum* .
2. Gehen Sie nach rechts in die Steingasse. Gehen Sie geradeaus bis zur Mozartstraße. Biegen Sie dann links in die Mozartstraße ab. Gehen Sie dann geradeaus bis zur Europaallee. Dort ist rechts _____.
3. Gehen Sie nach rechts in die Steingasse. Biegen Sie dann links in die Hauptstraße ein. Gehen Sie über zwei Kreuzungen bis zur Europaallee. Dort ist links _____.
4. Gehen Sie nach links in die Steingasse. Gehen Sie bis zur Schillerstraße. Biegen Sie dort rechts ab in die Schillerstraße. Gehen Sie bis zur Kreuzung. Biegen Sie dort rechts in die Bahnhofstraße ab. Gehen Sie dann geradeaus bis zur Mozartstraße. Gehen Sie über die Kreuzung. Dort ist rechts _____.

Rechtschreibung

1 Hör gut zu!

a ▶ 2|59 **Hören Sie die Sätze und notieren Sie die Verben.**

1. *Komm* _____ bitte um 15:00 Uhr.
2. _____ bitte die Tür.
3. _____ mal den Artikel.
4. _____ bitte!
5. _____ zum Museum.
6. _____ bitte die Papiere!
7. _____ doch an der Ampel.
8. _____ nicht so schnell!
9. _____ bitte mal ruhig!
10. _____ die Sachen hier ab!

TIPP

Satzzeichen:
Anweisungen meist
Ausrufezeichen (!)
Vorschläge und Bitten
auch mit Punkt (.)

b **Was hört Ihr Partner / Ihre Partnerin? Vergleichen Sie.**

Grammatik im Überblick

1 Verben mit trennbarer Vorsilbe › G: 1.6

	Position 1	Satzklammer Position 2		Satzende
abfahren	Sie	fahren	in Hennef Ost	**ab**.
einrichten	Herr Mahlberg	richtet	das Netzwerk an einem Tag	**ein**.
herkommen	Wer	kommt	am Freitag	**her**?
weggehen	Leider	geht	er schon heute	**weg**.
weiterfahren	An der Ampel	fahren	Sie geradeaus	**weiter**.

2 Verben mit trennbarer Vorsilbe und Modalverben › G: 1.6

Position 1	Satzklammer Position 2		Satzende
Ich	kann	dich leider nicht	**ab**holen.
Herr Mahlberg	möchte	das Netzwerk an einem Tag	**ein**richten.
Wer	will	das Auto am Abend	**an**sehen?
Nach 200 m	müssen	Sie rechts in die Conrad-Röntgen-Straße	**ein**biegen.
Hier	dürfen	Sie nicht	**weiter**fahren.

3 Imperativsätze – informell und formell › G: 1.5

Imperativsätze

formell Singular und Plural		informell Singular		informell Plural	
Sie holen	→ Holen Sie!	~~du~~ holst	→ Hol!	~~ihr~~ holt	→ Holt!
Sie reden	→ Reden Sie!	~~du~~ redest	→ Rede!	~~ihr~~ redet	→ Redet!
Sie warten	→ Warten Sie!	~~du~~ wartest	→ Warte!	~~ihr~~ wartet	→ Wartet!
Sie öffnen	→ Öffnen Sie!	~~du~~ öffnest	→ Öffne!	~~ihr~~ öffnet	→ Öffnet!
Sie entschuldigen	→ Entschuldigen Sie!	~~du~~ entschuldigst	→ Entschuldige!	~~ihr~~ entschuldigt	→ Entschuldigt!
Sie biegen ab	→ Biegen Sie ab!	~~du~~ biegst ab	→ Bieg ab!	~~ihr~~ biegt ab	→ Biegt ab!

Imperativsätze: Verben mit Vokalwechsel
Nur die Verben mit Vokalwechsel „e" → „i(e)" haben auch im Imperativ einen Vokalwechsel.

	formell Singular und Plural		informell Singular		informell Plural	
sprechen	Sie sprechen	→ Sprechen Sie!	~~du~~ sprichst	→ Sprich!	~~ihr~~ sprecht	→ sprecht!
nehmen	Sie nehmen	→ Nehmen Sie!	~~du~~ nimmst	→ Nimm!	~~ihr~~ nehmt	→ Nehmt!
lesen	Sie lesen	→ Lesen Sie!	~~du~~ liest	→ Lies!	~~ihr~~ lest	→ Lest!
abladen	Sie laden ab	→ Laden Sie ab!	~~du~~ lädst ab	→ Lade ab!	~~ihr~~ ladet ab	→ Ladet ab!
laufen	Sie laufen	→ Laufen Sie!	~~du~~ läufst	→ Lauf!	~~ihr~~ lauft	→ Lauft!

Imperativsätze: „haben" und „sein"

formell Singular und Plural	informell Singular	informell Plural
Sie haben → Haben Sie nicht so viel Stress!	~~du~~ hast → Hab nicht so viel Stress!	~~ihr~~ habt → Habt nicht so viel Stress!
Sie ~~sind~~ → Seien Sie unbesorgt!	~~du~~ ~~bist~~ → Sei unbesorgt!	~~ihr~~ seid → Seid unbesorgt!

A Einladung zum Firmenjubiläum

1 Nomen von Verben › KB: A1a

Ergänzen Sie die Verben zu den Nomen.

1. der Bau – *bauen*
2. die Begrüßung – _____
3. die Besichtigung – _____
4. die Einladung – _____
5. der Empfang – _____
6. die Feier – _____
7. die Präsentation – _____
8. die Zusammenarbeit – _____

2 Zusagen und Absagen › KB: A1b

Wie heißen die Redemittel? Ordnen Sie zu.

1. Vielen Dank
2. Ich komme
3. Ich nehme
4. Leider muss ich
5. Viel Erfolg

A. an dem / der … teil.
B. für das Fest wünscht …
C. mit … Personen.
D. für die Einladung.
E. für den … absagen.

1. D
2. ☐
3. ☐
4. ☐
5. ☐

Z 3 10 Jahre bei Schade Maschinenbau › KB: A1b

Lesen Sie die Einladung und antworten Sie. Schreiben Sie eine Zu- oder Absage.

→ ☐ Kirsten.Just@xpu.de	_ ☐ ✕

Liebe Kirsten,
am 1. September bin ich 10 Jahre bei Schade Maschinenbau. Mein Jubiläum möchte ich gerne mit Freunden feiern und lade dich herzlich ein. Ich feiere am Freitag ab 14:00 Uhr mit Sekt und Kuchen. Kannst du dabei sein? Bitte antworte kurz.
Herzliche Grüße – Markus

[herzlichen Dank für … | Leider muss ich … | Ich komme gern. | Für deine Feier wünsche ich viel … |
Aber ich kann erst ab … | Viele Grüße …

✕

Lieber Markus,
herzlichen …

4 Die Zeitung schreibt › KB: A2c

Welches Wort passt? Kreuzen Sie an.

		a.	b.	c.
1.	Konstruktion und Vertrieb sind	☐ Firmen.	☒ Abteilungen.	☐ Teile.
2.	Die Firma bearbeitet Bauteile für die	☐ Industrie.	☐ Messe.	☐ Reparatur.
3.	Die Bauteile sind bis 8 Meter	☐ lang.	☐ hoch.	☐ schmal.
4.	Die Firma Schade hat 42	☐ Kunden.	☐ Mitarbeiter.	☐ Arbeiter.
5.	Die CNC-Maschine kann bohren und	☐ montieren.	☐ drucken.	☐ fräsen.
6.	Und das macht sie mit	☐ Prinzip.	☐ Produktion.	☐ Präzision.

Z **5** Im Inland und im Ausland › KB: A2c

Lesen Sie den Tipp rechts und kürzen Sie ab.

1. im Inland und im Ausland

   kurz: *im In- und Ausland*

2. die Finanzabteilung und die Marketingabteilung

   kurz: _____

3. der Innendienst und der Außendienst

   kurz: _____

4. die Faxnummer und die Handynummer

   kurz: _____

> TIPP

Zwei Wortteile gleich?
→ Abkürzen mit Bindestrich

z. B. im Inland und im Ausland
→ im In- und Ausland

6 „ab" oder „seit"? › KB: A3b › G: 5.1

a **Welche Zeitangabe stimmt: a oder b? Kreuzen Sie an.**

1. Sprecher spricht heute: a. ☒ seit gestern   b. ☐ seit morgen
2. Sprecher spricht im Juli: a. ☐ ab Oktober   b. ☐ ab Mai
3. Sprecher spricht um 11:00 Uhr: a. ☐ ab 9:30 Uhr   b. ☐ ab 12:00 Uhr
4. Sprecher spricht 2015:   a. ☐ seit 2017   b. ☐ seit 2012
5. Sprecher spricht in Kalenderwoche 29: a. ☐ seit KW 11   b. ☐ seit KW 31

b **Schreiben Sie aus den Vorgaben Sätze. Wie heißen die Fragen zu den Sätzen?**

1. wir – 10:30 Uhr – ab – feiern

   Wir feiern ab 10:30 Uhr .

   Ab wann feiert ihr ?

2. Dirk Schade – sein – Geschäftsführer – 2003 – seit

   _____ .

   _____ ?

3. Man – dürfen – parken – hier – 14:00 Uhr – ab

   _____ .

   _____ ?

4. Frau Hecker – arbeiten – im Vertrieb – Mai – seit

   _____ .

   _____ ?

5. Frau Ehlert – Urlaub haben – morgen – ab

   _____ .

   _____ ?

B Nur noch 14 Tage!

1 Aktivitäten für das Fest › KB: B1

a Welches Verb passt? Kreuzen Sie an.

1. Die Firma	a. ☒ rechnet	b. ☐ besucht	mit 300 Gästen.
2. Die Agentur soll fünf Stehtische	a. ☐ mitnehmen.	b. ☐ aufstellen.	
3. Sollen wir das Festzelt auf dem Parkplatz	a. ☐ bauen?	b. ☐ aufbauen?	
4. Welche Getränke sollen wir	a. ☐ liefern?	b. ☐ nehmen?	
5. Soll ich noch Personal	a. ☐ überlegen?	b. ☐ einplanen?	
6. Ein Problem müssen wir noch	a. ☐ klären.	b. ☐ sprechen.	

b Lesen Sie den Text und ergänzen Sie „viel", „viele", „wenig" und „wenige".

Die Eventagentur hat nur noch [1] _wenige_ Wochen, denn das Jubiläum ist schon bald. Das

heißt [2] _____ Stress für Johannes Berger und sein Team. Und er hat noch [3] _____

Fragen: Wie [4] _____ Platz braucht das Buffet? Wie [5] _____ Flaschen Sekt müssen

wir bestellen? Trinken die Gäste sehr [6] _____ Wasser? Haben wir vielleicht zu [7] _____

Personal? Aber er glaubt: Wir schaffen das auch in [8] _____ Zeit.

> **TIPP**
>
> viele Gäste (Pl.),
> wenige Tische (Pl.)
> **aber:** viel Platz
> wenig Zeit
> Nomen (Sg.) ohne Artikel
> → „viel", „wenig" haben
> **keine** Endung

2 Frau Ehlert telefoniert mit Herrn Berger › KB: B2b › G: 1.7

Lesen Sie die Sätze und schreiben Sie Fragen mit „soll ich" oder „wollen wir".

> die Vorschläge mit Herrn Schade besprechen | ~~morgen wieder anrufen~~ | nächste Woche telefonieren |
> noch andere Getränke anbieten | die Einladungen am Montag abschicken

1. ▶ Guten Tag, Herr Berger.	▶	Hallo, Frau Ehlert. Kann ich Herrn Schade sprechen?
2. ▶ Herr Schade ist heute nicht im Büro.	▶	_Soll ich morgen wieder anrufen?_
3. ▶ _Soll ich ..._ _____	▶	Ja, machen Sie das bitte.
4. ▶ _____	▶	Ja, ich bestelle noch Wasser und Bier.
5. ▶ _____	▶	Ja, bitte, klären Sie alles mit Herrn Schade.
6. ▶ _____	▶	Ja, dann besprechen wir den Rest.

3 Auch die Mitarbeiter haben noch Fragen › KB: B4 › G: 1.7

Stellen Sie Fragen mit „sollen".

1. Wer – präsentieren – CNC-Maschine – ?

   Wer soll die CNC-Maschine präsentieren?

2. Bis – Fest – wie viel Uhr – dauern – ?

   _____

3. Wie viel – einplanen – wir – Personal – ?

   _____

4. Herr Schäfer – vorstellen – Werk – ?

   _____

5. Wer – aufstellen – Tische – Stühle – und – ?

   _____

6. Wir – bestellen – Stehtische – für Sektempfang – ?

   _____

4 Eine Bitte, einen Auftrag weitergeben › KB: B4 › G: 1.7

a Betrachten Sie die Bilder 1 und 2. Was passiert hier? Ordnen Sie die Bilder zu.

1
2

1. Herr Berger gibt Aufträge und Frau Roth gibt die Aufträge an Frau Ehlert weiter.   Bild: _____

2. Frau Ehlert gibt Aufträge und Frau Roth gibt die Aufträge an Herrn Berger weiter.   Bild: _____

b Sie sind Frau Roth. Geben Sie die Aufträge von Frau Ehlert an Herrn Berger weiter.

1. Frau Ehlert → Frau Roth: Sag Herrn Berger, er soll einen Vorschlag für die Musik machen.

   Frau Roth → Herr Berger: *Machen Sie bitte einen Vorschlag für die Musik.*

2. Frau Ehlert → Frau Roth: Sag Herrn Berger noch, er soll eine Jazzband einladen.

   Frau Roth → Herr Berger: _____

3. Frau Ehlert → Frau Roth: Und sag Herrn Berger, er soll Herrn Schade um 14:00 Uhr anrufen.

   Frau Roth → Herr Berger: _____

4. Frau Ehlert → Frau Roth: Und er soll bitte den Speiseplan für das Buffet zumailen.

   Frau Roth → Herr Berger: _____

c Sie sind noch Frau Roth. Geben Sie nun die Aufträge von Herrn Berger an Frau Ehlert weiter.

1. Herr Berger → Frau Roth: Klären Sie bitte den Ablauf am 12. Juni.

   Frau Roth → Frau Ehlert: *Wir sollen den Ablauf am 12. Juni klären.*

2. Herr Berger → Frau Roth: Suchen Sie bitte drei Hauptgerichte für das Buffet aus.

   Frau Roth → Frau Ehlert: _____

3. Herr Berger → Frau Roth: Schicken Sie bitte eine Gästeliste zu.

   Frau Roth → Frau Ehlert: _____

4. Herr Berger → Frau Roth: Grüßen Sie bitte Frau Ehlert.

   Frau Roth → Frau Ehlert: _____

C Das Fest

1 Alle sind gekommen › KB: C2 › G: 1.3

a Welches Partizip Perfekt ist richtig? Kreuzen Sie an.

1. Viele Kunden sind nach Wildeshausen — a. ☐ gefahrt. — b. ☒ gefahren.
2. Viele Gäste sind mit der Bahn — a. ☐ gereist. — b. ☐ gereisen.
3. Zur Feier sind auch Mitarbeiter von früher — a. ☐ gekommt. — b. ☐ gekommen.
4. Es sind viele Kollegen da, denn die Firma ist sehr — a. ☐ gewachst. — b. ☐ gewachsen.
5. Achtung! Die Fräsmaschine ist — a. ☐ gestartet. — b. ☐ gestarten.

b Notieren Sie die Verben aus 1a im Infinitiv.

regelmäßige Verben (schwache Verben): *reisen,* _____

unregelmäßige Verben (starke Verben): _____

2 Warum bist du so spät gekommen? › KB: C2 › G: 1.3

Ergänzen Sie die Sätze mit den Verben im Perfekt.

▶ Hallo, Gert, warum [1a] *bist* _____ du so spät [1b] *gekommen* _____ (kommen)?

▶ Leider bin ich zu spät. Auf der Autobahn [2a] _____ ein Stau [2b] _____ (sein) und

dann [3a] _____ ich noch falsch [3b] _____ (fahren). Und du und deine Frau,

[4a] _____ ihr zum Sektempfang hier [4b] _____ (sein)?

▶ Ja, natürlich [5a] _____ wir zum Sektempfang hier [5b] _____ (sein).

3 Lange nicht gesehen – ein Wiedersehen › KB: C4 › G: 1.3

Bilden Sie Sätze im Perfekt und schreiben Sie sie in die Tabelle.

1. Martin Becker – zwei Jahre – in Frankreich – sein
2. 2013 – er – zu Realmeca – gehen
3. Im Mai – Grit Dörr – wieder – nach Deutschland – kommen
4. Stefan Reber – nur fünf Jahre – bei Schade – bleiben
5. 2010 – er und drei Kollegen – in Rente – gehen
6. Tanja Streng – zum Geschäftspartner – nach Kanada – reisen

TIPP

Lernen Sie die Verben immer mit Infinitiv, 3. Pers. Sg. und Partizip Perfekt z. B. fahren, fährt, ist gefahren

| | Satzklammer | | |
	Position 2: Hilfsverb		Satzende: Partizip Perfekt
1. *Martin Becker*	*ist*	*zwei Jahre in Frankreich*	*gewesen.*
2.			
3.			
4.			
5.			
6.			

4 Begrüßung – Verabschiedung: formell – informell › KB: C5

Welche Redemittel passen? Ordnen Sie zu.

1. Hallo Johannes, lange nicht gesehen.
2. Machen Sie es gut.
3. Frau de Jong, ich grüße Sie.
4. Wen haben wir denn da?
5. Herr May, wir bleiben in Kontakt.

A. Danke, Ihnen auch alles Gute.
B. Hallo Roman, wie geht's?
C. Peter, das ja eine Überraschung!
D. Ja, hoffentlich bis bald.
E. Hallo, Herr Becker, Sie sind auch hier – wie schön!

1. _B_
2. __
3. __
4. __
5. __

D Sommer-Small-Talk

1 Sportaktivitäten › KB: D1a

a Wie heißen die Verben? Schreiben Sie die Verben in das Kreuzworträtsel. Finden Sie auch das Lösungswort.

1 2 3 4 5 6

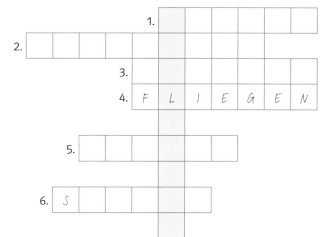

4. F L I E G E N

6. S

b Das kann man fahren. Notieren Sie die Nomen.

Ballon | Kanu | Mountainbike | Ski

1 2 3 4

Kanu fahren _____ _____ _____

C Urlaub am Meer und in den Bergen. Welche Aktivitäten aus 1a und 1b macht man Meer, welche in den Bergen? Schreiben Sie Sätze.

1. Ich mache gern Strandurlaub,

   – denn *ich schwimme gern.* _____

   – denn _____

   – denn _____

2. Ich mache gern Urlaub in den Bergen,

   – denn *ich fahre gern Mountainbike.* _____

   – denn _____

   – denn _____

2 Wo sind Sie letztes Jahr gewesen? › KB: D3 › G: 1.3

Schreiben Sie Sätze im Perfekt.

1. wir – in Norwegen – fahren – Kanu
2. mit Rolf – ich – segeln – im Mittelmeer
3. von Pforzheim – wandern – nach Basel – wir
4. meine Familie – reiten – in Norddeutschland
5. in den Alpen – Gleitschirm – fliegen – ich
6. wir – am Meer – sein – und – surfen – dort

1. *Wir sind in Norwegen Kanu gefahren.* _____
2. _____
3. _____
4. _____
5. _____
6. _____

3 Wohin fahren Sie? › KB: D4 › G: 5.2

Ergänzen Sie „nach", „in den" oder „in die"

1. *in die* USA
2. _____ Schwarzwald
3. _____ China
4. _____ Alpen
5. _____ Mallorca
6. _____ Bretagne
7. _____ Südengland
8. _____ Niederlande
9. _____ Stockholm
10. _____ Berge
11. _____ Bayerischen Wald
12. _____ Schweiz

Rechtschreibung

1 Fremdwörter schreiben

▶ 2|60 **Was fehlt? Hören Sie die Wörter und notieren Sie. Vergleichen Sie mit Ihrem Partner / Ihrer Partnerin.**

1. die Ja*zz*band
2. die Bro_____üre
3. das E_____nt
4. die Monta_____
5. die Inv_____tition
6. die T_____ristin
7. die A_____tur
8. die Pr_____sion
9. das Pri_____ip
10. das Buff_____
11. die Th_____e
12. der Ser_____ce
13. die Ma_____ine
14. die Pr_____tation
15. die Indust_____
16. der In_____nieur
17. die Not_____
18. die Qualit_____

Grammatik im Überblick

1 Perfekt: regelmäßige und unregelmäßige Verben mit „sein" › G: 1.3

- Partizip Perfekt von regelmäßigen Verben: Vorsilbe „ge-" und Endung „-t" oder „-et".
- Partizip Perfekt von unregelmäßigen Verben: Vorsilbe „ge-" und Endung „-en". Es gibt oft einen Vokalwechsel.

| | regelmäßige Verben | unregelmäßige Verben | | |
	reisen	fahren	fliegen	sein
ich	bin gereist	bin gefahren	bin geflogen	bin gewesen
du	bist gereist	bist gefahren	bist geflogen	bist gewesen
er / sie / es	ist gereist	ist gefahren	ist geflogen	ist gewesen
wir	sind gereist	sind gefahren	sind geflogen	sind gewesen
ihr	seid gereist	seid gefahren	seid geflogen	seid gewesen
sie	sind gereist	sind gefahren	sind geflogen	sind gewesen
Sie (Sg. + Pl.)	sind gereist	sind gefahren	sind geflogen	sind gewesen

2 Wortstellung im Perfekt › G: 1.3

Satzklammer

Position 1	Position 2: Hilfsverb		Satzende: Partizip Perfekt
Martin Becker	ist	zwei Jahre in Frankreich	gewesen.
Im Mai	ist	Grit Dörr wieder nach Deutschland	gekommen.
Wann	sind	Sie nach Kanada	gereist?

3 Das Modalverb „sollen" › G: 1.7

ich	soll	wir	sollen
du	sollst	ihr	sollt
er / sie / es	soll	sie / Sie	sollen

Bedeutung:
- Der Auftrag ist unklar und man bittet um Informationen: Wie viele Stehtische soll Herr Berger liefern?
- Einen Auftrag weitergeben: Sagen Sie Herrn Berger, er soll 40 Stehtische liefern. / Herr Berger soll 40 Stehtische liefern.
- Eine Bitte oder einen Auftrag beschreiben: Ich soll 40 Stehtische liefern.

4 Vorschläge mit „Sollen/Wollen wir …?" und „Soll ich …?" › G: 1.7

Ja-/Nein-Fragen mit „Sollen wir …?" / „Wollen wir …?", und „Soll ich …?": Ich kann oder will etwas tun, aber will die andere Person das auch?
z. B. Sollen wir für alle Gäste Tische und Stühle aufstellen? (= Ich schlage vor, wir stellen für alle Gäste Tische und Stühle auf. Möchten Sie das?)
Wollen wir morgen telefonieren? (= Ich schlage vor, wir telefonieren morgen. Möchten Sie das?)
Soll ich sechs Servicekräfte einplanen? (= Ich kann sechs Servicekräfte einplanen. Möchten Sie das?)

5 Zeitangaben mit „seit" und „ab" › G: 5.1

seit: Etwas dauert von einem Zeitpunkt in der Vergangenheit bis jetzt: • → jetzt
Dirk Schade ist seit 2003 Geschäftsführer bei Schade Maschinenbau.

ab: Etwas beginnt. Der Beginn ist oft in der Zukunft: • → (Zukunft)
Wir feiern ab 10:30 Uhr. (Zukunft)

A Der erste Tag bei Holzer

1 Abteilungen und Aufgaben in der Firma › KB: A1d

a Was macht welche Abteilung? Notieren Sie.

annehmen | bauen | bereitstellen | bestellen | bezahlen | einstellen | entlassen | ~~entwickeln~~ | konstruieren | kontrollieren | ~~kontrollieren~~ | lagern | prüfen | ~~recherchieren~~ | ~~schreiben~~ | testen | verhandeln | verpacken | verschicken

Personalabteilung: Mitarbeiter [1] _____ und [2] _____

Buchhaltung: Rechnungen [3] *schreiben* , [4] _____ , und [5] _____

Controlling: Firmenfinanzen [6] _____

Einkauf: Material [7] *recherchieren* , Preise [8] _____ , Material [9] _____

Entwicklung: Produkte [10] *entwickeln* , [11] _____ und [12] _____

Fertigung: Produkte [13] _____

Lager / Logistik: Waren [14] _____ , [15] *kontrollieren* und [16] _____ ,

Produkte zum Versand [17] _____

Versand: Waren [18] _____ und [19] _____

b Was macht man im Innendienst, Außendienst, Kundendienst? Ordnen Sie zu.

1. Innendienst
2. Außendienst
3. Kundendienst

A. Kunden betreuen, Maschinen montieren und reparieren
B. Kunden akquirieren und beraten, Kundendaten verwalten
C. Kunden akquirieren, vor Ort besuchen und betreuen, Produkte verkaufen

1. ⌐
2. ⌐
3. ⌐

c Marketing-Abteilung oder PR-Abteilung? Lesen Sie die Beschreibungen und ergänzen Sie.

Wir analysieren den Markt und entwickeln Verkaufsstrategien für Produkte von Holzer. Wir vermarkten die Produkte. Wir planen Messen und organisieren sie.

Wir schreiben Pressemitteilungen. Wir planen die Firmenwebseite und pflegen sie. Wir machen die Firmenzeitung für Kunden und Mitarbeiter.

Herr Siebert arbeitet in der _____.

Frau Voesgen arbeitet in der _____.

d Wie heißen die Nomen oder Verben? Benutzen Sie auch ein Wörterbuch.

1. die Einstellung	*einstellen*	10. die Akquisition	
2.	entlassen	11.	konstruieren
3. die Bereitstellung		12. die Kontrolle	
4. das Lager, die Lagerung		13. die Recherche	
5.	verwalten	14. der Test	
6. die Reparatur		15.	bauen
7.	analysieren	16. die Entwicklung	
8. die Verhandlung		17.	verpacken
9.	bezahlen	18.	prüfen

B Was hast du denn gemacht?

1 Was habe ich, was hast du, was hat … gemacht? › KB: B2b › G: 1.3

a **Bilden Sie das Perfekt.**

1. du – arbeiten   *Du hast gearbeitet.*
2. ihr – prüfen   _____
3. wir – reden   _____
4. ich – testen   _____

5. sie (Sg.) – machen   _____
6. er – fotografieren   _____
7. sie (Pl.) – verschicken   _____
8. du – spülen   _____

b **Lesen Sie die Aufgabe 1 im Kursbuch. Was hat Bastian Pauls gemacht? Schreiben Sie die Sätze.**

Satzklammer

1. Er   *hat*   *ab 8:00 Uhr Finanzunterlagen* _____   *kopiert.*

2. Er   _____   _____

3. Er   _____   _____

4. Er   _____   _____

5. Er   _____   _____

c **Was hast du noch gemacht?**

1. Kunden besuchen und betreuen   *Ich habe Kunden besucht und betreut.*
2. den Marketingplan kontrollieren   _____
3. E-Mails verschicken   _____
4. eine Messe planen   _____
5. Waren bestellen   _____
6. die Webseite pflegen   _____
7. Rechnungen erstellen   _____
8. die Verkaufszahlen analysieren   _____
9. Daten verwalten   _____

2 Verben – regelmäßig, unregelmäßig oder gemischt? › KB: B4 › G: 1.3

Notieren Sie die Partizip-Perfekt-Formen und schreiben Sie: regelmäßig (r), unregelmäßig (u), gemischt (g).

1. analysieren – _analysiert_ _____ _r_
2. berechnen – _____ ⌐
3. besprechen – _____ ⌐
4. bringen – _____ ⌐
5. finden – _____ ⌐
6. geben – _____ ⌐

7. lernen – _____ ⌐
8. prüfen – _____ ⌐
9. schreiben – _____ ⌐
10. sprechen – _____ ⌐
11. verbringen – _____ ⌐
12. verstehen – _____ ⌐

3 Was hat Bastian Pauls gemacht? › KB: B4 › G: 1.3

TIPP

Man sagt für „ist … gewesen" meist „wa

Schreiben Sie die Berichte im Perfekt.

> Bastian Pauls beendet das erste Jahr bei Holzer. Er kontrolliert und schreibt Rechnungen. Er bringt Post zum Versand. Er lernt viel.

Bastian berichtet: _Ich habe das erste Jahr bei_

Holzer beendet. …

_____

_____

> Herr Pauls ist vier Monate im Controlling. Er prüft Finanzunterlagen. Mit Herrn Langer analysiert er die Finanzen. Er vergleicht Zahlen.

Frau Bertolt berichtet: _Herr Pauls …_

_____

_____

C Am Computer arbeiten

1 Die Reisekostenabrechnung › KB: C1b

Welche Wörter passen zusammen? Notieren Sie.

⌐ Abrechnung | ~~Kennzeichen~~ | Rückfahrt | Transport | Übernachtung | Verpflegung

1. Auto – _Kennzeichen_ _____
2. Hotel – _____

3. Essen – _____
4. Hinfahrt – _____

5. Kosten – _____
6. Bahn – _____

2 Die Geschäftsreise von Herrn Berlinger › KB: C2b › G: 1.6

Verben mit trennbarer oder untrennbarer Vorsilbe? Ergänzen Sie die Partizip-Perfekt-Formen.

Herr Berlinger hat in Dresden Kunden [1] _besucht_ _____ (besuchen) und dort eine Eismaschine

[2] _____ (einrichten). Er hat zwei Nächte im Hotel [3] _____ (verbringen).

Am Abend hat er seine Kunden zum Abendessen [4] _____ (einladen). Für die Reise hat er 572 Euro

[5] _____ (ausgeben). Er hat seine Geschäftsreise zuerst selbst [6] _____ (bezahlen)

und dann in der Firma [7] _____ (abrechnen). Er hat das Formular für die Reisekostenabrechnung

[8] _____ (ausfüllen) und sein Geld [9] _____ (zurückbekommen).

3 Perfekt: Partizip Perfekt und Satzklammer › KB: C3 › G: 1.3

a Schreiben Sie das Partizip Perfekt und kreuzen Sie an: regelmäßig oder unregelmäßig, mit ge- oder -ge- oder ohne?

	regelmäßige Verben			unregelmäßige Verben		
	ge-[…](e)t	…ge-[…](e)t	[…]t	ge-[…]en	…ge-[…]en	[…]en
1. bauen: *hat gebaut*	☒	☐	☐	☐	☐	☐
2. fahren: *ist gefahren*	☐	☐	☐	☒	☐	☐
3. produzieren: _____	☐	☐	☐	☐	☐	☐
4. vergessen: _____	☐	☐	☐	☐	☐	☐
5. ankommen: _____	☐	☐	☐	☐	☐	☐
6. entwickeln: _____	☐	☐	☐	☐	☐	☐
7. abreisen: _____	☐	☐	☐	☐	☐	☐
8. zeichnen: _____	☐	☐	☐	☐	☐	☐
9. entlassen: _____	☐	☐	☐	☐	☐	☐
10. sehen: _____	☐	☐	☐	☐	☐	☐
11. verreisen: _____	☐	☐	☐	☐	☐	☐
12. annehmen: _____	☐	☐	☐	☐	☐	☐
13. einstellen: _____	☐	☐	☐	☐	☐	☐
14. reden: _____	☐	☐	☐	☐	☐	☐
15. passieren: _____	☐	☐	☐	☐	☐	☐

b Schreiben Sie die Sätze im Perfekt und ergänzen Sie die Tabelle.

1. Herr Berlinger – machen – eine Geschäftsreise
2. Er – nach Dresden – fliegen
3. Dort – er – betreuen – Kunden
4. Zuerst – er – aufbauen – eine Maschine
5. Beim Aufbau – passieren – ein Fehler
6. Dann – er – reparieren – den Fehler
7. Am Donnerstagabend – zurückreisen – er
8. Er – machen – am Freitag – die Reisekostenabrechnung

Satzklammer

Position 1	Position 2: Hilfsverb		Satzende: Partizip Perfekt
1. *Herr Berlinger*	*hat*	*eine Geschäftsreise*	*gemacht.*
2.			
3.			
4.			
5.			
6.			
7.			
8.			

4 Reisekostenabrechnung am Computer von A bis Z   › KB: C4   › G: 1.3

Anweisungen! Formulieren Sie die Antworten.

1. ▶ Fahren Sie den Computer hoch!   ▶ _Ich habe ihn schon hochgefahren._

2. ▶ Laden Sie das Formular im Intranet herunter!   ▶ _____

3. ▶ Füllen Sie das Formular aus!   ▶ _____

4. ▶ Geben Sie das Datum ein!   ▶ _____

5. ▶ Tragen Sie die Hotelkosten ein!   ▶ _____

6. ▶ Speichern Sie das Dokument ab!   ▶ _____

7. ▶ Hängen Sie es an eine E-Mail an!   ▶ _Ich habe es schon an eine E-Mail angehängt._

8. ▶ Schicken Sie die E-Mail ab!   ▶ _____

9. ▶ Fahren Sie den Computer herunter!   ▶ _____

Ⓩ 5 Computersprache   › KB: C4

Wie heißt das auf Deutsch?

hochfahren | herunterladen | aktualisieren

> Eine Computersoftware ist nicht mehr aktuell. Bastian muss sie updaten.
> Er hat die Aktualisierung downgeloadet und installiert. Nun muss er den
> Computer nur noch booten.

Bastian muss sie … _____

TIPP

Fachsprache EDV
Verben aus dem Englischen sind
regelmäßig und manchmal trennbar:
z. B. surfen: hat gesurft
downloaden: hat downgeloadet

Die Steuerungstaste „Strg" ist auch
oft mit „Ctrl" für „Control" beschriftet.

Ⓩ 6 Tastenkombinationen   › KB: C4

Ordnen Sie zu.

1. Strg Z   A. kopieren
2. Strg C   B. ausschneiden
3. Strg X   C. Aktion rückgängig machen

1. _C_
2. ⌴
3. ⌴

4. Strg V   D. alles markieren
5. Strg Y   E. einfügen
6. Strg A   F. Aktion wiederholen

4. ⌴
5. ⌴
6. ⌴

Ⓩ 7 Wie schreibt man eine E-Mail?   › KB: C4

Ergänzen Sie die Verben im Perfekt.

abschicken | aktivieren | eingeben | formulieren | gehen | korrigieren | löschen | öffnen |
prüfen | schreiben | starten

Zuerst [1a] _hat_ Bastian den PC [1b] _gestartet_ und [2a] _____ ins Internet [2b] _____.

Dann [3a] _____ er das Mailprogramm [3b] _____ und die Adresse [3c] _____. Er

[4a] _____ einen Betreff [4b] _____ und die E-Mail [4c] _____. Er [5a] _____ das

Rechtschreibprogramm [5b] _____ und den Text [5c] _____. Er [6a] _____ eine falsche

Telefonnummer [6b] _____ und einen Satz [6c] _____. Am Ende [7a] _____ er die

E-Mail [7b] _____.

D Beim Trainee-Stammtisch

1 Die Bad Säckinger Zeitung schreibt › KB: D1

a Was passt zusammen? Ordnen Sie die Nomen zu.

1. Absolvent	A. Reporter	1. _H_
2. Fachkraft	B. Studium	2. _G_
3. Profi	C. Lösung	3. __
4. Journalist	D. Trainee	4. __
5. Karriere	E. Notebook	5. __
6. Betriebswirtschaft	F. Beruf	6. __
7. Problem	G. Unternehmen	7. __
8. Tablet	H. Universität	8. __

b Perfekt mit „haben" oder „sein"? Kreuzen Sie an und ergänzen Sie „haben" oder „sein" in der richtigen Form.

	haben	sein		
1. Bastian	☒	☐	_hat_	bei Holzer als Trainee begonnen.
2. Bei Holzer	☐	☐	_____	er in vier Abteilungen gearbeitet.
3. Dort	☐	☐	_____	er für die Finanzen zuständig gewesen.
4. Jetzt	☐	☐	_____	er seinen Beruf gefunden.
5. Freitags	☐	☐	_____	er am Stammtisch andere Trainees getroffen.
6. Sie	☐	☐	_____	zusammen etwas getrunken und geredet.
7. Die Trainees	☐	☐	_____	nach Österreich gefahren.
8. Dort	☐	☐	_____	sie Gleitschirm geflogen.
9. Die Trainees	☐	☐	_____	eine Woche geblieben.
10. Die Reise	☐	☐	_____	viel Spaß gemacht.

2 Der Trainee hat viele Fragen › KB: D2 › G: 3.3

a Ergänzen Sie die Demonstrativpronomen „der", „das", „die" oder „den".

1. Welcher Kopierer macht Farbkopien? – _Der_____ hier kopiert schwarz-weiß und _____ da farbig.

2. Welchen Drucker kann ich benutzen? – Sie können _____ in Zimmer 20 benutzen.

3. Welche Rechnung muss ich korrigieren? – Sie müssen _____ an Firma Müller korrigieren.

    _____ hat einen Fehler.

4. Welche Bestelllisten soll ich prüfen? – Sie sollen _____ hier im Ordner prüfen.

5. Welches Notebook kann ich nach Hause mitnehmen? – Sie können _____ hier mitnehmen.

    _____ ist neu.

b Ergänzen Sie die Endungen von „welch-" aus 2a.

	Maskulinum (M)	Neutrum (N)	Femininum (F)	Plural (M, N, F)
Nominativ	welch*er*	welches	welche	welche
Akkusativ	welch	welch	welch	welch

c Formulieren Sie Fragen mit „welch-" und Antworten mit „dies-".

1. ▶ *Welche Kundendatei sollen wir bearbeiten?* _____ (Kundendatei wir bearbeiten sollen)

   ▶ *Ihr sollt diese Kundendatei bearbeiten.*

2. ▶ *Welcher ...* _____ (Drucker in Farbe drucken)

   ▶ _____

3. ▶ _____ (Preise aktuell sein)

   ▶ _____

4. ▶ _____ (Formular der Einkauf ausfüllen sollen)

   ▶ _____

5. ▶ _____ (Waren ich verpacken sollen)

   ▶ _____

6. ▶ _____ (Katalog der Kunde bekommen)

   ▶ _____

7. ▶ _____ (Adresse stimmen)

   ▶ _____

8. ▶ _____ (Smartphone für mich sein)

   ▶ _____

d Oft antwortet man nur kurz. Formulieren Sie die Antworten in 2c nur mit „Dies-" als Pronomen.

1. ▶ *Diese* _____ hier.
2. ▶ _____ dort.
3. ▶ _____ hier im Katalog.
4. ▶ _____ dort auf dem Tisch.
5. ▶ _____ hier im Regal.
6. ▶ _____ hier.
7. ▶ _____ in der Liste hier.
8. ▶ _____ dort rechts.

Rechtschreibung

1 Infinitiv und Partizip Perfekt: Wie schreibt man die?

Ergänzen Sie die Buchstaben.

1. n e h men – genommen
2. schreiben – geschr __ __ ben
3. spr __ chen – gesprochen
4. bringen – gebr __ __ __ t
5. vergl __ __ chen – verglichen
6. verstehen – verst __ __ __ en
7. beg __ nnen – begonnen
8. finden – gef __ nden

Grammatik im Überblick

1 Perfekt: regelmäßige Verben und Verben auf „-ieren" › G: 1.3

	ge-[…]-(e)t		[…]-t	
	machen	reden	recherchieren	passieren
ich	habe gemacht	habe geredet	habe recherchiert	
du	hast gemacht	hast geredet	hast recherchiert	
er / sie / es	hat gemacht	hat geredet	hat recherchiert	ist passiert
wir	haben gemacht	haben geredet	haben recherchiert	
ihr	habt gemacht	habt geredet	habt recherchiert	
sie / Sie (Sg. + Pl.)	haben gemacht	haben geredet	haben recherchiert	sind passiert

2 Perfekt: unregelmäßige und gemischte Verben › G: 1.3

	unregelmäßige Verben		gemischte Verben
	geben	schreiben	bringen
ich	habe gegeben	habe geschrieben	habe gebracht
du	hast gegeben	hast geschrieben	hast gebracht
er / sie / es	hat gegeben	hat geschrieben	hat gebracht
wir	haben gegeben	haben geschrieben	haben gebracht
ihr	habt gegeben	habt geschrieben	habt gebracht
sie / Sie (Sg. + Pl.)	haben gegeben	haben geschrieben	haben gebracht

3 Perfekt: Verben mit trennbarer und mit untrennbarer Vorsilbe › G: 1.6

	Verben mit trennbarer Vorsilbe		Verben mit trennbarer Vorsilbe	
	ausdrucken	ankommen	bestellen	verstehen
ich	habe ausgedruckt	bin angekommen	habe bestellt	habe verstanden
du	hast ausgedruckt	bist angekommen	hast bestellt	hast verstanden
er / sie / es	hat ausgedruckt	ist angekommen	hat bestellt	hat verstanden
wir	haben ausgedruckt	sind angekommen	haben bestellt	haben verstanden
ihr	habt ausgedruckt	seid angekommen	habt bestellt	habt verstanden
sie / Sie (Sg. + Pl.)	haben ausgedruckt	sind angekommen	haben bestellt	haben verstanden

4 Wortstellung im Perfekt › G: 1.3

		Satzklammer	
Position 1	Position 2: Hilfsverb		Satzende: Partizip Perfekt
Herr Berlinger	hat	eine Dienstreise nach Leipzig	gemacht.
Dort	hat	er eine Maschine	eingerichtet.

5 Demonstrativartikel und -pronomen „dies-" und „der", „das", „die" › G: 3.3

	Maskulinum (M)	Neutrum (N)	Femininum (F)	Plural (M, N, F)
Nominativ	dieser / der	dieses / das	diese / die	diese / die
Akkusativ	diesen / den	dieses / das	diese / die	diese / die

6 Fragepronomen „welch-" › G: 3.4

	Maskulinum (M)	Neutrum (N)	Femininum (F)	Plural (M, N, F)
Nominativ	welcher	welches	welche	welche
Akkusativ	welchen	welches	welche	welche

A Eine Dienstreise

1 Start und Landung › KB: A1e

a Wie heißt das Gegenteil? Ordnen Sie zu.

1. der Start
2. die Abfahrt
3. der Hinflug
4. preiswert

A. der Rückflug
B. teuer
C. die Landung
D. die Ankunft

5. an
6. der Direktflug
7. der Charterflug
8. die Ankunft

E. der Linienflug
F. ab
G. der Abflug
H. der Flug mit Stopp

b Zusammensetzungen. Bilden Sie Nomen.

Dauer | Flug | Hafen | Reise | Verbindung | Zeit   *die Flugdauer,* _____

2 Sätze mit „sondern" › KB: A2 › G: 6.2

a Wo steht „nicht"? Notieren Sie.

1. Frau Abel empfiehlt *nicht*_____ den Flug _____—_____ von Hamburg, sondern den Flug von Hannover.

2. Frau Peters _____ fliegt _____ mit Lufthansa, sondern mit SWISS.

3. Sie fährt _____ mit dem ICE _____, sondern sie nimmt den Regionalexpress.

4. _____ Frau Peters bestellt _____ die Tickets, sondern Frau Abel.

b Bilden Sie Sätze mit „kein- ..., sondern".

1. Frau Peters nimmt ~~einen Charterflug~~ → einen Linienflug
2. sie macht ~~eine Privatreise~~ → eine Dienstreise
3. sie braucht ~~ein Hin- und Rückflugticket~~ → nur ein Hinflugticket
4. Frau Abel bucht ~~einen Flug mit Stopp~~ → einen Direktflug

> **TIPP**
> – „**kein-**" verneint Nomen
>   mit „ein-" oder Nullartikel

1. *Frau Peters nimmt keinen Charterflug, sondern einen Linienflug.* _____
2. _____
3. _____
4. _____

c „nicht ..., sondern" oder „kein- ..., sondern"? Bilden Sie Sätze.

1. Frau Peters ~~über Paris fliegen~~ → sie einen Direktflug nehmen
2. sie ~~zurückfliegen~~ → eine Freundin sie mitnehmen
3. Frau Peters ~~ein Ticket für den Rückflug~~ brauchen → sie nur den Hinflug bestellen
4. Frau Peters ~~nach Chur eine Dienstreise machen~~ → sie dort eine Freundin besuchen
5. sie ~~in Zürich Freunde haben~~ → sie dort nur Kollegen kennen

1. Hauptsatz / Satzteil	Position 0	2. Hauptsatz / Satzteil
1. *Frau Peters fliegt nicht über Paris,*	*sondern*	*(sie) nimmt einen Direktflug.*
2.		
3.		
4.		
5.		

3 Die „aduso"-Konjunktionen › KB: A2 › G: 4.1

Ergänzen Sie „aber", „denn", „und", „sondern" oder „oder".

1. Frau Peters kann von Bremen über Paris fliegen *oder* von Hamburg direkt.

2. Sie sucht die Verbindungen nicht selbst, _____ sie hat keine Zeit.

3. Sie möchte von Bremen fliegen, _____ es gibt von dort keinen Direktflug.

4. Sie möchte nicht den Lufthansa-Flug nehmen, _____ mit SWISS fliegen.

5. Sie fährt mit dem Zug nach Hannover _____ nimmt dort die S-Bahn zum Flughafen.

6. Sie muss am Vormittag fliegen, _____ sie muss um 14:00 Uhr in Zürich sein.

7. Zur Niederlassung fährt sie mit dem Bus _____ ein Kollege holt sie am Flughafen ab.

8. Der Flug um 12:35 Uhr ist sehr preiswert, _____ zu spät.

9. Frau Peters fliegt nach Zürich _____ reist dann privat nach Chur.

> **TIPP**
>
> Vor „denn" / „aber" / „sondern" steht immer ein Komma.
> Vor „und" / „oder" steht meist kein Komma.

4 Das Flugzeug fliegt › KB: A3

Wie heißen die Verben zu den Nomen? Notieren Sie.

1. der Rückflug *zurückfliegen*
2. der Flug _____
3. die Landung _____
4. der Abflug _____
5. die Dauer _____
6. die Ankunft _____

B Wetter und Kleider

1 Wetterbericht › KB: B1d

a **Wie ist das Wetter? Ordnen Sie die Ausdrücke A bis J den Symbolen 1 bis 10 zu.**

1. _F_ 2. __ 3. __ 4. __ 5. __

6. __ 7. __ 8. __ 9. __ 10. __

A. Es ist sonnig.	C. Es ist bewölkt.	E. Es schneit.
B. Es ist heiter.	D. Es regnet.	F. Es gewittert.

G. Es ist windig.	I. Es ist neblig.
H. Es stürmt.	J. Der Himmel ist klar.

b **Lesen Sie die Sätze und ordnen Sie sie den Ausdrücken A bis J in 1a zu. Zu einem Ausdruck in 1a gibt es keinen Satz.**

1. Die Sonne scheint. *A / B*
2. Es gibt Nebel. ____
3. Es ist regnerisch. ____
4. Es fällt Schnee. ____
5. Es ist bedeckt. ____
6. Es ist stürmisch. ____
7. Der Wind weht schwach / stark. ____
8. Es gibt ein Gewitter. / Es blitzt und donnert. ____

c Wie heißt das Gegenteil? Notieren Sie. Manchmal gibt es nicht nur eine Lösung.

1. sehr kalt ≠ *heiß*_____
2. stark ≠ _____
3. langsam ≠ _____

4. bedeckt ≠ _____
5. warm ≠ _____
6. sonnig ≠ _____

d Wie ist die Temperatur? Notieren Sie.

> Die Temperatur steigt auf plus 1 Grad Celsius. | ~~Es sind 8 Grad Celsius.~~ | Die Temperatur beträgt 6 Grad Celsius. | Die Temperatur sinkt auf minus 1 Grad Celsius.

1. = 8 °C   *Es sind 8 Grad Celsius.*
2. +1 °C → −1 °C _____

3. −1 °C → +1 °C _____
4. = 6 °C _____

e Es ist Mittag. Wann ist es wie? Ergänzen Sie „ist", „war" und „wird".

1. Jetzt am Mittag *ist*_____ es regnerisch.
2. Am Morgen _____ es windig.
3. Heute Abend _____ es sonnig.

4. Gestern _____ es sehr kalt.
5. Heute _____ es nicht so kalt.
6. Morgen _____ es warm.

f Bilden Sie Sätze wie im Beispiel.

1. regnet – es – am Morgen – stark: *Es regnet am Morgen stark. / Am Morgen regnet es stark.*
2. am Vormittag – ein Gewitter – es – gibt: _____
3. der Wind – mittags – hört auf: _____
4. sonnig – ist – es – am Nachmittag: _____
5. sehr kalt – am Abend – es – wird: _____
6. sinkt – die Temperatur – nachts – auf −10 °C: _____

2 Wie ist das Wetter in der Schweiz? › KB: B2

Schreiben Sie.

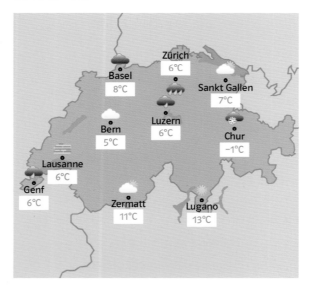

1. Basel: *In Basel sind es 8 °C und es ist bewölkt.*
2. Chur: _____
    _____
3. Lausanne: _____
    _____
4. Lugano: _____
    _____
5. Luzern: _____
    _____
6. Zermatt: _____
    _____

3 Kleidungsstücke › KB: B3a

a Wie heißen die Kleidungstücke? Notieren Sie die Bezeichnungen mit Artikel und Plural.

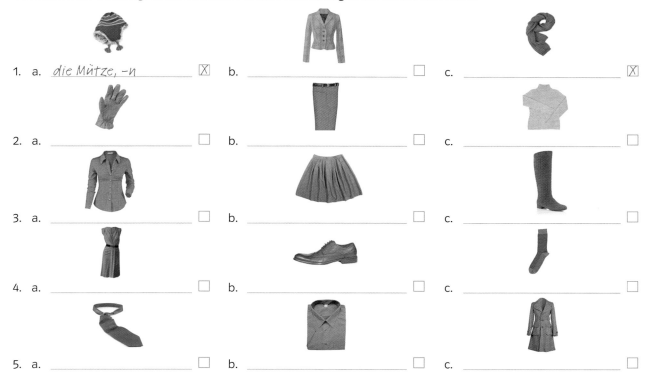

1. a. *die Mütze, –n* ☒ b. _____ ☐ c. _____ ☒

2. a. _____ ☐ b. _____ ☐ c. _____ ☐

3. a. _____ ☐ b. _____ ☐ c. _____ ☐

4. a. _____ ☐ b. _____ ☐ c. _____ ☐

5. a. _____ ☐ b. _____ ☐ c. _____ ☐

b Was passt gut zusammen? Kreuzen Sie in 3a an.

c Was trägt die Frau, was der Mann, was beide? Notieren Sie. Ergänzen Sie auch den Artikel.

Anzug | Blazer | Bluse | Hemd | ~~Handschuhe~~ | Hose | Hosenanzug | Jeans | Kleid |
Kostüm | Krawatte | Mantel | Mütze | Pullover | Regenjacke | Rock | Schal | Sakko |
Schuhe | Socken | Stiefel

♀ _____

♂ _____

♂/♀ *die Handschuhe,* _____

C Die Niederlassung

1 Grafiken beschreiben

a Ordnen Sie die Bezeichnungen den Grafiken zu. › KB: C2a

Balkengrafik | Liniengrafik | Tortengrafik

1. _____   2. _____   3. _____

b Was bedeuten die Ausdrücke links? Ordnen Sie die Erklärungen zu. › KB: C2a

1. Absatz im Jahr 2014

A. Claus Medizintechnik Zürich hat im Jahr 2014 für die 30.600 Geräte 21 Millionen Franken bekommen.

1. ⸺

2. Umsatz im Jahr 2014

B. Im Jahr 2014 hat man in der Schweiz 90.000 Medizingeräte (= 100 %) verkauft. Claus Medizintechnik Zürich hat 30.600 verkauft, das sind 34 % von 90.000.

2. ⸺

3. Marktanteil im Jahr 2014

C. Claus Medizintechnik Zürich hat im Jahr 2014 30.600 Geräte verkauft.

3. ⸺

c Welche Verben passen: a, b oder c? Kreuzen Sie an. Es passen immer zwei. › KB: C2b

1. Umsatz: a. ☐ entlassen   b. ☒ sinken   c. ☒ steigen
2. Absatz: a. ☐ erhöhen   b. ☐ steigern   c. ☐ verkaufen
3. Marktanteile: a. ☐ einstellen   b. ☐ erhöhen   c. ☐ verlieren
4. Mitarbeiter: a. ☐ einstellen   b. ☐ entlassen   c. ☐ steigen
5. Mitarbeiterzahl: a. ☐ erhöhen   b. ☐ steigen   c. ☐ verlieren

d Was hat die Firma getan? Wie war die Entwicklung? › KB: C2b

1. steigern (den Umsatz): *Die Firma hat den Umsatz gesteigert.*
2. sinken (der Absatz): *Der Absatz ist gesunken.*
3. erhöhen (ihren Marktanteil): _____
4. verlieren (Marktanteile): _____
5. einstellen (Personal): _____
6. entlassen (acht Mitarbeiter): _____
7. steigen (die Mitarbeiterzahl): _____

2 Was konnte, musste, … man tun? › KB: C3 › G: 1.7

a Ergänzen Sie die Verben in der passenden Form.

1. Claus Medizintechnik *konnte* _____ den Umsatz auf 21 Millionen Franken steigern. (können)
2. 2013 _____ die Geschäftsführung drei Mitarbeiter entlassen. (müssen)
3. Wir _____ den Marktanteil auf 34 % steigern. (sollen)
4. Die Abteilungen Produktion und Vertrieb _____ sechs Mitarbeiter einstellen. (dürfen)
5. Ich _____ das Werk in Zürich besichtigen, hatte aber keine Zeit. (wollen)
6. _____ du das Werk besichtigen? (können)
7. _____ ihr bei der Besichtigung Helme tragen? (müssen)

b Welches Modalverb passt? Kreuzen Sie an.

1. Frau Peters ☐ musste ☒ wollte im Januar zwei Wochen Urlaub machen. Aber sie ☐ durfte ☐ sollte nicht. Denn sie ☐ konnte ☐ musste die Absatz- und Umsatzzahlen von 2014 kontrollieren.

2. Der Vertriebsleiter ☐ konnte ☐ sollte mit Frau Peters nach Zürich reisen. Aber er ☐ konnte ☐ musste nicht. Denn er ☐ durfte ☐ musste eine Messe für Medizintechnik besuchen.

Z **3** Meine Firma und ihre Entwicklung › KB: C4b

Schreiben Sie einen Bericht.

Die Entwicklung von … war im Jahr … sehr gut / nicht so gut. |
Wir konnten … steigern / nicht erhöhen. | … ist gestiegen / gesunken. |
Wir haben … erhöht / verloren. | Wir konnten … einstellen / … mussten entlassen.

Die Entwicklung von …

D Frühstück international

1 Was gibt's zum Frühstück? › KB: D1a

a **Wie heißen die Lebensmittel? Bilden Sie 16 Wörter. Notieren Sie auch den Artikel.**

A- | Ba- | Bröt- | But- | Crois- | -chen | -de | -ei | -ei | Früh- | -ge | -gen- | -gel- |
-ghurt | Gur- | Ho- | Jo- | Kä- | -ke | -ken | -la- | -ma- | Mar- | -me- | -na- | -ne |
-nig | O- | O- | -pfel | -ran- | -ran- | Rühr- | -saft | -sant | Schin- | -se | -speck |
Spie- | -stücks- | -te | -ter | To-

der Apfel,

b **Notieren Sie die Wörter aus 1a und ergänzen Sie den Artikel.**

Brotwaren: *das Brot,*

Obst / Gemüse: *der Apfel,*

Milchprodukte: *der Quark,*

Aufschnitt: *die Wurst,*

Eierspeisen: *das Ei,*

Brotaufstrich: *die Margarine,*

Getränke: *der Tee, der Kaffee,*

c **Acht Lebensmittel fehlen in 1a. Schauen Sie im Kursbuch, 10D, 1a, nach und notieren Sie sie.**

das Brot,

d **Was kann man noch essen und trinken? Bilden Sie Wörter und notieren Sie sie mit dem Artikel.**

Apfel- | Banane(n)- | -Brot | Butter- | -Ei | Frühstück(s)- | Honig- | -Joghurt |
Käse- | Orange(n)- | -Saft | -Speck | Schinken- | Schwarz- | Tomate(n)- |
Weiß- | Wurst-

der Apfelsaft,

TIPP

Zusammensetzungen:
- Nomen + Nomen,
  z. B. Käsebrot
- Nomen + „-s" oder „-n" +
  Nomen, z. B. Frühstücks-
  speck, Marmeladenbrot
- Adjektiv + Nomen, z. B.
  Weißbrot

a Was sagen die Personen? Lesen Sie Teil 1 vom Gespräch im Frühstücksraum und ergänzen Sie die Sätze.

> ~~Aber gern!~~ | Aber ich bin kein Arzt. | Ach, interessant. | Ach, Sie haben in Bremen studiert, das ist ja nett. |
> Ach, Sie sind auch Arzt? | ~~Bitte schön.~~ | Nein, ich bin geschäftlich hier. | Ja, das stimmt. | Sind Sie auch
> beim Kongress? | Und wo leben Sie jetzt?

▶ Guten Morgen. Kann ich mich zu Ihnen setzen?

▶ *Aber gern!* _____

▶ *Bitte schön.* _____

▶ Das Hotel ist ja wirklich voll.

▶ _____ Um 11:00 Uhr fängt der Ärztekongress an – 80 Nationen! Den besuche ich auch.

▶ _____ Woher kommen Sie denn?

▶ Aus Liverpool. _____ – Ich bin Medizintechniker. Und woher kommen Sie?

▶ Aus Frankreich, aus Toulouse.

▶ _____ Ich habe ein Jahr in Toulouse Wirtschaft studiert.

▶ _____

▶ In Bremen.

▶ Und ich habe ein Jahr in Bremen studiert und Deutsch gelernt.

▶ _____

▶ Ja. _____

▶ _____

b ▶ 2|34 Ist alles richtig? Hören Sie noch einmal Teil 1 vom Gespräch im Frühstücksraum und korrigieren Sie das Gespräch.

Rechtschreibung

1 „a", „o" und „u" oder „ä", „ö" und „ü"?

a ▶ 2|61 Was fehlt? Hören Sie die Wörter und notieren Sie „a", „o", „u", „ä", „ö" oder „ü".

1. das Gespr_ä___ch	7. die L_____ndung	13. die B_____hn
2. der H_____nig	8. das M_____sli	14. die Fl_____ge
3. zwei W_____rste	9. vier _____pfel	15. zwei R_____cke
4. eine _____range	10. ein Br_____tchen	16. der M_____ntel
5. der Anz_____g	11. die S_____nne	17. die G_____rke
6. die S_____fte	12. die B_____tter	18. ein S_____ckchen

b Was hat Ihr Partner / Ihre Partnerin gehört? Vergleichen Sie.

Grammatik im Überblick

1 „nicht/kein- …, sondern" › G: 6.2

1. Hauptsatz / Satzteil	Position 0	2. Hauptsatz / Satzteil
Fliegen Sie nicht von Hamburg,	sondern	von Hannover.
Ich fahre nicht mit dem ICE um 7:14 Uhr,	sondern	(ich) nehme den Regionalexpress um 06:18 Uhr.
Frau Peters nimmt keinen Charterflug,	sondern	(sie nimmt) einen Linienflug.
Frau Peters macht nach Chur keine Dienstreise,	sondern	(sie) besucht dort eine Freundin.

– Bei „nicht …, sondern" bzw. „kein- …, sondern" verneinen „nicht" bzw. „kein-" ein Satzelement. „nicht" bzw. „kein-" stehen **vor** dem Satzelement, z. B. „nicht von Hamburg" oder „keinen Charterflug". „sondern" nennt die Alternative, z. B. „von Hannover" oder „einen Linienflug".

– „sondern" ist eine Konjunktion und steht wie „aber", „denn", „und" „oder" auf Position 0.
(Die Anfangsbuchstaben von den Konjunktionen → „aduso" – das Wort ist eine Lernhilfe für Sie.)

– Verb im ersten Hauptsatz = gleich Verb im zweiten Hauptsatz → Das Verb im zweiten Hauptsatz kann wegfallen.

– Subjekt im ersten Hauptsatz = gleich Subjekt im zweiten Hauptsatz → Das Subjekt im zweiten Hauptsatz kann wegfallen.

2 Modalverben – Präteritum › G: 1.7

	können	müssen	dürfen	sollen	wollen
ich	konnte	musste	durfte	sollte	wollte
du	konntest	musstest	durftest	solltest	wolltest
er / sie / es	konnte	musste	durfte	sollte	wollte
wir	konnten	mussten	durften	sollten	wollten
ihr	konntet	musstet	durftet	solltet	wolltet
sie	konnten	mussten	durften	sollten	wollten
Sie (Sg. + Pl.)	konnten	mussten	durften	sollten	wollten

		Satzklammer		

Position 1	Position 2: Modalverb		Satzende: Verb (Infinitiv)
Claus Medizintechnik	konnte	den Umsatz auf 21 Millionen Franken	steigern.
2014	mussten	wir drei Mitarbeiter	entlassen.
Wer	durfte	sechs Mitarbeiter	einstellen?

Datenblatt A1

Fragen Sie Partner B und notieren Sie:
- Wie ist der Vorname von Frau Dahm?
- Wie ist die Mobilfunknummer von Herrn Kunz?
- Wie ist die Internet-Adresse von Herrn Belan?
- Wie ist der Nachname von Regina?

Antworten Sie dann Partner B.

_____ Dahm Bergstraße 4	Tel.: 089/7345 Mobil: 161–56094
Michael Kunz 5010 Salzburg	Tel.: 0043.662.25431 Mobil: _____
Klaus Belan Architekt	Internet: _____
Regina _____ Schlossgasse 4	Tel.: 0711/90876 rc.wag@wpo.de

Datenblatt A2

Fragen Sie Partner B und notieren Sie. Antworten Sie dann Partner B.

Personalbogen

männlich ☐   weiblich ☐

Familienname: _____

Vorname: _____

Beruf: _____

Firma: _____

Sprachen: _____

Staatsangehörigkeit: _____

Straße / Hausnummer: _____

Postleitzahl / Wohnort: _____

Telefonnummer: _____

Mobil: _____

E-Mail: _____

Datenblatt A3

Fragen Sie Partner B und notieren Sie:
Wie viele Kollegen kommen aus …?
- der Türkei?
- Italien?
- Rumänien?
- Österreich?
- Portugal?
- Spanien?
- den Niederlanden?
- Bulgarien?

Antworten Sie Partner B.

Kollege Ausländer

2,4 Millionen Ausländer haben im Jahr 2013 in Deutschland gearbeitet.
Davon vor allem aus:

	Türkei
221 000	Polen
	Italien
110 500	Griechenland
85 700	Kroatien
	Rumänien
70 700	Frankreich
	Österreich
59 300	Russland
57 600	Serbien

	Portugal
49 600	Ungarn
	Spanien
34 900	Kosovo
	Niederlande
32 600	Großbritannien
	Bulgarien
29 700	Ukraine
26 900	Tschechien
26 200	USA

© Globus

Datenblatt A4 – Situation 1

Sie bestellen Möbel und Bürobedarf:
Ich brauche zwei Regale / …

Partner B fragt:
Welche Farbe?

Antworten Sie:
Weiß / …

Ich brauche …
- 2 Regale – weiß
- 1 Besprechungstisch – schwarz
- 4 Besucherstühle – blau
- 6 Ablagekörbe – rot
- …

Datenblatt A4 – Situation 2

Partner B bestellt Möbel und Bürobedarf.

Fragen Sie:
Welche Farbe?

Und notieren Sie die Bestellung.

Möbel / Bürobedarf	Menge	Farbe
1.		
2.		
3.		
4.		

Datenblatt A5 – Situation 1

Sie sind der Teamleiter.
Fragen Sie den Assistenten, Partner B:
- Wann ist / sind der / das / die …?
- Und um wie viel Uhr?

Notieren Sie die Termine.

	Wochentag	Datum	Uhrzeit
die Praktikantenbegrüßung			
das Essen mit Frau Aab			
das Treffen mit Herrn Auer			
die Firmenpräsentationen von Bürotech und Beiradt			
die Feier von Frau Ferch			

Datenblatt A5 – Situation 2

Sie sind der Assistent.
Der Teamleiter, Partner B, fragt:
- Wann ist / sind der / das / die …?
- Und um wie viel Uhr?

Antworten Sie:
- Der / Das / Die … ist am … (Wochentag), dem … (Datum).
- Um … (Uhrzeit offiziell). / Um … (Uhrzeit inoffiziell plus Tageszeit) / Von … bis …

- das Essen mit Herrn Müller: Mi, 3.6., 19:30 Uhr
- die Teambesprechung: Do, 2.7., 08:00 – 9:15 Uhr
- das Meeting mit Frau Erben: Di, 11.8., 14:45 Uhr
- der Flug nach Shanghai: Sa, 24.10., 06:40 Uhr
- die Skype-Konferenzen mit Lissabon und London: Do + Fr, 17.12. + 18.12., 15:30 Uhr

Datenblatt A6 – Situation 1

Wo arbeiten Frau Buck, Frau Krumm und Herr Askani? Fragen Sie Partner B:
Arbeitet Frau / Herr … im / in der …?

Sie dürfen achtmal fragen. Partner B antwortet „ja" oder „nein".

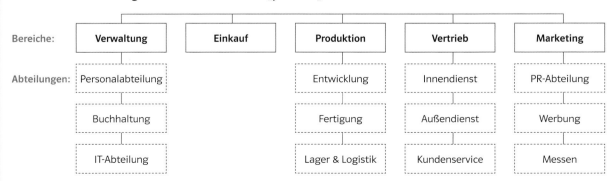

Bereiche:	Verwaltung	Einkauf	Produktion	Vertrieb	Marketing
Abteilungen:	Personalabteilung		Entwicklung	Innendienst	PR-Abteilung
	Buchhaltung		Fertigung	Außendienst	Werbung
	IT-Abteilung		Lager & Logistik	Kundenservice	Messen

Datenblätter – Partner A

Datenblatt A6 – Situation 2

Betrachten Sie das Organigramm. Wo arbeiten Frau Dimas, Herr Brink und Herr Prado?

Partner B hat die Informationen nicht und fragt:
Arbeitet Frau / Herr … im / in der …?

Partner B darf achtmal fragen. Antworten Sie „ja" oder „nein".

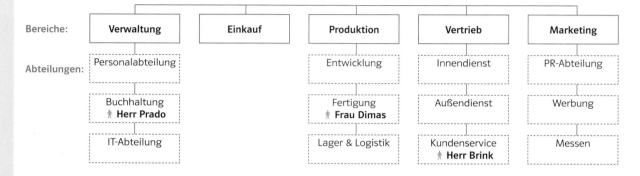

Bereiche:	Verwaltung	Einkauf	Produktion	Vertrieb	Marketing
Abteilungen:	Personalabteilung		Entwicklung	Innendienst	PR-Abteilung
	Buchhaltung ♀ **Herr Prado**		Fertigung ♀ **Frau Dimas**	Außendienst	Werbung
	IT-Abteilung		Lager & Logistik	Kundenservice ♀ **Herr Brink**	Messen

Datenblatt A7 – Situation 1

Partner B fragt:
Was möchten Sie bestellen?

Antworten Sie:
Als Vorspeise / Hauptspeise / Nachspeise nehme ich
- den Matjessalat.
- das Eisbein mit Sauerkraut und Kartoffelklößen.
- den Apfelstrudel mit Vanilleeis.

Datenblatt A7 – Situation 2

Fragen Sie Partner B:
Was möchten Sie bestellen?

Partner B antwortet.

Kreuzen Sie die Gerichte von Partner B in der Fotoliste unten an.

Datenblatt A7 – Situation 3

Bestellen Sie jetzt die Gerichte für Ihren Partner / Ihre Partnerin beim Kellner / bei der Kellnerin B:
Mein Gast nimmt als Vorspeise / Hauptspeise / Nachspeise …

Partner B spielt den Kellner / die Kellnerin und fragt Sie:
Was möchten Sie bestellen?

Sie können dann auch selbst bestellen:
Ich nehme als Vorspeise …

Datenblatt A8 – Situation 1

Partner B fragt Sie nach dem Weg.

Geben Sie die Informationen rechts.

Partner B zeichnet den Weg in den Plan ein.

Vergleichen Sie zusammen Ihre Informationen und die Zeichnung.

Vom Hauptbahnhof zum Kaufhof: Überqueren Sie den Bahnhofsplatz und gehen Sie in die Bahnhofsstraße. Gehen Sie geradeaus bis zur Ampel. Biegen Sie rechts in die Königsstraße ein. Gehen Sie geradeaus und biegen Sie in die zweite Straße links ein, gehen Sie geradeaus weiter, links ist der Kaufhof.
Vom Kaufhof zum Museum: Überqueren Sie den Marktplatz und gehen Sie rechts in die Schillerstraße. Gehen Sie die Schillerstraße immer geradeaus bis zur Goetheallee, biegen Sie dort nach links ab. Gehen Sie geradeaus bis zur Ampel, rechts ist das Museum.
Vom Parkplatz 1 zum Busbahnhof: Fahren Sie links in die Goetheallee. Fahren Sie geradeaus über die Kreuzung bis zur nächsten Kreuzung. Biegen Sie an der Ampel links in die Bahnhofstraße. Fahren Sie bis zur Königstraße. Biegen Sie dort rechts in die Königstraße. Der Busbahnhof ist links.

Datenblatt A8 – Situation 2

Fragen Sie Partner B nach dem Weg:
Entschuldigen Sie bitte, wie komme ich …
– zu Fuß vom Stadt-Anzeiger zum Kino?
– zu Fuß vom Kino zur Bank?
– mit dem Auto vom Parkplatz 2 zum Flughafen?

Partner B gibt die Informationen. Zeichnen Sie den Weg in den Plan ein. Vergleichen Sie zusammen die Informationen von Partner B und Ihre Zeichnung.

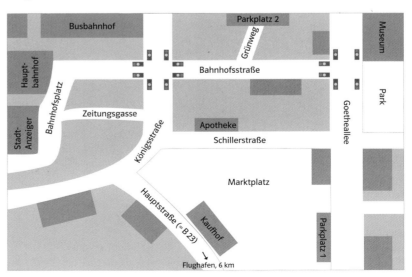

Datenblätter – Partner A

Datenblatt A8 – Situation 3

Zeichnen Sie neue Orte in den Plan ein, z. B. Apotheke, Post, Theater, ...

Beschreiben Sie den Weg.

Partner B zeichnet den Weg ein und findet den Ort.

Datenblatt A9 – Situation 1

Sie arbeiten in der Event-Agentur.

Sie planen ein Fest für Partner B. Was will Partner B?

Fragen Sie ihn.

Wann / Wer soll / sollen …?
- Wann – das Fest beginnen?
- Wer – die Einladungen drucken?
- Wann – die Mitarbeiter mit dem Aufbau beginnen?

Soll ich …? / Sollen wir …?
- das Buffet liefern?
- den Service machen?

Datenblatt A9 – Situation 2

Noch 14 Tage bis zum Fest.

Ihr Kunde, Partner B, hat viele Zusagen und fragt.

Antworten Sie.

Wir können (leider nur) …
- ein Zelt für 500 Gäste anbieten.
- 18 Kellner einplanen.
- 40 Tische und 80 Bänke liefern.
- eine Getränketheke bei Sektlieferant bestellen.

Datenblatt A10 – Situation 1

Sie sind Trainee-Mentor / Trainee-Mentorin bei der Firma Holzer.

Sie fragen Partner B, den Trainee:
Haben Sie schon die E-Mail abgeschickt / …?

Notieren Sie „ja", „nein" oder „wann".

- die E-Mail abschicken _____
- den Brief ausdrucken _____
- die Preise recherchieren _____
- das Intranet pflegen _____
- die Fehler korrigieren _____
- die Reiskostenabrechnung machen _____
- den Vertrag schreiben _____
- die Kundendatenbank einrichten _____
- das Dokument abspeichern _____
- die Waren verpacken _____

Datenblatt A10 – Situation 2

Sie sind Trainee bei der Firma Holzer.

Partner B ist Ihr Trainee-Mentor / Ihre Trainee-Mentorin und fragt Sie:
Haben Sie schon …?

Sie antworten:
- Ja, **den / das / die** habe ich schon …
- Nein, **den / das / die** habe ich noch nicht …
- Nein, **den / das / die** bestelle / … ich …

- Artikel formulieren – schon heute Morgen
- Pizza bestellen – erst um 12:00 Uhr
- Anhang herunterladen – ja
- Messeflyer machen – noch heute
- Kundin anrufen – erst heute Nachmittag
- Pressemitteilung schreiben – später
- Rechnungen kopieren – noch nicht
- IBAN- und BIC-Nummern ergänzen – ja
- Programm testen – schon gestern
- Neukunden akquirieren – morgen

Datenblatt A11 – Situation 1

Beschreiben Sie die Umsatzentwicklung von Firma A:
- Im Jahr … hatte Firma A einen Umsatz von … Euro.
- Im Jahr … / Von … bis … ist der Umsatz leicht / stark von … auf … Euro gestiegen / gesunken.
- Im Jahr … / Von … bis … konnten wir den Umsatz von … auf … Euro steigern / erhöhen.

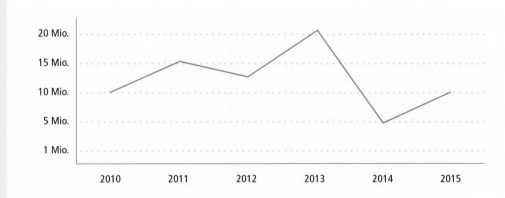

Partner B zeichnet die Entwicklung in seine Grafik ein.

Datenblatt A11 – Situation 2

Partner B beschreibt die Entwicklung von Firma B.

Zeichnen Sie die Beschreibung in die Grafik ein.

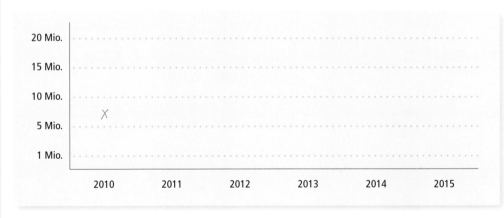

Vergleichen Sie dann Ihre Grafik und die Grafik von Partner B.

Datenblatt B1

Antworten Sie Partner A.

Fragen Sie dann Partner A und notieren Sie:
- Wie ist Telefonnummer von Frau Dahm?
- Woher kommt Herr Kunz?
- Was ist Herr Belan von Beruf?
- Wie ist E-Mail-Adresse von Frau Wagner?

Petra Dahm Bergstraße 4	Tel.: _____ Mobil: 0161–56094
Michael Kunz _____	Tel.: 0043.662.25431 Mobil: 0043.171.8900
Klaus Belan _____	www.Belan-Archit.de
Regina Wagner Schlossgasse 4	Tel.: 0711/90876 _____

Datenblatt B2

Antworten Sie Partner A. Fragen Sie dann Partner A und notieren Sie.

_____

Personalbogen

männlich ☐   weiblich ☐

Familienname: _____

Vorname: _____

Beruf: _____

Firma: _____

Sprachen: _____

Staatsangehörigkeit: _____

Straße / Hausnummer: _____

Postleitzahl / Wohnort: _____

Telefonnummer: _____

Mobil: _____

E-Mail: _____

Datenblatt B3

Antworten Sie Partner A.

Fragen Sie Partner A und notieren Sie:
Wie viele Kollegen kommen aus …?
- Polen?
- Griechenland?
- Frankreich?
- Serbien?
- Ungarn?
- Großbritannien?
- der Ukraine?
- den USA?

Kollege Ausländer

2,4 Millionen Ausländer haben im Jahr 2013 in Deutschland gearbeitet.
Davon vor allem aus:

510 400	Türkei
	Polen
208 100	Italien
	Griechenland
85 700	Kroatien
84 800	Rumänien
	Frankreich
59 300	Österreich
59 300	Russland
	Serbien

51 400	Portugal
	Ungarn
48 500	Spanien
34 900	Kosovo
33 800	Niederlande
	Großbritannien
32 500	Bulgarien
	Ukraine
26 900	Tschechien
	USA

© Globus

Datenblatt B4 – Situation 1

Partner A bestellt Möbel und Bürobedarf.

Fragen Sie:
Welche Farbe?

Und notieren Sie die Bestellung.

Möbel / Bürobedarf	Menge	Farbe
1.		
2.		
3.		
4.		

Datenblatt B4 – Situation 2

Sie bestellen Möbel und Bürobedarf:
Ich brauche einen Aktenschrank / …

Partner A fragt:
Welche Farbe?

Antworten Sie:
Grau / …

Ich brauche …
- 1 Aktenschrank – grau
- 2 Rollcontainer – schwarz
- 1 Schreibtisch – weiß
- 5 Ordner – gelb
- …

Datenblatt B5 – Situation 1

Sie sind der Assistent.
Der Teamleiter, Partner A, fragt:
- Wann ist / sind der / das / die …?
- Und um wie viel Uhr?

Antworten Sie:
- Der / Das / Die … ist am … (Wochentag), dem … (Datum).
- Um … (Uhrzeit offiziell). / Um … (Uhrzeit inoffiziell plus Tageszeit) / Von … bis …

- die Praktikantenbegrüßung: Mo, 4.5., 08:15 Uhr
- das Essen mit Frau Aab: Do, 11.6.,12:45 Uhr
- das Treffen mit Herrn Auer: Fr, 3.7., 15:20 Uhr
- die Firmenpräsentationen von Firma Bürotech und Beiradt: Di + Mi, 29.9. + 30.9., 11:30 – 13:00 Uhr
- die Feier von Frau Ferch: Sa, 17.10., 20:00 Uhr

Datenblatt B5 – Situation 2

Sie sind der Teamleiter.
Fragen Sie den Assistenten, Partner A:
- Wann ist / sind der / das / die …?
- Und um wie viel Uhr?

Notieren Sie die Termine.

	Wochentag	Datum	Uhrzeit
das Essen mit Herrn Müller			
die Teambesprechung			
das Meeting mit Frau Erben			
der Flug nach Shanghai			
die Skype-Konferenzen mit Lissabon und London			

Datenblatt B6 – Situation 1

Betrachten Sie das Organigramm. Wo arbeiten Frau Buck, Frau Krumm und Herr Askani?

Partner A hat die Informationen nicht und fragt: Arbeitet Frau / Herr … im / in der …?

Partner A darf achtmal fragen. Antworten Sie „ja" oder „nein".

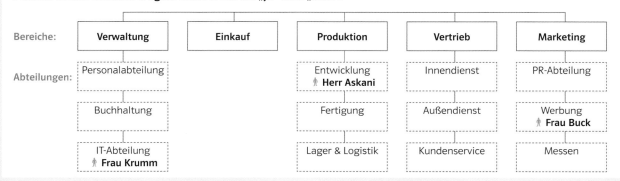

Datenblatt B6 – Situation 2

Wo arbeiten Frau Dimas, Herr Brink und Herr Prado? Fragen Sie Partner A:
Arbeitet Frau / Herr … im / in der …?

Sie dürfen achtmal fragen. Partner A antwortet „ja" oder „nein".

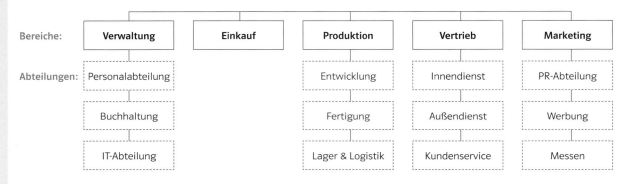

Bereiche:	Verwaltung	Einkauf	Produktion	Vertrieb	Marketing
Abteilungen:	Personalabteilung		Entwicklung	Innendienst	PR-Abteilung
	Buchhaltung		Fertigung	Außendienst	Werbung
	IT-Abteilung		Lager & Logistik	Kundenservice	Messen

Datenblatt B7 – Situation 1

Fragen Sie Partner A:
Was möchten Sie bestellen?

Partner A antwortet.

Kreuzen Sie die Gerichte von Partner A in der Fotoliste unten an.

Datenblatt B7 – Situation 2

Partner A fragt:
Was möchten Sie bestellen?

Antworten Sie:
Als Vorspeise / Hauptspeise / Nachspeise nehme ich
- die Rindfleischsuppe mit Klößchen.
- den Nudelauflauf mit Gemüse.
- die rote Grütze mit Vanillesauce.

Datenblatt B7 – Situation 3

Bestellen Sie jetzt die Gerichte für Ihren Partner / Ihre Partnerin beim Kellner / bei der Kellnerin A:
Mein Gast nimmt als Vorspeise / Hauptspeise / Nachspeise …

Partner A spielt den Kellner / die Kellnerin und fragt Sie:
Was möchten Sie bestellen?

Sie können dann auch selbst bestellen:
Ich nehme als Vorspeise …

Datenblatt B8 – Situation 1

Fragen Sie Partner A nach dem Weg:
Entschuldigen Sie bitte, wie komme ich …
– zu Fuß vom Hauptbahnhof zum Kaufhof?
– zu Fuß vom Kaufhof zum Museum?
– mit dem Auto vom Parkplatz 1 zum Busbahnhof?

Partner A gibt die Informationen.

Zeichnen Sie den Weg in den Plan ein.

Vergleichen Sie zusammen die Informationen von Partner A und Ihre Zeichnung.

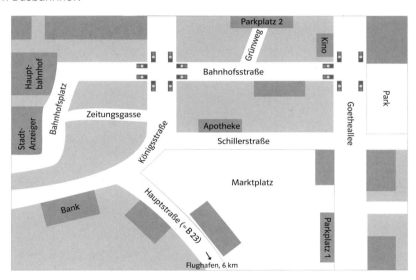

Datenblatt B8 – Situation 2

Partner A fragt Sie nach dem Weg. Geben Sie die Informationen rechts.

Partner A zeichnet den Weg in den Plan ein.

Vergleichen Sie zusammen Ihre Informationen und die Zeichnung.

Vom Stadt-Anzeiger zum Kino: Überqueren Sie den Bahnhofsplatz und gehen Sie in die Zeitungsgasse. Gehen Sie geradeaus bis zur Kreuzung. Biegen Sie links in die Königstraße. Gehen Sie bis zur Bahnhofstraße. Biegen Sie dort rechts in die Bahnhofstraße. Gehen Sie geradeaus bis zur Ampel. Biegen Sie dort links in die Goetheallee. Dort ist gleich links das Kino.

Vom Kino zur Bank: Gehen Sie an der Ampel geradeaus über die Kreuzung und gehen Sie auf der Goetheallee weiter bis zur Schillerstraße. Biegen Sie rechts in die Schillerstraße ein. Gehen Sie geradeaus bis zur Königsstraße. Biegen Sie links ab. Gehen Sie auf der Königsstraße weiter bis zur Hauptstraße. Biegen Sie nicht ab. Gehen Sie 50 m weiter geradeaus, links ist die Bank.

Vom Parkplatz 2 zum Flughafen: Fahren Sie in den Grünweg. Fahren Sie geradeaus und biegen Sie rechts in die Bahnhofsstraße ein. Fahren Sie geradeaus bis zur Ampel und biegen Sie links in die Königsstraße ein. Fahren Sie geradeaus und biegen Sie die Zweite links ab. Das ist die Bundesstraße 23. Fahren Sie 6 Kilometer weiter bis zum Flughafen.

Datenblätter – Partner B

Datenblatt B8 – Situation 3

Zeichnen Sie neue Orte in den Plan ein, z. B. Apotheke, Post, Theater, ...

Beschreiben Sie den Weg.

Partner A zeichnet den Weg ein und findet den Ort.

Datenblatt B9 – Situation 1

Ihre Firma feiert bald ein Fest.

Partner A arbeitet bei der Event-Agentur, plant die Feier und hat Fragen.

Antworten Sie Partner A.

- 12:00 Uhr – das Fest beginnen
- Firma Primaprint – die Einladungen drucken
- zwei Tage vor dem Fest – die Mitarbeiter mit dem Aufbau beginnen
- nein – die Kantine das Buffet liefern
- ja – wir 12 – 15 Servicekräfte brauchen

Datenblatt B9 – Situation 2

Noch 14 Tage bis zum Fest.

Sie haben sehr viele Zusagen.

Fragen Sie Partner A.

Können Sie bitte ...
- ein Zelt für 400 Gäste aufbauen?
- mehr Personal mitbringen?
- Tische und Bänke für 400 Personen liefern?
- eine zweite Getränketheke aufbauen?

Datenblatt B10 – Situation 1

Sie sind Trainee bei der Firma Holzer.

Partner A ist Ihr Trainee-Mentor / Ihre Trainee-Mentorin und fragt Sie:
Haben Sie schon ...?

Sie antworten:
- Ja, **den / das / die** habe ich schon...
- Nein, **den / das / die** habe ich noch nicht ...
- Nein, **den / das / die** recherchiere / ... ich ...

- E-Mail abschicken – ja
- Brief ausdrucken – noch nicht
- Preise recherchieren – heute
- Intranet pflegen – schon gestern
- Fehler korrigieren – schon heute Morgen
- Reiskostenabrechnung machen – morgen
- Vertrag schreiben – erst heute Nachmittag
- Kundendatenbank einrichten – noch nicht
- Dokument abspeichern – ja
- Waren verpacken – später

Datenblatt B10 – Situation 2

Sie sind Trainee-Mentor / Trainee-Mentorin bei der Firma Holzer.

Sie fragen Partner A, den Trainee:
Haben Sie schon den Artikel formuliert / ...?

Notieren Sie „ja", „nein" oder „wann".

- den Artikel formulieren _____
- die Pizza bestellen _____
- den Anhang herunterladen _____
- den Messeflyer machen _____
- die Kundin anrufen _____
- die Pressemitteilung schreiben _____
- die Rechnungen kopieren _____
- die IBAN- und BIC-Nummern ergänzen _____
- das Programm testen _____
- die Neukunden akquirieren _____

Datenblatt B11 – Situation 1

Partner A beschreibt die Entwicklung von Firma A.

Zeichnen Sie die Beschreibung in die Grafik ein.

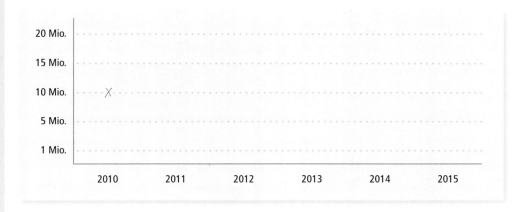

Vergleichen Sie dann Ihre Grafik und die Grafik von Partner A.

Datenblatt B11 – Situation 2

Beschreiben Sie die Umsatzentwicklung von Firma B:
- Im Jahr … hatte Firma B einen Umsatz von … Euro.
- Im Jahr … / Von … bis … ist der Umsatz leicht / stark von … auf … Euro gestiegen / gesunken.
- Im Jahr … / Von … bis … konnten wir den Umsatz von … auf … Euro steigern / erhöhen.

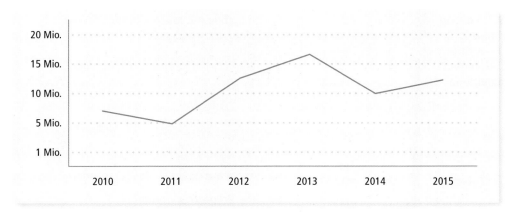

Partner A zeichnet die Entwicklung in seine Grafik ein.

Inhaltsverzeichnis

1 Das Verb

1.1 Stellung vom Verb im Satz

1.1.1 Aussagesatz   › Lek. 1, 2

In Aussagesätzen steht das Verb auf Position 2.

Position 1	Position 2	
Ich	heiße	Michèle Morel.
Ich	komme	aus Frankreich.

Hinweis: Stellung des Subjekts im Satz

Das Subjekt steht auf Position 1 oder nach dem Verb.

Position 1	Position 2	
Herr Egger	arbeitet	heute zu Hause.
Heute	arbeitet	Herr Egger zu Hause.
Wir	sagen	hier „du".
Hier	sagen	wir „du".

1.1.2 W-Frage   › Lek. 1

In W-Fragen steht das Verb auf Position 2.

Position 1	Position 2	
Wie	heißen	Sie?
Woher	kommst	du?

1.1.3 Ja-/Nein-Frage   › Lek. 1

In Ja-/Nein-Fragen steht das Verb auf Position 1.

Position 1	Position 2		
Kommen	Sie	aus Frankreich?	– Ja. Ich komme aus Frankreich.
Bist	du	George?	– Nein. Ich bin John.

1.1.4 Imperativsatz   › Lek. 7

In Imperativsätzen steht das Verb auf Position 1.

Position 1	
Wenden	Sie bitte!
Nimm	bitte den Kaffee und den Tee.

1.1.5 Satzklammer › Lek. 5, 7, 8, 9

Manchmal gibt es in einem Satz zwei Verben oder ein Verb mit trennbarer Vorsilbe. Ein Verb oder die trennbare Vorsilbe steht am Satzende. Man spricht dann von einer Satzklammer.

	Position 1	Position 2	Satzklammer	Satzende
mit trennbarer Vorsilbe	Wir	richten	das Netzwerk an einem Tag	ein.
mit Modalverb	Herr Becker	will	einen Artikel	schreiben.
Perfekt	Wohin	sind	Sie letztes Jahr in Urlaub	gefahren?

Mehr Informationen zur Wortstellung mit Satzklammer finden Sie in den Kapiteln 1.3.2, 1.6.1, 1.7.1.

1.2 Präsens

1.2.1 Präsens – Verwendung

In der Regel verwendet man das Präsens für die Gegenwart (jetzt, heute, immer montags).
z. B.   Ich komme aus Italien.
      Ich bin jetzt in München.
      Ich fahre heute nach Frankfurt.
      Das Meeting ist immer am Montag.

Man kann es aber auch für die Zukunft verwenden:
Verb im Präsens + Zeitangabe für Zukunft (z. B. morgen, nächste Woche, im August, im Winter)
z. B.   Frau Ogashi kommt morgen aus Tokio.
      Können wir das Werk nächste Woche besichtigen?
      Ich mache im Mai Urlaub.

1.2.2 Präsens – Konjugation

Regelmäßige Verben › Lek. 1, 2

	kommen	wohnen	heißen	arbeiten	reden
ich	komme	wohne	heiße	arbeite	rede
du	kommst	wohnst	heißt	arbeitest	redest
er / sie / es	kommt	wohnt	heißt	arbeitet	redet
wir	kommen	wohnen	heißen	arbeiten	reden
ihr	kommt	wohnt	heißt	arbeitet	redet
sie	kommen	wohnen	heißen	arbeiten	reden
Sie (Sg. + Pl.)	kommen	wohnen	heißen	arbeiten	reden

Hinweis
– Die Grundform (Infinitiv) vom Verb ist so:
  Stamm + Endung
  komm   en
– Der Verbstamm endet mit „s" oder „ß": Die Form für „du" hat kein extra „-s".
  z. B.: heißen → du heißt
– Der Verbstamm endet mit „t", „d": Die Formen für „du", „er / sie / es" haben ein extra „-e" nach dem Verbstamm; manchmal auch nach „-n".
  z. B.: arbeiten → du arbeitest, finden → du findest, zeichnen → du zeichnest
  Ausnahme: lernen → du lernst

„haben" und „sein" › Lek. 1, 2, 3
- Die Verben „haben" und „sein" haben besondere Formen.
- „haben" verliert in der Form von „du" und „er / sie / es" das „b" am Ende vom Verbstamm.

	haben	sein
ich	habe	bin
du	hast	bist
er / sie / es	hat	ist
wir	haben	sind
ihr	habt	seid
sie	haben	sind
Sie (Sg. + Pl.)	haben	sind

Verben mit Vokalwechsel › Lek. 6
- Bei vielen unregelmäßigen Verben gibt es einen Wechsel vom Stammvokal bei der 2. und 3. Person Singular.
- Nach Stammendung „-t" und „-d" gibt es kein „-e-" bei der 2. und 3. Person Singular.
  z. B. du hältst, er hält, **aber Verben ohne Vokalwechsel**: du arbeitest, er arbeitet

	e → i		e → ie	a → ä		au → äu
	sprechen	nehmen	sehen	fahren	halten	laufen
ich	spreche	nehme	sehe	fahre	halte	laufe
du	sprichst	nimmst	siehst	fährst	hältst	läufst
er / sie / es	spricht	nimmt	sieht	fährt	hält	läuft
wir	sprechen	nehmen	sehen	fahren	halten	laufen
ihr	sprecht	nehmt	seht	fahrt	haltet	lauft
sie	sprechen	nehmen	sehen	fahren	halten	laufen
Sie (Sg. + Pl.)	sprechen	nehmen	sehen	fahren	halten	laufen

1.3 Perfekt

1.3.1 Perfekt – Verwendung › Lek. 8, 9

Aktivitäten oder Vorgänge in der Vergangenheit kann man mit der Zeitform „Perfekt" ausdrücken.

1.3.2 Perfekt – Wortstellung › Lek. 8, 9

Das Perfekt bildet man mit „haben" oder „sein" und dem Partizip Perfekt (= Partizip II) vom Verb.
„haben" und „sein" stehen auf Position 2, das Partizip Perfekt steht am Satzende.

Satzklammer

Position 1	Position 2: Hilfsverb		Satzende: Partizip Perfekt
Am Nachmittag	haben	wir Fotos für die Messe-Flyer	gemacht.
Ein Fotograf	hat	die Maschinen	fotografiert.
Ich	bin	bis 2:00 Uhr nachts	geblieben.
Wer	ist	noch in der Firma	gewesen?

„haben" oder „sein"?
- Die meisten Verben bilden das Perfekt mit „haben".
- Wenige Verben bilden das Perfekt mit „sein", z. B. Verben mit der Bedeutung:
  - „Bewegung", z. B. „gehen", „kommen", „reisen"
  - „Veränderung", z. B. „sinken", „wachsen"
  - die Verben „sein", „bleiben", „passieren"

1.3.3 Perfekt – Konjugation › Lek. 8, 9

Regelmäßige Verben

Partizip Perfekt von regelmäßigen Verben: Vorsilbe „ge-" und Endung „-t" oder „-et".

	ge-[...]-t				ge-[...]-et			
ich	habe	gemacht	bin	gereist	habe	gearbeitet	bin	gelandet
du	hast	gemacht	bist	gereist	hast	gearbeitet	bist	gelandet
er/sie/es	hat	gemacht	ist	gereist	hat	gearbeitet	ist	gelandet
wir	haben	gemacht	sind	gereist	haben	gearbeitet	sind	gelandet
ihr	habt	gemacht	seid	gereist	habt	gearbeitet	seid	gelandet
sie	haben	gemacht	sind	gereist	haben	gearbeitet	sind	gelandet
Sie (Sg. + Pl.)	haben	gemacht	sind	gereist	haben	gearbeitet	sind	gelandet

Verben auf „-ieren"

Partizip Perfekt von Verben auf „-ieren": ohne Vorsilbe „ge-", aber Endung „-t".

ich	habe	telefoniert	–	
du	hast	telefoniert	–	
er/sie/es	hat	telefoniert	ist	passiert
wir	haben	telefoniert	–	
ihr	habt	telefoniert	–	
sie	haben	telefoniert	sind	passiert
Sie (Sg. + Pl.)	haben	telefoniert	–	

„haben" und „sein"

	haben		sein	
ich	habe	gehabt	bin	gewesen
du	hast	gehabt	bist	gewesen
er/sie/es	hat	gehabt	ist	gewesen
wir	haben	gehabt	sind	gewesen
ihr	habt	gehabt	seid	gewesen
sie	haben	gehabt	sind	gewesen
Sie (Sg. + Pl.)	haben	gehabt	sind	gewesen

Die Formen von „haben" und „sein" verwendet man selten im Perfekt. In der Regel verwendet man diese Verben im Präteritum (vgl. Kapitel 1.4.).

Unregelmäßige Verben

– Partizip Perfekt von unregelmäßigen Verben: Vorsilbe „ge-" und Endung „-en".
– Bei unregelmäßigen Verben gibt es oft einen Vokalwechsel.

	lesen		finden		sprechen		nehmen	
ich	habe	gelesen	habe	gefunden	habe	gesprochen	habe	genommen
du	hast	gelesen	hast	gefunden	hast	gesprochen	hast	genommen
er/sie/es	hat	gelesen	hat	gefunden	hat	gesprochen	hat	genommen
wir	haben	gelesen	haben	gefunden	haben	gesprochen	haben	genommen
ihr	habt	gelesen	habt	gefunden	habt	gesprochen	habt	genommen
sie	haben	gelesen	haben	gefunden	haben	gesprochen	haben	genommen
Sie (Sg. + Pl.)	haben	gelesen	haben	gefunden	haben	gesprochen	haben	genommen

	fahren		fliegen		reiten		gehen	
ich	bin	gefahren	bin	geflogen	bin	geritten	bin	gegangen
du	bist	gefahren	bist	geflogen	bist	geritten	bist	gegangen
er / sie / es	ist	gefahren	ist	geflogen	ist	geritten	ist	gegangen
wir	sind	gefahren	sind	geflogen	sind	geritten	sind	gegangen
ihr	seid	gefahren	seid	geflogen	seid	geritten	seid	gegangen
sie	sind	gefahren	sind	geflogen	sind	geritten	sind	gegangen
Sie (Sg. + Pl.)	sind	gefahren	sind	geflogen	sind	geritten	sind	gegangen

Gemischte Verben
– Partizip Perfekt von gemischten Verben: Vorsilbe „ge-" und Endung „-t" – wie bei den regelmäßigen Verben.
– Der Stammvokal wechselt wie bei den unregelmäßigen Verben.

	kennen		bringen		denken	
ich	habe	gekannt	habe	gebracht	habe	gedacht
du	hast	gekannt	hast	gebracht	hast	gedacht
er / sie / es	hat	gekannt	hat	gebracht	hat	gedacht
wir	haben	gekannt	haben	gebracht	haben	gedacht
ihr	habt	gekannt	habt	gebracht	habt	gedacht
sie	haben	gekannt	haben	gebracht	haben	gedacht
Sie (Sg. + Pl.)	haben	gekannt	haben	gebracht	haben	gedacht

Hinweis
Lernen Sie die Verben immer so:
Infinitiv + 3. Person Präsens + 3. Person Perfekt.
z. B. machen, er macht, er hat gemacht
    arbeiten, er arbeitet, er hat gearbeitet
    sprechen, er spricht, er hat gesprochen
    gehen, er geht, er ist gegangen

1.4 Präteritum

1.4.1 „haben" und „sein" im Präteritum   › Lek. 5

	haben	sein
ich	hatte	war
du	hattest	warst
er / sie / es	hatte	war
wir	hatten	waren
ihr	hattet	wart
sie	hatten	waren
Sie (Sg. + Pl.)	hatten	waren

1.5 Imperativ

1.5.1 Imperativ – Verwendung › Lek. 7

Man verwendet den Imperativ für Aufforderungen: höfliche Bitten, Vorschläge, Anweisungen.
- höfliche Bitte: Öffne bitte mal die Tür.
- Vorschlag: Schauen Sie doch mal nach.
- Anweisung: Biegen Sie die erste Straße links ab!

- Bei höflichen Bitten und Vorschlägen verwendet man häufig die Modalpartikeln „doch", „mal", „doch mal". „Doch" betont den Vorschlag, „mal" macht ihn freundlich. Die Partikeln stehen direkt nach dem Imperativ bzw. nach „bitte".
  z.B. Trink doch einen Kaffee.
       Starten Sie mal bitte den Computer. / Starten Sie bitte mal den Computer.
- Pronomen stehen meist vor den Partikeln „doch" / „mal".
  z.B. Rufen Sie ihn doch mal an.

1.5.2 Imperativ – Formen › Lek. 7

formell Singular und Plural	informell Singular	informell Plural
Sie holen → Holen Sie!	du holst → Hol!	ihr holt → Holt!
Sie reden → Reden Sie!	du redest → Rede!	ihr redet → Redet!
Sie warten → Warten Sie!	du wartest → Warte!	ihr wartet → Wartet!
Sie öffnen → Öffnen Sie!	du öffnest → Öffne!	ihr öffnet → Öffnet!
Sie entschuldigen → Entschuldigen Sie!	du entschuldigst → Entschuldige!	ihr entschuldigt → Entschuldigt!
Sie biegen ab → Biegen Sie ab!	du biegst ab → Bieg ab!	ihr biegt ab → Biegt ab!

Formeller Imperativ
- mit Personalpronomen
- Verb auf Position 1, „Sie" auf Position 2
- Verben mit trennbarer Vorsilbe: Vorsilbe am Satzende

Informeller Imperativ – für „du" und „ihr"
- keine Personalpronomen
  - Imperativ für „du": Endung „-st" fällt weg
  - Imperativ für „ihr": identisch mit der Präsensform
- Verben mit trennbarer Vorsilbe: Vorsilbe am Satzende
- „-e" bei Imperativ für „du":
  - Bei den meisten Verben sind Imperativformen mit und ohne „-e" möglich. In der Umgangssprache verwendet man meist die Formen ohne „-e".
  - Verben auf „-d, -t, -n, -ig" erhalten in der Regel die Endung „-e", z.B. Rede, Warte!, Öffne!, Entschuldige!

Verben mit Vokalwechsel im Imperativ
Nur die Verben mit Vokalwechsel „e" → „i(e)" haben auch im Imperativ einen Vokalwechsel.

	formell Singular und Plural	informell Singular	informell Plural
sprechen	Sie sprechen → Sprechen Sie!	du sprichst → Sprich!	ihr sprecht → Sprecht!
nehmen	Sie nehmen → Nehmen Sie!	du nimmst → Nimm!	ihr nehmt → Nehmt!
lesen	Sie lesen → Lesen Sie!	du liest → Lies!	ihr lest → Lest!
abladen	Sie laden ab → Laden Sie ab!	du lädst ab → Lade ab!	ihr ladet ab → Ladet ab!
laufen	Sie laufen → Laufen Sie!	du läufst → Lauf!	ihr lauft → Lauft!

Imperativsätze mit „haben" und „sein"

formell Singular und Plural	informell Singular	informell Plural
Sie haben → Haben Sie keine Angst!	du hast → Hab keine Angst!	ihr habt → Habt keine Angst!
Sie sind → Seien Sie unbesorgt!	du bist → Sei unbesorgt!	ihr seid → Seid unbesorgt!

1.6 Verben mit trennbarer und untrennbarer Vorsilbe

1.6.1 Verben mit trennbarer Vorsilbe

Wortstellung im Präsens ›Lek. 7
- Bei Verben mit trennbarer Vorsilbe ist der Wortakzent immer auf der Vorsilbe, d. h. man betont die Vorsilbe.
- Das Verb steht auf Position 2 und die Vorsilbe steht am Satzende.

	Position 1	Position 2	Satzklammer	Satzende
abfahren	Sie	fahren	in Hennef Ost	**ab**.
einrichten	Herr Mahlberg	richtet	das Netzwerk an einem Tag	**ein**.
herkommen	Wer	kommt	am Freitag	**her**?
weiterfahren	An der Ampel	fahren	Sie geradeaus	**weiter**.

Wortstellung bei Modalverben ›Lek. 7
- Bei Modalverb + Verb: Die Vorsilbe bleibt am Verb.
- Der Infinitiv steht am Satzende.

Position 1	Position 2	Satzklammer	Satzende
Ich	kann	dich leider nicht	**ab**holen.
Nach 200 m	müssen	Sie rechts in die Conrad-Röntgen-Straße	**ein**biegen.
Wer	will	das Auto am Abend	**an**sehen?

Wortstellung im Perfekt ›Lek. 9
Das Hilfsverb „haben" oder „sein" steht im Perfekt auf Position 2, das Partizip Perfekt am Satzende.

Position 1	Position 2	Satzklammer	Satzende
Herr Berlinger	hat	das Reisekostenformular im Intranet	**herunter**geladen.
Letztes Jahr	sind	wir in Südengland	**herum**gefahren.

Verben mit trennbarer Vorsilbe im Perfekt ›Lek. 9
Bei Verben mit trennbarer Vorsilbe steht im Partizip Perfekt das „ge-" nach der Vorsilbe.

	ausdrucken		runterladen		abreisen		weggehen	
ich	habe	ausgedruckt	habe	runtergeladen	bin	abgereist	bin	weggegangen
du	hast	ausgedruckt	hast	runtergeladen	bist	abgereist	bist	weggegangen
er / sie / es	hat	ausgedruckt	hat	runtergeladen	ist	abgereist	ist	weggegangen
wir	haben	ausgedruckt	haben	runtergeladen	sind	abgereist	sind	weggegangen
ihr	habt	ausgedruckt	habt	runtergeladen	seid	abgereist	seid	weggegangen
sie	haben	ausgedruckt	haben	runtergeladen	sind	abgereist	sind	weggegangen
Sie (Sg. + Pl.)	haben	ausgedruckt	haben	runtergeladen	sind	abgereist	sind	weggegangen

1.6.2 Verben mit untrennbarer Vorsilbe

Wortstellung
- Bei untrennbaren Verben ist der Wortakzent immer auf dem Wortstamm, d. h. man betont den Wortstamm.
- Die Vorsilbe bleibt am Verb.

Position 1	Position 2	Satzklammer	Satzende
Herr Becker	**be**sichtigt	die Firma „Compogroup".	
Herr Becker	hat	die Firma „Compogroup"	**be**sichtigt.
Herr Becker	will	die Firma „Compogroup"	**be**sichtigen.

Verben mit untrennbarer Vorsilbe im Perfekt ❯ Lek. 9

Verben mit untrennbarer Vorsilbe haben im Perfekt kein „ge-".

	bestellen		erlauben		verstehen	
ich	habe	bestellt	habe	erlaubt	habe	verstanden
du	hast	bestellt	hast	erlaubt	hast	verstanden
er / sie / es	hat	bestellt	hat	erlaubt	hat	verstanden
wir	haben	bestellt	haben	erlaubt	haben	verstanden
ihr	habt	bestellt	habt	erlaubt	habt	verstanden
sie	haben	bestellt	haben	erlaubt	haben	verstanden
Sie (Sg. + Pl.)	haben	bestellt	haben	erlaubt	haben	verstanden

Untrennbare Vorsilben:

be-: z. B. besuchen   er-: z. B. ergänzen   miss-: z. B. missverstehen   zer-: z. B. zerkleinern
ent-: z. B. entschuldigen   ge-: z. B. gebrauchen   ver-: z. B. verhandeln

1.7 Modalverben

1.7.1 Modalverben – Wortstellung ❯ Lek. 5

Das Modalverb steht in Aussagesätzen und W-Fragen auf Position 2, in Ja-/Nein-Fragen auf Pos. 1. Der Infinitiv steht am Satzende.

Satzklammer

Position 1	Position 2: Modalverb		Satzende: Verb (Infinitiv)
Ein Journalist	möchte	das Unternehmen „Compogroup"	vorstellen.
Herr Becker	will	einen Artikel	schreiben.
Wann	können	Herr Becker und Frau Wahner	kommen?
Am 18. März	dürfen	sie	kommen.
Frau Lahn	muss	die Werksbesichtigung	organisieren.

Satzklammer

Position 1: Modalverb		Satzende: Verb (Infinitiv)
Kann	Frau Wahner auch das Werk	besichtigen?
Dürfen	wir Fotos	machen?

1.7.2 Modalverben im Präsens ❯ Lek. 5, 6, 8

– Die Modalverben haben im Singular einen Vokalwechsel (Ausnahme: sollen).
– 1. + 3. Person Singular haben keine Endung.
– „mögen": Die Form „möchte-" ist der Konjunktiv II von „mögen". (Den Konjunktiv II lernen Sie in A2.).
  Man verwendet sie aber wie ein normales Präsens in der Bedeutung „etwas (höflich) wünschen".
  Vergleichen Sie: Ich will Tee. (sehr direkter, unhöflicher Wunsch) – Ich möchte Tee. (höflicher Wunsch)

	können	müssen	dürfen	wollen	sollen	mögen	möchte-
ich	kann	muss	darf	will	soll	mag	möchte
du	kannst	musst	darfst	willst	sollst	magst	möchtest
er / sie / es	kann	muss	darf	will	soll	mag	möchte
wir	können	müssen	dürfen	wollen	sollen	mögen	möchten
ihr	könnt	müsst	dürft	wollt	sollt	mögt	möchtet
sie	können	müssen	dürfen	wollen	sollen	mögen	möchten
Sie (Sg. + Pl.)	können	müssen	dürfen	wollen	sollen	mögen	möchten

1.7.3 Modalverben im Präteritum ➤ Lek. 10

– Modalverben haben im Präteritum manchmal einen Vokalwechsel.
– „möchte-" verwendet man nur im Präsens, im Präteritum gebraucht man „wollen".
  z. B. Er möchte gern Suppe essen. → Er wollte gern Suppe essen.

	können	müssen	dürfen	wollen	sollen	mögen
ich	konnte	musste	durfte	wollte	sollte	mochte
du	konntest	musstest	durftest	wolltest	solltest	mochtest
er / sie / es	konnte	musste	durfte	wollte	sollte	mochte
wir	konnten	mussten	durften	wollten	sollten	mochten
ihr	konntet	musstet	durftet	wolltet	solltet	mochtet
sie	konnten	mussten	durften	wollten	sollten	mochten
Sie (Sg. + Pl.)	konnten	mussten	durften	wollten	sollten	mochten

1.7.4 Modalverben als Vollverben

In einigen Fällen kann man den Infinitiv weglassen. Wichtig: Die Situation ist völlig klar:
z. B. George kann Englisch und Französisch (sprechen).
       Barbara kann heute nicht (kommen). Sie hat einen Termin.
       Ich muss nach Deutschland (fahren).
       Das darf man nicht (machen). Das ist verboten.
       Herr Kehl möchte Suppe (essen).
       Frau Heller will Kaffee (trinken).

„mögen" verwendet man immer ohne 2. Verb.
z. B. Ich mag Fisch. (*Bedeutung:* Ich esse gerne Fisch.)
       Er mag Fußball. (*Bedeutung:* Ich spiele / sehe gern Fußball.)

1.7.5 Modalverben – Bedeutung ➤ Lek. 5, 6, 8

– **Es ist möglich:**	Herr Ziemer kann das Werk zeigen.
– **Es ist nicht möglich:**	Herr Becker kann nicht mit der Geschäftsführung sprechen.
– **Man ist fähig:**	Frau Wahner kann gut fotografieren.
– **Man ist nicht fähig:**	Herr Becker kann den Computer nicht reparieren.
– **Es ist nötig:**	Im Werk muss man einen Helm tragen.
– **Es ist nicht nötig:**	Im Vertrieb muss man keinen Helm tragen.
– **Es ist erlaubt:**	Frau Wahner darf das Werk besichtigen.
– **Es ist nicht erlaubt:**	Man darf die Maschine nicht berühren.
– **Man wünscht etwas (höflich):**	Der Journalist möchte drei Mitarbeiter interviewen.
– **Man wünscht etwas nicht (höflich):**	Herr Ziemer möchte keine Pause machen.
– **Man wünscht sehr direkt / plant etwas:**	Herr Becker will einen Artikel schreiben.
– **Man wünscht / plant etwas nicht:**	Herr Ziemer will die Personalabteilung nicht zeigen.
– **einen Auftrag weitergeben:**	Sagen Sie Herrn Berger, er soll sechs Servicekräfte einplanen. / Herr Berger soll sechs Servicekräfte einplanen.
– **einen Auftrag beschreiben:**	Ich soll sechs Servicekräfte einplanen.

Besonderheit
Ja- / Nein-Fragen mit „Sollen wir …?" / „Wollen wir …?", und „Soll ich …?": Ich kann oder will etwas tun, aber will die andere Person das auch?
z. B. Sollen wir für alle Gäste Tische und Stühle aufstellen? (= Ich schlage vor, wir stellen für alle Gäste Tisch und Stühle auf. Möchten Sie das?)
       Wollen wir morgen telefonieren? (= Ich schlage vor, wir telefonieren morgen. Möchten Sie das?)
       Soll ich sechs Servicekräfte einplanen? (= Ich kann sechs Servicekräfte einplanen. Möchten Sie das?)

2 Nomen

2.1 Genus und Numerus

2.1.1 Genus: Maskulinum, Neutrum und Femininum › Lek. 1, 2

Das Deutsche kennt drei Genera (Geschlechtsformen): Maskulinum, Neutrum, Femininum. Der Artikel trägt die Information zum Genus, hier im Nominativ:

Maskulinum (M)	Neutrum (N)	Femininum (F)	Plural (M, N, F)
der	das	die	die

Meist kann man das Genus nicht am Nomen erkennen. Es gibt aber einige Regeln:

Personen:
- männliche Personen = Maskulinum,
    z. B. der Mann, der Vater, der Sohn, …
        der Arzt, der Kaufmann, der Lehrer, …
        der Chinese, der Deutsche, der Pole, der Schweizer, …
- weibliche Personen = Femininum,
    z. B. die Frau, die Mutter, die Tochter, …
        die Ärztin, die Kauffrau, die Lehrerin, die Krankenschwester, …
        die Chinesin, die Deutsche, die Polin, die Schweizerin, …
- wenige Personen = Neutrum,
    z. B. das Baby, das Kind, das Mädchen

Jahreszeiten, Monatsnamen, Wochentage und Jahreszeiten = Maskulinum,
z. B. der Sommer, der Juli, der Dienstag, der Abend (aber: die Nacht)

Nomen mit der Endung „-ung" = Femininum,
z. B. die Abteilung, die Besprechung, die Vorstellung

Nomen mit der Endung „-chen" und „-lein" = Neutrum,
z. B. das Brötchen, das Tischlein

Nomen aus dem Infinitiv = Neutrum,
z. B. das Anbringen, das Einpacken

2.1.2 Numerus: Singular und Plural › Lek. 2, 3

- Im Deutschen gibt es zwei Numerus: Singular (Einzahl) und Plural (Mehrzahl).
- Im Deutschen kann man den Plural auf verschiedene Arten bilden, z. B.

	Singular	Plural
-	der Partner	die Partner
¨	der Apfel	die Äpfel
-e	der Kurs	die Kurse
¨e	der Koch	die Köche
-se	der Bus	die Busse
-er	das Kind	die Kinder
¨er	der Mann	die Männer
-n	der Name	die Namen
-en	die Frau	die Frauen
-nen	die Ärztin	die Ärztinnen
-s	das Team	die Teams

- Es gibt nur wenige eindeutige Regeln für die Pluralbildung.
- Lernen Sie Nomen immer mit Artikel und Plural!

2.2 Deklination

2.2.1 Unbestimmter Artikel und Negativartikel › Lek. 3, 4

Den unbestimmten Artikel „ein-" verwendet man:
- wenn eine Information neu oder unbestimmt ist.
   z. B. Ich habe ein Problem. (→ Das Problem ist neu, man kennt es noch nicht genau.)
- wenn man etwas oder jemanden aus einer zählbaren Menge meint.
   z. B. Ich möchte ein Ei. (nicht zwei)
- wenn etwas oder jemand für eine Gruppe steht.
   z. B. Ein Haus kostet viel Geld.

- Mit dem Negativartikel „kein-" negiert man Nomen.
   z. B. Das ist kein Büro.
- Mehr Informationen zum Negativartikel finden Sie im Kapitel 6.

	Maskulinum (M)	Neutrum (N)	Femininum (F)	Plural (M, N, F)
Nom. unbestimmt / Negativartikel	ein / kein Drucker	ein / kein Gerät	eine / keine Tastatur	Ø / keine Drucker / Geräte / Tastaturen
Akk. unbestimmt / Negativartikel	einen / keinen Drucker	ein / kein Gerät	eine / keine Tastatur	Ø / keine Drucker / Geräte / Tastaturen

2.2.2 Bestimmter Artikel › Lek. 2, 3

Den bestimmten Artikel „der", „das", „die" verwendet man:
- wenn eine Information nicht neu oder wenn sie bestimmt ist.
   z. B. Ich habe ein Problem.   –   Das Problem kenne ich.
        Das ist der Personalchef.
- wenn es um ein ganz bestimmtes Objekt geht und es das Objekt nur einmal gibt (z. B. Regionen, Sehenswürdigkeiten).
   z. B. der Schwarzwald, die Bretagne, das Kunstmuseum von Düsseldorf

	Maskulinum (M)	Neutrum (N)	Femininum (F)	Plural (M, N, F)
Nom. bestimmt	der Drucker	das Gerät	die Tastatur	die Drucker / Geräte / Tastaturen
Akk. bestimmt	den Drucker	das Gerät	die Tastatur	die Drucker / Geräte / Tastaturen

2.2.3 Nullartikel › Lek. 3

Manchmal steht das Nomen ohne Artikel. Dann sprich man vom „Nullartikel".

Verwendung vom Nullartikel
Der unbestimmte Artikel im Plural ist ein Nullartikel, z. B. ein Problem – Ø Probleme.

Man verwendet den Nullartikel auch:
- bei Eigennamen
   z. B. Sie heißt Eva Seidel und wohnt in Fellbach.
- bei Berufsbezeichnungen
   z. B. Er ist Arzt. Sie ist Ingenieurin.
- bei Nationalitätsangaben
   z. B. Sie ist Schweizerin.
- bei Sprachangaben
   z. B. Er spricht Deutsch und Englisch.
- bei unbestimmten Mengen
   z. B. Wir brauchen Kaffee. Er kauft Eier.

2.3 Subjekt und Ergänzungen

2.3.1 Subjekt und Nominativergänzung › Lek. 1, 2, 3

Die Frage nach dem Subjekt lautet:
Wer / Was ist / hat / macht / braucht / …?
Frage nach dem Subjekt: Verb immer im Singular.

z. B. Wer kommt aus Frankreich? – Michele Morel kommt aus Frankreich.
   Wer wohnt in Fellbach? – Gloria und José wohnen in Fellbach.
   Was ist kaputt? – Der Computer ist kaputt.

Die Frage nach der Nominativergänzung lautet:
Wer / Was bist / ist / …?
Frage nach der Nominativergänzung: Das Verb richtet sich nach dem Subjekt in der Frage.

z. B. Wer ist das? – Das ist die Kursleiterin.
   Wer bist du? – Ich bin ein Kollege von Eva.
   Was seid ihr von Beruf? – Wir sind Architekten.

2.3.2 Akkusativergänzung › Lek. 3

Die Frage nach der Akkusativergänzung (= Akkusativobjekt) lautet:
Wen / Was hat / macht / braucht / … Herr Mindt?

z. B. Wen grüßt Herr Mindt? – Herr Mindt grüßt Mara und Leo.
   Was braucht Herr Mindt? – Herr Mindt braucht Büromöbel.

Die Formulierung „es gibt" steht immer mit einer Akkusativergänzung.

z. B. Was gibt es? – Es gibt einen Fehler.

3 Artikelwörter, Pronomen und Fragewörter

3.1 Personalpronomen

3.1.1 Personalpronomen – Bedeutung › Lek. 2

 ich: Sprecher

 du: Adressat
(Singular, informell)

 **er:** Person oder
Sache Maskulinum

 **sie:** Person oder
Sache Femininum

 es: Person oder
Sache Neutrum

 wir: Sprecher + Adressat(en)

 **ihr:** Adressaten
(Plural, informell)

 **sie:** Personen oder
Sachen Plural

 **Sie:** Adressat(en)
(Singular oder Plural,
formell)

3.1.2 Personalpronomen – Deklination › Lek. 2, 4

Nominativ	ich	du	er	sie	es	wir	ihr	sie	Sie
Akkusativ	mich	dich	ihn	sie	es	uns	euch	sie	Sie

Personalpronomen sind im Genus (Maskulinum, Neutrum und Femininum) und Numerus (Singular und Plural) mit dem Nomen identisch.

z. B. Das ist mein Kollege. Er macht Online-Marketing.
Hier ist das Büro von Frau Dr. Erler, sie ist die Geschäftsführerin.
Frau Schmidt organisiert den Messeaufbau. Er ist am 3. und 4. Februar.
Herr Mindt braucht einen Schreibtisch. Er bestellt ihn.

3.2 Possessivartikel

3.2.1 Possessivartikel – Verwendung › Lek. 6

– Der Possessivartikel bezieht sich auf den Besitzer und beantwortet die Frage: Wer hat etwas?
– Die Endung vom Possessivartikel bezieht sich in Genus und Kasus (z. B. Nom., Akk.) auf das „Besitztum".

z. B. Ich habe eine Jacke.   →   Es ist meine Jacke.
→ Der Sprecher ist der Besitzer.   →   Possessivartikel „mein"

Der Possessivartikel bekommt die Endung für Femininum Nominativ Singular, weil „die Jacke" (das Besitztum) dieses Genus (Femininum) hat und im Satz im Nominativ Singular steht.

z. B. Das ist die Mutter von Lisa.   →   Das ist ihre Mutter.
Ich kenne den Vater von Lisa.   →   Ich kenne ihren Vater.
→ Lisa ist die „Besitzerin".   →   Possessivartikel „ihr" (Femininum Singular)

Der Possessivartikel bekommt für „die Mutter" die Endung für Femininum Nominativ Singular, für „den Vater" die Endung für Maskulinum Akkusativ Singular.

z. B. Das ist die Mutter von Franz.   →   Das ist seine Mutter.
Ich kenne den Vater von Franz.   →   Ich kenne seinen Vater.
→ Franz ist der „Besitzer".   →   Possessivartikel „sein" (Maskulinum Singular)

Der Possessivartikel bekommt für „die Mutter" die Endung für Femininum Nominativ Singular, für „den Vater" die Endung für Maskulinum Akkusativ Singular.

3.2.2 Possessivartikel – Deklination › Lek. 6

Possessivartikel im Nominativ und Akkusativ

Nominativ

	Maskulinum (M)		Neutrum (N)		Femininum (F)		Plural (M, N, F)	
ich	mein		mein		meine		meine	
du	dein		dein		deine		deine	
er + es / sie	sein / ihr		sein / ihr		seine / ihre		seine / ihre	
wir	unser	Sohn	unser	Kind	unsere	Tochter	unsere	Söhne / Töchter / Kinder
ihr	euer		euer		eure		eure	
sie	ihr		ihr		ihre		ihre	
Sie (Sg. + Pl.)	Ihr		Ihr		Ihre		Ihre	

	Maskulinum (M)	Neutrum (N)	Femininum (F)	Plural (M, N, F)
Nominativ	mein Sohn	mein Kind	meine Tochter	meine Söhne / Kinder / Töchter
Akkusativ	meinen Sohn	mein Kind	meine Tochter	meine Söhne / Kinder / Töchter

– Die Endungen vom Possessivartikel sind identisch mit den Endungen vom unbestimmten Artikel (ein-) und Negativartikel (kein-).
– **Achtung:** Possessivartikel „euer" + Endung: Stamm „eur-" + Endung: z. B. „euere" → eure

3.3 Demonstrativartikel und -pronomen

3.3.1 Demonstrativartikel und -pronomen – Verwendung › Lek. 9

Demonstrativartikel und Demonstrativpronomen weisen auf eine Person oder Sache hin.
- „dies-" kann als Demonstrativartikel (mit Nomen) oder als Demonstrativpronomen (für das Nomen) verwendet werden. „dies-" hat die Endungen vom bestimmten Artikel.
- Der bestimmte Artikel „der"/„das"/„die" kann auch als Demonstrativartikel oder als Demonstrativpronomen verwendet werden.

z. B. Welcher Computer ist kaputt?	–	Dieser/Der Computer hier. (Demonstrativartikel)
	–	Dieser/Der hier. (Demonstrativpronomen)
Welches Büro ist leer?	–	Dieses/Das Büro dort. (Demonstrativartikel)
	–	Dieses/Das dort. (Demonstrativpronomen)

3.3.2 Demonstrativartikel und -pronomen – Deklination › Lek. 9

	Maskulinum (M)	Neutrum (N)	Femininum (F)	Plural (M, N, F)
Nom.	Welcher Computer? → dieser/der Computer → dieser/der	Welches Büro? → dieses/das Büro → dieses/das	Welche Rechnung? → diese/die Rechnung → diese/die	Welche Computer? /Büros/ Rechnungen → diese/die Computer /… → diese/die
Akk.	Welchen Computer? → diesen/den Computer → diesen/den	Welches Büro? → dieses/das Büro → dieses/das	Welche Rechnung? → diese/die Rechnung → diese/die	Welche Computer?/Büros/Rechnungen → diese/die Computer /… → diese/die

3.4 Fragewörter

3.4.1. Wer, Wen, Was, …? › Lek. 1, 2, 3, 4, 7

Wer?	Subjekt (Person)	Wer ist Michele Morel? – Ich.
Wen?	Akkusativergänzung (Person)	Wen besuchst du? – Meinen Bruder.
Was?	Subjekt oder Akkusativergänzung (Sache)	Was klappt nicht? – Die Reparatur. Was braucht Herr Mindt? – Einen Schreibtisch.
Wie?	modal (Art und Weise)	Wie geht es dir? – Gut.
Wo?	lokal (Ort)	Wo wohnst du? – In München.
Wohin?	lokal (vom Sprecher weg)	Wohin fahren Sie? – Nach Bonn.
Woher?	lokal (zum Sprecher hin)	Woher kommen Sie? – Aus Österreich.
Wann?	temporal (Zeit)	Wann hast du Zeit? – Am Nachmittag.
Warum?	kausal (Grund)	Warum ist morgen eine Feier? – Gloria und José arbeiten schon ein Jahr bei Erler & Co.
Wie viel?	Frage nach unbestimmter Menge	Wie viel Arbeit hat er noch? – Sehr viel.
Wie viele?	Frage nach Anzahl	Wie viele Kollegen hat er? – Fünf.

3.4.2 Welcher, Welches, Welche? › Lek. 3, 9

Mit „welch-" fragt man nach Dingen und Personen. „Welch-" hat die Endungen vom bestimmten Artikel.

z. B. Welcher Computer ist kaputt?	–	Der Computer von Herrn Mindt.
Welchen Drucker kann ich benutzen?	–	Den in Zimmer 22.

	Maskulinum (M)	Neutrum (N)	Femininum (F)	Plural (M, N, F)
Nominativ	Welcher Computer?	Welches Büro?	Welche Rechnung?	Welche Computer / …?
Akkusativ	Welchen Computer?	Welches Büro?	Welche Rechnung?	Welche Computer / …?

4 Konnektoren

4.1 „aduso"-Konjunktionen › Lek. 4, 10

Die „aduso"-Konjunktionen verbinden zwei Sätze / Satzteile und stehen auf Position 0.
- „aber" drückt einen Gegensatz aus.
- „denn" gibt einen Grund an.
- „und" verbindet zwei Sätze oder Satzteile.
- „sondern" gibt eine Alternative zu einem negierten Satzteil aus Satz 1 an.
- „oder" gibt eine Alternative an.

So können Sie die Konjunktionen auf Position 0 gut lernen:
aber, denn, und, sondern, oder → „aduso"-Konjunktionen

1. Hauptsatz / Satzteil	Position 0	2. Hauptsatz / Satzteil
Frau Schmidt organisiert den Messeaufbau,	aber	(sie organisiert) nicht den Messeabbau.
Ich kann heute Nachmittag nicht,	denn	ich habe eine Teambesprechung.
Im April komme ich nach Frankfurt	und	(ich) besuche die Frühjahrsmesse.
Frau Peters fährt nicht mit dem ICE,	sondern	(sie fährt) mit dem Regionalexpress.
Herr Bastian macht den Messeaufbau in München	oder	(er) organisiert den Messeaufbau in Berlin.

- Vor „aber", „denn" und „sondern" steht immer ein Komma.
- Subjekt (und Verb) im ersten Hauptsatz = gleich Subjekt (und Verb) im zweiten Hauptsatz →
  Das Subjekt (und Verb) im zweiten Hauptsatz kann wegfallen.

aber
z.B. Barbara organisiert die Messe in München, aber (sie) macht nicht die Messe in Berlin.
      Barbara kennt Hanna und Kristin, aber (sie kennt) Daniela nicht.

und
z.B. Frau Schmidt plant die Termine und (sie) organisiert die Messen.
      Frau Schmidt macht Urlaub im Mai und (sie macht Urlaub) im Oktober.

sondern
z.B. Frau Peters macht nach Chur keine Dienstreise, sondern (sie) besucht dort eine Freundin.
      Frau Peters fliegt nicht von Hamburg, sondern (sie fliegt) von Hannover.

oder
z.B. Herr Bastian skypt mit Japan oder (er) telefoniert.
      Herr Bastian hat am Mittwoch eine Teambesprechung oder (er hat) ein Meeting mit Frau Ogashi.

Sätze mit **„denn"** kann man **nicht** verkürzen.
z.B. Frau Schmidt besucht die Messe in München, denn sie macht dort den Messeaufbau.
      Frau Schmidt reist nicht gern, denn sie reist sehr viel.

- Das Subjekt (und Verb) kann auch im ersten Hauptsatz wegfallen.
  z.B. Am Freitag (kann ich) oder am Samstag kann ich.

5 Angaben im Satz

5.1 Angaben mit temporalen Präpositionen

5.1.1 Einen Zeitpunkt benennen

am + Wochentag, Tageszeit › Lek. 4
z. B.   Am Montag fliegt Frau Ogashi nach Deutschland.
Sie kommt am Abend.

am + Datum   › Lek. 4
z. B.   Sie hat am 5. Oktober einen Termin.

im + Monat, Jahreszeit   › Lek. 4
z. B.   Die ISPO Munich ist im Februar.
Im Sommer ist Frau Faller vier Wochen in Urlaub.

um + Uhrzeit   › Lek. 4
z. B.   Um 9:00 Uhr kommen die Büromöbel.
Das Meeting ist um 16:30 Uhr.

nach + Jahreszahl, Monat, Tag, Uhrzeit = später als dieser Zeitpunkt
z. B.   Nach März 2013 konnte man das Auto nicht mehr kaufen.
Nach Montag habe ich Zeit.
Nach 18:00 Uhr habe ich frei.

vor + Jahreszahl, Monat, Tag, Uhrzeit = früher als dieser Zeitpunkt
z. B.   Vor März 2013 konnte man das Auto noch kaufen.
Vor Montag habe ich keine Zeit.
Vor 18:00 Uhr habe ich nicht frei.

5.1.2 Eine Zeitspanne benennen

ab + Jahr, Monat, Tag, Uhrzeit, Zeitpunkt = Beginn einer Zeitspanne. Der Beginn ist oft in der Zukunft, kann aber auch in der Vergangenheit sein.   › Lek. 8
z. B.   Ab Januar 2003 lebten wir in Hamburg, letztes Jahr sind wir nach Berlin umgezogen.
Ab Montag öffnet die Bank um 8:30 Uhr.
Ab 10:00 Uhr können Sie mich anrufen.

seit + Jahr, Monat, Tag, Uhrzeit, Zeitpunkt = Anfang einer Zeitspanne in der Vergangenheit bis jetzt. Der Satz steht im Präsens.   › Lek. 8
z. B.   Seit September 1991 lebe ich hier.
Herr Bax ist seit Montag krank.
Seit 15:00 Uhr sind die Kollegen im Meeting.
Seit drei Wochen lernt Manuel Deutsch.

von . . . bis = Anfang und Ende einer Zeitspanne   › Lek. 4
z. B.   Der Deutschkurs geht von Januar bis März.
Frau Ogashi ist von Dienstag bis Samstag in Deutschland.
Die Besprechung ist von 10:00 bis 12:00 Uhr.

vom . . . bis (zum) + Datum = Anfang und Ende einer Zeitspanne   › Lek. 4
z. B.   Vom 20. bis (zum) 31. August machen wir Urlaub.

5.2 Angaben mit lokalen Präpositionen

5.2.1 Einen Ort angeben

bei + Firma, Person im Dativ   › Lek. 5

z. B.   Ich arbeite bei / bei der Firma / beim Unternehmen Compogroup.
Der Journalist ist bei Frau Weber.

in + Land, Stadt (ohne Artikel)   › Lek. 2

z. B.   Ich wohne in Frankreich.
Ich wohne in Stuttgart.
Ausnahme: Länder mit Artikel: **in** + Artikel im Dativ + Land
z. B. Ich wohne in der Schweiz / in den USA / im Iran.

5.2.2 Eine Richtung angeben

aus + Land, Stadt (ohne Artikel)   › Lek. 1

z. B.   Er kommt aus Deutschland.
Er kommt aus München.
Ausnahme: Länder mit Artikel: **aus** + Artikel im Dativ + Land
z. B. Ich komme aus der Schweiz / aus den USA / aus dem Iran.

nach + Land, Stadt (ohne Artikel)   › Lek. 7

z. B.   Ich fliege nach Mexiko.
Ich fahre nach Köln.
Ausnahme: Länder mit Artikel: **nach** + Artikel im Akkusativ + Land
z. B. Ich fahre in die Schweiz / in die USA / in den Iran.

nach + Entfernung   › Lek. 7

z. B.   Biegen Sie nach 200 m rechts ab.

von + Ort, Person im Dativ   › Lek. 7

z. B.   Ich komme vom Bahnhof.
Biegen Sie hier von der Autobahn ab.
Herr Mahlberg bekommt von Frau Häuser eine E-Mail.

von ... bis (zu) + Ort im Dativ   › Lek. 7

z. B.   Wir fahren mit dem Auto von Frankfurt bis Bonn-Vilich, dann nehmen wir die Straßenbahn.
Geh vom Bahnhof bis zum Museum / zur Maximilianstraße.

zu + Ort, Person im Dativ   › Lek. 7

z. B.   René fährt zum Park & Ride-Parkplatz.
Herr Mahlberg fährt zu Gerhards / zur Firma Gerhards.

5.2.3 Einen Ort oder eine Richtung angeben   › Lek. 5, 7

Ort: an + Dativ

z. B.   Ich bin bei einer Firma am Bahnhof.
Parken Sie am Museum.
Überqueren Sie die Straße an der Ampel.

Richtung: an + Akkusativ

z. B.   Fahren Sie an das Ende vom Parkplatz!
Fahren Sie an die Ampel!
Fahren Sie an die Seite!

Ort: auf + Dativ

z. B.   Park dein Auto auf dem Park & Ride-Parkplatz.
Das Buch ist auf dem Tisch.
Gehen Sie auf der Poststraße geradeaus.

Richtung: auf + Akkusativ

z. B.   Fahr auf den Park & Ride-Parkplatz.
Sehen Sie auf das Navi!
Fahr hier rechts auf die Autobahn.

Ort: in + Dativ

z. B.   Herr Kuhme arbeitet im (= in dem) Einkauf.
Wir sind im (= in dem) Museum.
Frau Weber ist in der Marketingabteilung.

Richtung: in + Akkusativ

z. B.   Fahren Sie in den Cassiusgraben!
Wir gehen in das Museum.
Herr Mahlberg biegt in die Europaallee ein.

6 Negation

6.1 Negation mit „nicht" und „kein-"

6.1.1 Negation mit „nicht" › Lek. 4

„nicht" vor einem Wort / Ausdruck verneint das Wort / den Ausdruck.
z. B.   Ich arbeite nicht am Wochenende.
Das Meeting ist nicht um 9:00 Uhr.
Er telefoniert nicht gern.

„nicht" am Satzende verneint den Satz.
z. B.   Frau Ogashi kommt nicht.
Am Wochenende kann ich nicht.
Ich arbeite heute nicht.

„nicht" steht immer vor dem zweiten Verb, dem zweiten Verbteil, der Vorsilbe von trennbaren Verben,
einer Prädikatsergänzung.
z. B.   Ich kann dich nicht besuchen.
Er ist gestern nicht gekommen.
Wir fahren nicht weg.
Die Besichtigung war nicht interessant.

6.1.2 Negation mit „kein-" › Lek. 4

„kein-" verneint Nomen mit unbestimmtem Artikel oder Nullartikel.
z. B.   Sie plant einen Messebesuch. → Sie plant keinen Messebesuch.
Ich habe Zeit. → Ich habe keine Zeit.

„kein-" dekliniert man wie den unbestimmten Artikel.

	Maskulinum (M)	Neutrum (N)	Femininum (F)	Plural (M, N, F)
Nom.	ein / kein Termin	ein / kein Meeting	eine / keine Präsentation	Ø / keine Termine / …
Akk.	einen / keinen Termin	ein / kein Meeting	eine / keine Präsentation	Ø / keine Termine / …

6.2 Sätze mit „nicht/kein- …, sondern" › Lek. 10

- Bei „nicht …, sondern" bzw. „kein- …, sondern" verneinen „nicht" bzw. „kein-" ein Satzelement. „nicht" bzw. „kein-"
  stehen vor dem Satzelement.
- „sondern" nennt die Alternative. „sondern" ist eine Konjunktion und steht wie „aber", „denn", „und" „oder" auf
  Position 0.
- Verb im ersten Hauptsatz = gleich Verb im zweiten Hauptsatz → Das Verb im zweiten Hauptsatz kann wegfallen.
- Subjekt im ersten Hauptsatz = gleich Subjekt im zweiten Hauptsatz → Das Subjekt im zweiten Hauptsatz kann
  wegfallen.
  z. B.   Nicht ich habe am Wochenende frei, sondern eine Kollegin (hat frei).
  Ich habe nicht am Wochenende frei, sondern (ich habe) am Montag (frei).
  Ich habe am Wochenende nicht frei, sondern (ich) muss arbeiten.
  Die Kollegin arbeitet am Wochenende nicht, sondern (sie) hat frei.
  Frau Peters nimmt keinen Charterflug, sondern (sie nimmt) einen Linienflug.

6.3 Die Präposition „ohne" › Lek. 7

„mit" → „ohne"
z. B.   Nimmst du den Kaffee mit Zucker?   –   Nein, ich nehme ihn ohne Zucker.
Ist das Meeting mit Herrn Bastian?   –   Nein, das Meeting ist ohne Herrn Bastian.

Lektion 1

1A Herzlich willkommen!

1 **Gespräch 1:** Guten Tag, mein Name ist George Peters. • Woher kommen Sie? • Ich komme aus England. Und woher kommen Sie? • Ich komme aus Frankreich.
Gespräch 2: Guten Tag. Mein Name ist Axel Berg. Und wie heißen Sie? • Ich heiße Paula Arias. Ich komme aus Peru. • Und ich komme aus Österreich, aus Wien.

2a/b 1. Ich komme aus Polen. • 2. Wie heißen Sie? • Mein Name ist Jan Nowak. • 3. Wer sind Sie? • Ich bin Olga Iwanowa aus Russland.

2c

		Position 1	Position 2	
2.	a.	Wer	sind	Sie?
	b.			Paula Arias aus Peru.
3.	a.	Wie	heißen	Sie?
	b.			George Peters.

3a Ich komme aus dem Irak. • Ich komme aus dem Iran. • Ich komme aus den Niederlanden. • Ich komme aus Peru. • Ich komme aus Spanien. • Ich komme aus Südafrika. • Ich komme aus der Türkei. • Ich komme aus den USA.

3b 1. Nordamerika • 2. Südamerika • 3. Europa • 5. Asien • 6. Australien

3c **Asien:** Japan • **Australien:** alles falsch • **Europa:** Griechenland • **Nordamerika:** Kanada • **Europa:** Tschechien

1B Guten Tag, das ist …

1a 2b • 3a • 4b • 5b • 6a • 7b

1b **kommen:** du kommst • er / sie kommt • Sie (Sg. + Pl.) kommen • **heißen:** ich heiße • du heißt • er / sie heißt • Sie (Sg. + Pl.) heißen • **sein:** ich bin • du bist • er / sie ist • Sie (Sg. + Pl.) sind

1c 2. kommst • 3. komme • 4. heißt • 5. ist • 6. bist • 7. bin • 8. heißt • 9. heißt

2a Ä: Ärger • B: Berta • C: Cäsar • D: Dora • E: Emil • F: Friedrich • G: Gustav • H: Heinrich • I: Ida • J: Julius • K: Kaufmann • L: Ludwig • M: Marta • N: Nordpol • O: Otto • Ö: Ökonom • P: Paula • Qu: Quelle • R: Richard • S: Siegfried / Samuel • T: Theodor • U: Ulrich • Ü: Übermut • V: Viktor • W: Wilhelm • X: Xanthippe • Y: Ypsilon • Z: Zeppelin / Zacharias

2b Ägypten • Alphabet • Amerika • Anton • Antwort • Argentinien • Asien • Australien

1C Kommen Sie aus …?

1a 2b • 3a • 4b

1b 2. Kommen Sie aus Japan? • 3. Nein. Ich komme aus China. • 4. Woher kommst du? • 5. Sind Sie der Praktikant aus Polen? • 6. Ja. Ich bin aus Polen. • 7. Elena kommt aus Griechenland.

1c 3. Woher kommen Sie? • 4. Kommst du aus der Türkei? • 5. Wie heißen Sie? • 6. Wie heißt du? • 7. Wie heißen Sie? • 8. Wer sind Sie?

2a 2. die Ärztin • 3. der Bankkaufmann • 4. die Hotelfachfrau • 5. der Ingenieur • 6. die Journalistin • 7. der Koch • 8. der Lehrer • 9. die Sekretärin • 10. der Maler

2b 2. Gärtner / Gärtnerin • 3. Informatiker / Informatikerin • 4. Krankenpfleger / Krankenschwester • 5. Designer / Designerin • 6. Anwalt / Anwältin • 7. Altenpfleger / Altenpflegerin • 8. Techniker / Technikerin

1D Mein Name ist …

1 2. zwei • 3. sechs • 4. drei • 5. acht • 6. neun • 7. fünf • 8. null

2 2E • 3H • 4J • 5A • 6G • 7K • 8F • 9C • 10I • 11L • 12D

Rechtschreibung

1a 2. Ich heiße Olivia Miller. • 3. Woher kommst du? • 4. Er kommt aus Russland. • 5. Wie schreibt man das? • 6. Was machen Sie beruflich? • 7. Ich bin Informatiker von Beruf. • 8. Bist du aus dem Iran? • 9. Mein Name ist Paula Arias.

1b 2. Axel Berg ist Personalreferent von Beruf. • 3. Bist du die Praktikantin aus Linz? • 4. Was macht Herr Dahm beruflich? • 5. Auf Wiedersehen, Frau Fischer. • 6. Ich komme aus den Niederlanden, aus Amsterdam.

Kurssprache

1a 2. Lesen Sie. • 3. Hören Sie. • 4. Schreiben Sie.

1b 2A • 3F • 4I • 5H • 6G • 7B • 8D • 9C

1c 2. Text hören • 3. Zusatzaufgabe • 4. Ausspracheregel • 5. Film sehen

Lektion 2

2A Neu in der Firma

1a **Singular Maskulinum: der:** der Ingenieur • der Koch • der Kurs • der Mann • der Name • der Partner • der Titel • **Singular Femininum: die:** die Ärztin • die Frau • die Nummer • die Praktikantin • die Stadt • die Straße • **Singular Neutrum: das:** das Büro • das Café • das Foto • das Gespräch • das Hotel • das Land • das Wort

1b **–:** der Partner – die Partner • der Titel – die Titel • **-e:** der Ingenieur – die Ingenieure • der Kurs – die Kurse • das Gespräch – die Gespräche • **⸚e:** der Koch – die Köche • die Stadt – die Städte • **⸚er:** der Mann – die Männer • das Land – die Länder • das Wort – die Wörter • **-n:** der Name – die Namen • die Nummer – die Nummern • die Straße – die Straßen • **-en:** die Frau – die Frauen • **-nen:** die Ärztin – die Ärztinnen • die Praktikantin – die Praktikantinnen • **-s:** das Büro – die Büros • das Café – die Cafés • das Foto – die Fotos • das Hotel – die Hotels

1c **Pl. Maskulinum (♂♂):** -er • **Sg. Femininum (♀):** -in • **Pl. Femininum (♀♀):** -innen

2a Finanzchefin • Finanzmanager • Marketingabteilung • Marketingchefin • Marketingmanager • Personalabteilung • Personalchefin • Personalmanager

2b 3. Bestimmungswort: das Marketing + Grundwort: die Assistentin • 4. Bestimmungswort: das Personal + Grundwort: die Assistentin • 5. Bestimmungswort: das Personal + Grundwort: das Büro • 6. Bestimmungswort: der Ingenieur + Grundwort: das Büro

2c b

2d 2. das Personal + die Abteilung: die Personalabteilung • 3. die E-Mail + die Adresse: die E-Mail-Adresse • 4. die Familie + der Name: der Familienname • 5. das Geschäft + die Führerin: die Geschäftsführerin • 6. das Haus + die Nummer: die Hausnummer • 7. das Telefon + die Nummer: die Telefonnummer • 8. das Telefon + das Gespräch: das Telefongespräch • 9. das Büro + der Leiter: der Büroleiter

3 2. Guten Tag! • 3. Guten Abend! • 4. Gute Nacht!

2B Im Personalbüro

1 3. Wie ist der Vorname von Frau Seidel? • 4. Wo wohnt Eva? • 5. Woher kommt Eva? • 6. Wer ist Herr Asamoah? • 7. Was ist falsch?

2a 2I • 3A • 4F • 5C • 6H • 7B • 8D • 9G

2b 2. einhundertsechs • 3. vierundsechzig • 4. sechshundert • 5. sechzehn • 6. sechsundvierzig • 7. sechshundertsechs • 8. sechsundsechzig

2c 2. 100 • 3. 1000 • 4. 100 000 • 5. 11 • 6. 1 000 000 • 7. 1 000 000 000 • 8. 10 000 • 9. 1 000 000 000 000

3 2. 0711 / 59 2 83 • 3. 0 165 / 72 44 12 • 4. 089 / 45 54 0 86 • 5. 0 170 / 21 23 78 • 6. 0221 / 14 39 13

4a 3. ich • 4. ihr • 5. er • 6. sie • 7. Sie • 8. sie • 9. du

4b 2. Gloria und José • 3. Frau Song und Herr Wirtz • 4. Frau Roth • 5. Herr Heller

4c 2. Wo wohnt ihr? • 3. Wo arbeiten Sie? • 4. Wer bist du?

5a **wohnen:** du wohnst • er / sie / es wohnt • wir wohnen • ihr wohnt • sie wohnen • **leben:** ich lebe • du lebst • er / sie / es lebt • wir leben • ihr lebt • Sie (Sg. + Pl.) leben • **machen:** ich mache • du machst • er / sie / es macht • ihr macht • sie machen • Sie (Sg. + Pl.) machen • **heißen:** ich heiße • du heißt • er / sie / es heißt • wir heißen • sie heißen • Sie (Sg. + Pl.) heißen • **arbeiten:** ich arbeite • du arbeitest • wir arbeiten • ihr arbeitet • sie arbeiten • Sie (Sg. + Pl.) arbeiten • **reden:** ich rede • er / sie / es redet • wir reden • ihr redet • sie reden • Sie (Sg. + Pl.) reden

5b 2. heißt • 3. Kommt • 4. wohnen • 5. leben • 6. machen • 7. arbeitet • 8. zeichnet • 9. notiere • 10. rechnest

5c 2. Sind • 3. bin • 4. bin • 5. sind • 6. seid • 7. sind • 8. ist • 9. bist • 10. sind

5d 2. bin • 3. ist • 4. kommt / ist • 5. kommen / sind • 6. kommt / ist • 7. wohnen • 8. sind • 9. machst • 10. Arbeitest • 11. Wohnst

6 2. belgisch • 3. Brasilien • 4. Deutschland • Deutsch • 5. finnisch • 6. Neuseeland • Englisch • 7. Österreich • Deutsch • 8. schweizerisch • 9. tunesisch • 10. Englisch

7 2. Gerald. • 3. Marketingleiter. • 4. Bei Erler & Co. •

5. Deutsch, Englisch, Finnisch und Akan. • 6. Finnisch. • 7. In Esslingen. • 8. Die Adresse ist Blumenstraße 98a, 73728 Esslingen. • 9. Die Telefonnummer ist 0711 / 65434. • 10. g.asamoah@xpu.de.

2C Das Team

1 2b • 3b • 4a • 5b • 6a

2a 2a • 3a • 4b • **Gespräch 2:** Foto 1 • **Gespräch 3:** Foto 4 • **Gespräch 4:** Foto 2

2b 2. A • 3. A • 4. CH • 5. D • 6. A • 7. D • 8. D • 9. CH • 10. D • 11. CH • 12. A

2c **formell begrüßen:** Grüezi • Grüß Gott • Guten Tag • **formell verabschieden:** Auf Wiederschau'n • Auf Wiedersehen • **informell begrüßen:** Hoi • Servus • Hallo • **informell verabschieden:** Tschau • Servus • Tschüss

2D Arbeiten hier und dort

1 **Englisch:** 2. percent • 3. number • 4. colleague • 5. team • 6. international

2 2. Bei Erler & Co. ist Eva glücklich. / Eva ist bei Erler & Co. glücklich. • 3. Hier sagen wir „du". / Wir sagen hier „du". • 4. Aus Spanien kommen zwei Kollegen. / Zwei Kollegen kommen aus Spanien. • 5. Aus Europa sind 68 %. / 68 % sind aus Europa.

Rechtschreibung

1 2. sechzehn • 3. null • 4. dreißig • 5. Million • 6. zwanzig • 7. fünfundsiebzig • 8. zwei • 9. achtzig • 10. einhundert • 11. Milliarde • 12. dreiundneunzig • 13. vierzig • 14. siebentausend • 15. achtzehn • 16. zwölf

Lektion 3

3A Arbeitsalltag

1 2. der • die Computer • 3. die • die Mäuse • 4. der • die Notizblöcke • 5. der • die Schreibtische • 6. die • die Tastaturen • 7. der • die Stifte • 8. der • die Drucker • 9. das • die Mauspads • 10. der • die Bürostühle • 11. der • die Kalender • 12. die • die Lampen

2 **Maskulinum (M):** der Notizblock • der Schreibtisch • der Stift • der Drucker • der Bürostuhl • der Kalender • **Neutrum (N):** das Mauspad • **Femininum (F):** die Tastatur • die Lampe

3 2. eine • Die • 3. ein • Das • 4. – • Die

4 2. grün • 3. blau • 4. rot • 5. weiß • 6. gelb

3B Ich habe ein Problem

1 **haben:** du hast • er / sie / es hat • Sie haben (Sg.) • wir haben • ihr habt • sie haben • Sie haben (Pl.)

2 2a • 3b • 4b • 5a • 6b • 7b • 8a

3a/b **Neutrum (unbestimmter Artikel):** ein • ein • **Femininum (bestimmter Artikel):** die • die • **Femininum (unbestimmter Artikel):** eine • eine • **Plural (bestimmter Artikel):** die • die • **Plural (unbestimmter Artikel):** – • – • –

3c 2. Der Computer ist kaputt. • 3. Herr Mindt braucht den Computer. • 4. Er fragt die Technikerin. • 5. Die Technikerin kennt den Fehler. • 6. Die Reparatur klappt nicht. • 7. Herr Mindt schreibt einen Auftrag. • 8. Die Technikerin bestellt die Geräte.

3d 3. Der Computer. • 4. Den Computer. • 5. Die Technikerin. • 6. Die Technikerin. • 7. Die Reparatur. • 8. Einen Auftrag. • 9. Die Geräte.

3e 2. ein • 3. die • 4. das • 5. Der • 6. Die • den • 7. den • 8. Die • 9. die • 10. Die • eine

4a 2C • 3A • 4F • 5B • 6D

4b **Betreff:** Bestellung • **E-Mail:**
Lieber Herr Mindt,
ich habe eine Information: Der Computer ist da. Antworten Sie bitte kurz. Vielen Dank.
Viele Grüße – I. Ley

3C Alles neu im Büro

1a Im Uhrzeigersinn: das Notebook, -s • der Schreibtisch, -e • der Rollcontainer, – • der Schreibtischstuhl, ̈e • der Besucherstuhl, ̈e • der Besprechungstisch, -e • das Flipchart, -s • das Regal, -e

1b *Mögliche Lösungen:* **Stifte:** der Kugelschreiber, – • der Marker, – • **Papier:** der Notizblock, ̈e • **Ordnung:** die Büroklammer, -n • die Heftmaschine, -n • der Ordner, ̈ • **Sonstiges:** der Locher, – • der Radiergummi, -s • der Spitzer, –

1c 3. der Notebookbildschirm • 4. das Flipchartpapier • 5. das Notizpapier • 6. der Computerbildschirm • der Computertisch, -e • 7. der Papierkorb • 8. die Schreibtischlampe

2a 2. Regel 3 • 3. Regel 1 • 4. Regel 2

2b 2. ein • 3. einen • 4. einen • 5. ein • 6. – • 7. einen • 8. – • 9. einen • 10. – • 11. –

3 2. genug • 3. zu • 4. nicht • 5. zu

3D Viele Grüße aus …

1 2. sehr alt • 3. sehr schön, groß und hell • 4. kaputt • 5. sehr zufrieden

2a 2. Welches Büro ist leer? – Das Büro von Herrn Mindt. • 3. Welche Maus ist kaputt? – Die Maus von Herrn Mindt. • 4. Welche Kollegen sind nett? – Die Kollegen von Herrn Mindt.

Regel: bestimmter

2b 2. Welche • Die Ordner • 3. Welches • Das Regal • 4. Welcher • Der Marker • 5. Welche • Die Lampe

3a 2. Saarland • 3. sehr • 4. Ich habe • 5. Liebe Grüße

3b *Mögliche Lösung:* … jetzt in DD bei W. Kollegen u. Chef sind s. nett. Hab schon eine Whg. Maria u. d. Kinder kommen bald. LG Marvin

4a 2. Unternehmensgründung • 3. Tätigkeit • 4. Standort • 5. Geschäftsführer • 6. Mitarbeiterzahl • 7. Geschäftsbereiche

4b 2. Standort • 3. Geschäftsführer • 4. Unternehmensgründung • 5. Mitarbeiterzahl • 6. Tätigkeit • 7. Geschäftsbereiche

Rechtschreibung

1a 2. Drucker • druckt • 3. Kugelschreiber • bestelle • 4. Bürostuhl • Bürostühle • alt • 5. Kundenservice • braucht • 6. Schrank • leer • 7. Notebook • repariert • 8. Fehler • kennt • 9. Hotline • funktioniert • 10. Bestellliste • dringend

Lektion 4

4A Termine wann und wo?

1a 2c • 3c • 4a • 5b • 6b • 7a • 8b

1b 2. Dienstag • 3. Mittwoch • 4. Donnerstag • 5. Freitag • 6. Samstag • 7. Sonntag

1c 2. Freitag, 18:45 Uhr • 3. Mittwoch, 9:22 Uhr • 4. Samstag, 11:00 Uhr • 5. Donnerstag, 14:04 Uhr • 6. Montag, 13:39 Uhr

1d 2. um • 3. um • 4. Am • um • 5. Am • um • 6. um

2 2. 16:00 Uhr • nachmittags • Guten Tag! • 3. 19:00 Uhr • abends • Guten Abend! • 4. 00:30 Uhr • nachts • Gute Nacht! • 5. 11:00 Uhr • vormittags • Guten Tag! • 6. 07:45 Uhr • morgens • Guten Morgen!

4B Hast du Zeit?

1a 2. eine Dreiviertelstunde • 3. eine Minute • 4. eine halbe Stunde • 5. fünfzig Minuten • 6. zwanzig Minuten • 7. eine Stunde • 8. vierzig Minuten • 9. zehn Minuten • 10. eine Viertelstunde

1b 2A • 3E • 4B • 5C • 6G • 7D

1c 2. zehn Uhr dreißig • halb elf • 3. dreizehn Uhr zehn • zehn nach eins • 4. fünfzehn Uhr vierzig • zwanzig vor vier • 5. sechzehn Uhr fünfundvierzig • Viertel vor fünf • 6. zwanzig Uhr fünf • fünf nach acht • 7. dreiundzwanzig Uhr fünfunddreißig • fünf nach halb zwölf • 8. null Uhr fünfzehn • Viertel nach zwölf

2 2. Um wie viel Uhr ist die Teambesprechung? • 3. Von wann bis wann geht die Teambesprechung? • 4. Wann kommt Frau Dr. Amos? • 5. Von wann bis wann kommt Herr Bauer?

3a 2. Am Wochenende kann ich nicht. • 3. Die Präsentation ist nicht gut. • 4. Frau Schmidt hat nicht viele Termine. • 5. Abends arbeitet Barbara nicht.

3b 2. kein • 3. keine • 4. keine • 5. kein • 6. kein • 7. keine • 8. keinen

3c 2. kein • 3. nicht • 4. nicht • 5. keine • 6. nicht

3d 2. Nein, ich arbeite nicht lang. • 3. Nein, ich habe kein Treffen mit Frau Ogashi. • 4. Nein, ich schreibe keine E-Mail. • 5. Nein, ich komme am Sonntag nicht. • 6. Nein, ich mache keine Präsentation. • 7. Nein, ich arbeite nicht gern.

4C Arbeit und Urlaub

1 **Frühling:** März • Mai • **Sommer:** Juni • Juli • **Herbst:** Oktober • November • **Winter:** Dezember • Januar

2a 2a • 3b • 4b • 5b • 6a

2b **Februar:** … zum zweiten Zweiten • **März:** vierzehnte Kalenderwoche, am einunddreißigsten Dritten • **Juni:** dreiundzwanzigste Kalenderwoche, vom vierten bis zum sechsten Sechsten • **August:** dreiunddreißigste Kalenderwoche, am fünfzehnten Achten • **Oktober:** zweiundvierzigste Kalenderwoche, am zwölften Zehnten • **November:** sechsundvierzigste Kalenderwoche, vom neunten bis zum elften Elften • **Dezember:** zweiundfünfzigste und dreiundfünfzigste KW, vom siebenundzwanzigsten bis zum neunundzwanzigsten Zwölften

2c 1. Kalenderwoche: 19 • Termin: 15. bis 20.04. • 2. Datum: 02.07. • Wochentag: Dienstag • Uhrzeit: 07:30 Uhr • 3. Datum: 02. bis 04.02. • Anreise bis: 22:00 Uhr • Frühstück wann: von 7:00 bis 10:30 Uhr

2d 2. Kino, am Mittwoch, den / dem zwölften Juni • 3. Restaurant, am Sonntag, den / dem achtzehnten Ersten • 4. Meeting, am Freitag, den / dem neunundzwanzigsten Fünften

3 2. 1908 • 3. 1718 • 4. 2011

4 2. von … bis • 3. Von … bis • 4. Am … um • 5. In der … bis • 6. im … im

5 2. a • c • 3. b • c • 4. a • b

4D Ich grüße dich!

1a 2. Wer plant den Messeaufbau? (N) • 3. Was macht Herr Bastian? (A) • 4. Wer macht viel Arbeit? (N) • 5. Wen kontrolliert der Chef oft? (A)

1b 2b • 3a • 4b • 5a • 6b

1c 2. du • 3. Ich • 4. ihn • 5. er • 6. Wir • 7. ihr • 8. Wir • 9. du • 10. er • 11. ihn • 12. uns

2a 2a • 3b • 4b • 5a

2b / c

1. Hauptsatz / Satzteil	Position 0	2. Hauptsatz / Satzteil
2. Du arbeitest schnell und viel,	aber	du machst viele Fehler.
3. Im April komme ich nach Frankfurt,	denn	ich besuche die Frühjahrsmesse.
4. Kommt der Techniker heute	oder	morgen?
5. Firma Klotz produziert in Deutschland	und	in Japan.
6. Frau Schmidt kennt die Modemesse in Berlin,	aber	nicht die Bildungsmesse in Zürich.
7. Herr Bastian macht den Messeaufbau	und	Frau Schmidt organisiert den Messeabbau.
8. Machen wir eine Skype-Konferenz	oder	telefonieren wir?
9. Morgen arbeiten wir nicht,	denn	es ist Sonntag.

2d / e Die Wiederholungen sind grau markiert: 2. Frau Schmidt plant die Termine und sie organisiert die Messen. • 3. Frau Schmidt hat am Samstag keine Zeit, aber am Sonntag hat sie Zeit. • 4. Herr Bastian skypt mit Japan oder er telefoniert mit Japan. • 5. Die Skype-Konferenz mit Japan ist am Montag und sie ist am Mittwoch. • 6. Frau Schmidt besucht die Messe, denn sie macht den Messeaufbau. •

Kürzere Sätze ohne Wiederholung: 3. Frau Schmidt hat am Samstag keine Zeit, aber am Sonntag. • 4. Herr Bastian skypt oder telefoniert mit Japan. • 5. Die Skype-Konferenz mit Japan ist am Montag und am Mittwoch. • (Satz 6 mit „denn" kann man nicht kürzen.)

Rechtschreibung

1 2. Wann • Wochenende • 3. Der Wievielte • dritte Zweite • 4. Um wie viel Uhr • Viertel vor sechs • 5. Von wann bis wann • von drei bis vier Uhr • 6. Am Wievielten • am fünften Achten • 7. Wann • Juli • 8. Wie spät • zehn nach zwölf

Lektion 5

5A Das Werk

1 2. b • c • d • 3. a • b • d • 4. a • c • d • 5. b • c • d • 6. a • b • c

2a

Position 1	Position 2: Modalverb		Satzende: Verb (Infinitiv)
3. Der Journalist	will	einen Artikel für die „Thüringer Zeitung"	schreiben.
4. Wann	möchte	Herr Becker	kommen?
6. Wen	kann	er	interviewen?
7. Leider	kann	Frau Lahn nicht schnell	antworten.

Position 1: Modalverb		Satzende: Verb (Infinitiv)
5. Will	der Journalist drei Mitarbeiter	interviewen?

2b 2. Frau Wahner will auch kommen. • 3. Ein Mitarbeiter möchte die Produktion präsentieren. • 4. Frau Wahner kann das Unternehmen besichtigen. • 5. Wer kann die Mitarbeiter interviewen? • 6. Frau Wahner kann die Mitarbeiter fotografieren.

2c *Mögliche Lösungen:* Was möchten Sie am Abend machen? – Ich möchte ins Kino gehen. • Was möchten Sie im Urlaub machen? – Ich möchte eine Stadt besichtigen. • Was möchten Sie am Samstag machen? – Ich möchte Zeitung lesen. • Was möchten Sie um 13:00 Uhr machen? – Ich möchte Mittag essen. • Was möchten Sie heute Nachmittag machen? – Ich möchte eine E-Mail schreiben.

5B Die Werksbesichtigung

1 2a • 3a • 4b

2a 2. ihr • 3. ich • er / sie / es • 4. du • 5. ich • er / sie / es • 6. du • 7. wir • sie • Sie (Sg. + Pl.) • 8. wir • sie • Sie (Sg. + Pl.) • 9. ihr • 10. ich • er / sie / es • 11. du

2b 1. Herr Ziemer kann das Werk zeigen. • Herr Becker kann nicht mit der Geschäftsführung sprechen. • 3. Im Vertrieb muss man keinen Helm tragen. • 4. Die Praktikantin darf das Werk auch besichtigen. • Man darf die Maschine nicht berühren. • 5. Herr Becker will einen Artikel schreiben. • Herr Ziemer will die Personalabteilung nicht zeigen. • 6. Der Journalist möchte drei Mitarbeiter interviewen.

2c 2. Darf • 3. wollt • 4. Möchten • 5. musst • 6. Darf • 7. kann • 8. Möchtest • 9. wollen • 10. Muss

3 2. muss • 3. dürfen • 4. dürfen • 5. müssen • 6. darf • 7. kann / darf • 8. möchten / wollen • 9. möchte / will • 10. Möchtest / Willst

4 2b • 3b • 4a • 5a • 6a

5C Die Firmenstruktur

1a **die Verwaltung:** die Personalabteilung • die Buchhaltung • **der Einkauf:** – • **die Produktion:** die Entwicklung • die Fertigung • das Lager & die Logistik • **der Vertrieb:** der Außendienst • der Kundenservice • **das Marketing:** die PR-Abteilung • die Werbung • die Messen

1b die

1c 2E • 3H • 4B • 5G • 6A • 7F • 8D

2 2. sitzt • 3. tätig • 4. die Bereiche • 5. produziert • vertreibt

3a 2. im • 3. in der • 4. in den • 5. am • 6. am • 7. an der • 8. an den

3b 2. das • im • 3. die • in der • 4. die • in den • 5. der • am • 6. das • am • 7. die • an den

4 2. in der • 3. am • 4. am • 5. im • 6. im • 7. im • 8. am • 9. In der • 10. bei der

5 2. besichtigen • 3. besprechen • 4. besuchen • 5. drucken • 6. filmen • 7. interviewen • 8. kontrollieren • 9. leiten • 10. organisieren • 11. planen • 12. präsentieren • 13. produzieren • 14. reparieren • 15. vertreiben • 16. vorstellen

5D Wie war die Besichtigung?

1a **haben:** du hattest • er / sie / es hatte • wir hatten • ihr hattet • sie / Sie (Sg. + Pl.) hatten • **sein:** ich war • du warst • er / sie / es war • ihr wart • sie / Sie (Sg. + Pl.) waren

1b 2b • 3a • 4b • 5a • 6b • 7a • 8b

1c 2. ist • 3. hat • 4. war • 5. hatte • 6. war • 7. ist • 8. ist • 9. ist / war • 10. ist / war

2 … die Präsentation von Herrn Ziemer war sehr interessant. Wir waren in den Abteilungen Produktion, Vertrieb und Marketing. Auch die Interviews waren gut. Die Mitarbeiter waren sehr freundlich. Ich habe nun viele Informationen und kenne das Unternehmen „Compogroup" sehr gut. Ich schreibe jetzt den Artikel. Dann muss ich ihn noch korrigieren. Sie bekommen ihn bald.
Mit freundlichen Grüßen – Roland Becker

3 3. langweilig • 4. kurz • 5. schrecklich • 6. leise • 7. gut • 8. spannend

Rechtschreibung

1a 2. Werk • 3. Dienstreise • 4. Unternehmen • 5. Produkt • 6. Maschine • 7. Entwicklung • 8. Kontrolle • 9. Jahr • 10. Kantine • 11. Kundenservice • 12. Glück • 13. Vertrieb • 14. Innendienst

1b 2. k • 3. l • 4. l • 5. k • 6. l • 7. k • 8. k • 9. l • 10. l • 11. k • 12. k • 13. l • 14. k

1c **kurz:** 1. doppelter Konsonant, z. B. in „Kontrolle" 2. zwei Konsonanten, wie z. B. in „Glück" • **lang:** 1. nur ein Konsonant nach dem Vokal, z. B. in „Kantine" 2. Dehnungs-h oder „ie", z. B. in „Unternehmen" oder „Vertrieb"

1d 2. spannend • 3. berühren • 4. vorstellen • 5. präsentieren • 6. sehr • 7. passen • 8. früh • 9. schicken

Lektion 6

6A Ein Arbeitsessen

1 2. ein Gericht • einen Sauerbraten • eine Speise • 3. eine Feier • einen Großkunden • eine Kollegin • 4. einen Besprechungsraum • eine Reise • einen Tisch • 5. eine Idee • ein Problem • ein Thema

2a 2A • 3B • 4C • 5D

2b 2b • 3a • 4b • 5a • 6b

3 2. Das Essen dort war ja sehr gut. • 3. Nein, das geht nicht. Das ist ja nicht erlaubt. • 4. Bis Samstag haben wir ja noch Zeit. • 5. Das Datum können wir ja nicht ändern. • 6. Unser Treffen ist ja schon am Mittwoch.

4 2. Wie viele • 3. Um wie viel Uhr • 4. Wo • 5. Auf welchen • 6. Wie

5 *Mögliche Lösung:* … möchte für den 06.08. einen Tisch für 3 Personen reservieren. Ich möchte einen Tisch in der Ecke oder am Fenster. Der Tisch muss ruhig sein, denn wir haben eine Besprechung. Wir kommen um 12:30 Uhr. Herzlichen Dank im Voraus. Mit freundlichen Grüßen – …

6B Ein bisschen Small Talk

1 2. Es ist bewölkt. • 3. Es sind 25 Grad. • 4. Es regnet. • 5. Die Sonne scheint. • 6. Es ist kalt.

2 2. b • c • 3. b • d • 4. a • d • 5. a • c

3a **Nominativ:** Maskulinum (Sg.): mein • Neutrum (Sg.): mein • M / F / N (Pl.): meine • **Akkusativ:** Femininum (Sg.): meine • Neutrum (Sg.): mein • M / F / N (Pl.): meine

3b 2. deinen • 3. ihre • 4. unsere • 5. ihren • 6. Ihre • 7. seinen • 8. ihre • 9. euer • 10. seine • 11. mein

4 2. sein • 3. ihre • 4. seinen • seine • 5. ihre • 6. ihren • 7. seine • 8. Sein

5 2a • 3b • 4a • 5b • 6a • 7b • 8a

6 2. ihren • 3. Ihre • 4. deine • 5. unsere • 6. meinen • 7. unsere • 8. meine

6C Ich nehme …

1 Fischauflauf • Fischkloß • Fischsuppe • Fleischkloß • Fleischsalat • Fleischsuppe • Kartoffelauflauf • Kartoffelkloß • Kartoffelpüree • Kartoffelsalat • Kartoffelsuppe • Lammbraten • Lammfleisch • Nudelauflauf • Nudelsalat • Nudelsuppe • Reisauflauf • Reissalat • Reissuppe • Rinderbraten • Rindfleischsuppe • Schweinebraten • Schweinefleisch

2a 2. Magst • mag • 3. Mögt • mögen • 4. mag • 5. mögen • 6. mag • 7. Mögen • 8. mag

2b 2. a • d • 3. b • c

2c 2. Gemüse • kein Gemüse • Salat • 3. Kartoffeln • keine Kartoffeln • Reis • 4. Pizza • keine Pizza • Nudeln

3 2b • 3a • 4b • 5b • 6a

4 2E • 3F • 4C • 5G • 6D • 7A

5 Von oben nach unten: 6 • 3 • 9 • 1 • 8 • 2 • 7 • 5 • 4

6D Wir möchten zahlen!

1a **a → ä:** fahren • halten • raten • schlafen • **au → äu:** laufen • **e → i:** essen • nehmen • sprechen • **e → ie:** sehen

1b **arbeiten:** du arbeitest • er / sie / es arbeitet • **beenden:** ich beende • du beendest • er / sie / es beendet • **raten:** ich rate • du rätst • er / sie / es rät • **halten:** ich halte • du hältst • er / sie / es hält

1c 2. bestellst • oV • 3. isst • mV • 4. Glaubst • oV • 5. nennt • oV • 6. Fragst • oV • 7. fährst • mV • 8. Läufst • mV

2 **Kellner / Kellnerin:** Das macht … €. • Was hatten Sie denn? • Ja, gern, danke. • Vielen Dank. **Gast:** Getrennt / Zusammen bitte. • Ich hatte … • Können Sie bitte auf … € herausgeben? • … €, stimmt so.

Rechtschreibung

1 2. Unternehmen • 3. leben • 4. Fehler • 5. lese • 6. Sehen • 7. Hafen • 8. schlafen • 9. Sahne • 10. zahlen • 11. mag • 12. tragen

Lektion 7

7A Wo finde ich Sie?

1 1B • 2C • 3A

2 3. links abbiegen • 4. geradeaus (weiter-)fahren • 5. rechts abbiegen • 6. abfahren

3 2. a • c • 3. a • b • 4. a • c • 5. a • b • c

4 2A • 3D • 4F • 5B • 6C

5a 2. Wir kommen her. • 3. Ich fahre weiter. • 4. Du fährst weg. • 5. Sie fahren ab. • 6. Ihr biegt ein. • 7. Sie richtet ein.

5b

	Position 2		Satzende
2. Frau Häuser	schickt	die E-Mail	ab.
3. Herr Jung	zeichnet	den Weg	ein.
4. Die Kollegen	fahren	in Hennef	ab.

5c 2. Wer schickt die E-Mail ab? • 3. Was zeichnet Herr Jung ein? • 4. Wo fahren die Kollegen ab?

5d 2. Schickt Frau Häuser die E-Mail ab? • 3. Zeichnet Herr Jung den Weg ein? • 4. Fahren die Kollegen in Hennef ab?

6 2. Sie fahren nicht ab. • 3. Herr Mahlberg kommt nicht her. • 4. Herr Jung biegt nicht ab.

7B Wenden Sie bitte!

1 2. Wenden Sie an der Kreuzung! • 3. Fahren Sie auf der Straße zurück! • 4. Biegen Sie die dritte Straße rechts ab! • 5. Verlassen Sie hier die Autobahn!

2 2. Svea möchte heute zurückkommen. • 3. Udo kann Svea nicht vom Flughafen abholen. • 4. Er muss bei Gerhards das Netzwerk einrichten. • 5. Ich darf heute schon wegfahren.

3 *Mögliche Lösungen:* abfahren • mitfahren • wegfahren • weiterfahren • zurückfahren • abholen • herkommen • weitermachen • mitnehmen • einrichten • abschicken • ansehen

7C Ziehen Sie um mit …

1a 2. der Transport, -e / das Transportieren, (kein Pl.) • 3. das Lager, – / das Lagern, (kein Pl.) • 4. die Montage, -n / das Montieren, (kein Pl.) • 5. die Organisation, -en / das Organisieren, (kein Pl.) • 6. das Einpacken, (kein Pl.) • 7. der Umzug, ̈e / das Umziehen, (kein Pl.) • 8. der Verkauf, ̈e / das Verkaufen, (kein Pl.)

1b 2a • 3b • 4b • 5a • 6b

2a 1b • 2b • 3a

2b 2. Milch • 3. Zucker • 4. Kohlensäure

3 2. Udo • 3. Udo • 4. Jens • 5. Susanne • 6. Jens • 7. Jens • 8. Susanne

4a 2. Warte! • 3. Öffne! • 4. Entschuldige! • 5. Nimm! • 6. Lauf! 7. Schick ab! • 8. Lade ab!

4b 2. Wartet! • 3. Öffnet! • 4. Entschuldigt! • 5. Nehmt! • 6. Lauft! 7. Schickt ab! • 8. Ladet ab!

4c 2. Fahren Sie! • Fahr! • Fahrt! • 3. Zeichnen Sie! • Zeichne! • Zeichnet! • 4. Arbeiten Sie! • Arbeite! • Arbeitet! • 5. Biegen Sie ab! • Bieg ab! • Biegt ab! • 6. Seien Sie! • Sei! • Seid! • 7. Lesen Sie! • Lies! • Lest! • 8. Sehen Sie an! • Sieh an! • Seht an!

5a 2. Hol die Sachen! • 3. Stör mich nicht! • 4. Geh zum Auto!

5b 2. Öffne doch mal das Fenster. • 3. Halte mal die Papiere. • 4. Starte bitte mal den Computer. • 5. Trink doch einen Kaffee.

7D Besuch mich mal!

1a **Verkehrsmittel:** der Bus, -se • die S-Bahn, -en • die Straßenbahn, -en • die Tram, -s • die U-Bahn, -en • der Zug, ̈e **Ort:** die Altstadt, ̈e • die Ampel, -n • der Bahnhof, ̈e • der Flughafen, ̈ • die Gasse, -n • die Kreuzung, -en • das Museum, Museen • der Parkplatz, ̈e • der Platz, ̈e • das Stadtzentrum, -zentren • die Straße, -n

1b 2. dem • 3. der • 4. dem • 5. dem • 6. zu

2a 2. Fahren Sie vom Parkplatz zum Bahnhof. • 3. Parken Sie beim Museum. • 4. Fahren Sie bis zur Kreuzung zurück.

2b 2. an der • 3. auf der • 4. in der • im • 5. auf die • 6. ins

3 2. aus • 3. in • in • 4. bei / in • 5. in • 6. von • nach

4 2. das Kino • 3. der Arzt • 4. der Bahnhof

Rechtschreibung

1a 2. Öffnet • 3. Lies • 4. Entschuldige • 5. Geht • 6. Nimm • 7. Warte • 8. Lauf • 9. Seid • 10. Legt

Lektion 8

8A Einladung zum Firmenjubiläum

1 2. begrüßen • 3. besichtigen • 4. einladen • 5. empfangen • 6. feiern • 7. präsentieren • 8. zusammenarbeiten

2 2C • 3A • 4E • 5B

3 *Mögliche Lösungen:* **Zusage:** … herzlichen Dank für die Einladung. Ich komme gern. Aber ich kann erst ab 15:00 Uhr kommen. Viele Grüße – Kirsten • **Absage:** … herzlichen Dank für die Einladung. Leider muss ich für den 1. September absagen. Für deine Feier wünsche ich viel Spaß. Viele Grüße – Kirsten

4 2a • 3a • 4b • 5c • 6c

5 2. die Finanz- und Marketingabteilung • 3. der Innen- und Außendienst • 4. die Fax- und Handynummer

6a 2a • 3b • 4b • 5a

6b 2. Dirk Schade ist seit 2003 Geschäftsführer. • Seit wann ist Dirk Schade Geschäftsführer? • 3. Man darf hier ab 14:00 Uhr parken. • Ab wann darf man hier parken? • 4. Frau Hecker arbeitet seit Mai im Vertrieb. • Seit wann arbeitet Frau Hecker im Vertrieb? • 5. Frau Ehlert hat ab morgen Urlaub. • Ab wann hat Frau Ehlert Urlaub?

8B Nur noch 14 Tage!

1a 2b • 3b • 4a • 5b • 6a

1b 2. viel • 3. viele • 4. viel • 5. viele • 6. viel • 7. wenig • 8. wenig

2 3. … die Einladungen am Montag abschicken? • 4. Wollen / Sollen wir noch andere Getränke anbieten? • 5. Soll ich die Vorschläge mit Herrn Schade besprechen? • 6. Wollen / Sollen wir nächste Woche telefonieren?

3 2. Bis wie viel Uhr soll das Fest dauern? • 3. Wie viel Personal sollen wir einplanen? • 4. Soll Herr Schäfer das Werk vorstellen? • 5. Wer soll Tische und Stühle aufstellen? • 6. Sollen wir Stehtische für den Sektempfang bestellen?

4a 1. Bild 2 • 2. Bild 1

4b 2. Laden Sie bitte eine Jazzband ein. • 3. Rufen Sie bitte Herrn Schade um 14:00 Uhr an. • 4. Mailen Sie bitte den Speiseplan für das Buffet zu.

4c 2. Wir sollen drei Hauptgerichte für das Buffet aussuchen. • 3. Wir sollen eine Gästeliste zuschicken. • 4. Ich soll Sie grüßen.

8C Das Fest

1a 2a • 3b • 4b • 5a

1b **regelmäßige Verben (schwache Verben):** starten • **unregelmäßige Verben (starke Verben):** fahren • kommen • wachsen

2 2a. ist • 2b. gewesen • 3a. bin • 3b. gefahren • 4a. seid • 4b. gewesen • 5a. sind • 5b. gewesen

3

		Position 2: Hilfsverb		Satzende: Partizip Perfekt
2.	2013	ist	er zur Realmeca	gegangen.
3.	Im Mai	ist	Grit Dörr wieder nach Deutschland	gekommen.
4.	Stefan Reber	ist	nur fünf Jahre bei Schade	geblieben.
5.	2010	sind	er und drei Kollegen in Rente	gegangen.
6.	Tanja Streng	ist	zum Geschäftspartner nach Kanada	gereist.

4 2A • 3E • 4C • 5D

8D Sommer-Small-Talk

1a 1. surfen • 2. schwimmen • 3. wandern • 5. reiten • 6. segeln • **Lösungswort:** Small-Talk

1b 2. Ski fahren • 3. Mountainbike fahren • 4. Heißluftballon fahren

1c 1. … ich surfe gern. • … ich segle gern. • 2. … ich wandere gern. • … ich fahre gern Ski.

2 2. Ich bin mit Rolf im Mittelmeer gesegelt. • 3. Wir sind von Pforzheim nach Basel gewandert. • 4. Meine Familie ist in Norddeutschland geritten. • 5. Ich bin in den Alpen Gleitschirm geflogen. • 6. Wir sind am Meer gewesen und sind dort gesurft.

3 2. in den • 3. nach • 4. in die • 5. nach • 6. in die • 7. nach • 8. in die • 9. nach • 10. in die • 11. in den • 12. in die

Rechtschreibung

1 2. Broschüre • 3. Event • 4. Montage • 5. Investition • 6. Touristin • 7. Agentur • 8. Präzision • 9. Prinzip • 10. Buffet • 11. Theke • 12. Service • 13. Maschine • 14. Präsentation • 15. Industrie • 16. Ingenieur • 17. Notiz • 18. Qualität

Lektion 9

9A Der erste Tag bei Holzer

1a 1. einstellen • 2. entlassen • 4. prüfen • 5. bezahlen • 6. kontrollieren • 8. verhandeln • 9. bestellen • 11. konstruieren • 12. testen • 13. bauen • 14. annehmen • 16. lagern • 17. bereitstellen • 18. verpacken • 19. verschicken

1b 1B • 2C • 3A

1c Herr Siebert arbeitet in der Marketing-Abteilung. • Frau Voesgen arbeitet in der PR-Abteilung.

1d 2. die Entlassung • 3. bereitstellen • 4. lagern • 5. die Verwaltung • 6. reparieren • 7. die Analyse • 8. verhandeln • 9. die Bezahlung • 10. akquirieren • 11. die Konstruktion • 12. kontrollieren • 13. recherchieren • 14. testen • 15. der Bau • 16. entwickeln • 17. die Verpackung • 18. die Prüfung

9B Was hast du denn gemacht?

1a 2. Ihr habt geprüft. • 3. Wir haben geredet. • 4. Ich habe getestet. • 5. Sie hat gemacht. • 6. Er hat fotografiert. • 7. Sie haben verschickt. • 8. Du hast gespült.

1b *Mögliche Lösungen:* 2. … hat viel gerechnet. / … hat ab 10:00 Uhr Rechnungen erstellt. • 3. … hat drei Stunden telefoniert. / … hat mittags im Kundendienst gearbeitet. • 4. … hat abends Pizza bestellt. • 5. … hat nachts bis 2:00 Uhr Teller gespült.

1c 2. Ich habe den Marketingplan kontrolliert. • 3. Ich habe E-Mails verschickt. • 4. Ich habe eine Messe geplant. • 5. Ich habe Waren bestellt. • 6. Ich habe die Webseite gepflegt. • 7. Ich habe Rechnungen erstellt. • 8. Ich habe die Verkaufszahlen analysiert. • 9. Ich habe Daten verwaltet.

2 2. berechnet • r • 3. besprochen • u • 4. gebracht • g • 5. gefunden • u • 6. gegeben • u • 7. gelernt • r • 8. geprüft • r • 9. geschrieben • u • 10. gesprochen • u • 11. verbracht • g • 12. verstanden • u

3 **Bastian berichtet:** … Ich habe Rechnungen kontrolliert und geschrieben. Ich habe Post zum Versand gebracht. Ich habe viel gelernt. • **Frau Bertolt berichtet:** … ist vier Monate im Controlling gewesen. Er hat Finanzunterlagen geprüft. Mit Herrn Langer hat er die Finanzen analysiert. Er hat Zahlen verglichen.

9C Am Computer arbeiten

1 2. Übernachtung • 3. Verpflegung • 4. Rückfahrt • 5. Abrechnung • 6. Transport

2 2. eingerichtet • 3. verbracht • 4. eingeladen • 5. ausgegeben • 6. bezahlt • 7. abgerechnet • 8. ausgefüllt • 9. zurückbekommen

3a 3. hat produziert • regelm.: […]t • 4. hat vergessen • unregelm.: […]en • 5. ist angekommen • unreglm.: …ge-[…]en • 6. hat entwickelt • regelm.: […]t • 7. ist abgereist • regelm.: …ge-[…](e)t • 8. hat gezeichnet • regelm.: ge-[…](e)t • 9. hat entlassen • unregelm.: […]en • 10. hat gesehen • unregelm.: ge-[…]en • 11. ist verreist • regelm.: […]t • 12. hat angenommen • unregelm.: …ge-[…]en • 13. hat eingestellt • regelm.: …ge-[…](e)t • 14. hat geredet • regelm.: ge-[…](e)t • 15. ist passiert • regelm.: […]t

3b

Position 1	Position 2: Hilfsverb		Satzende: Partizip Perfekt
2. Er	ist	nach Dresden	geflogen.
3. Dort	hat	er Kunden	betreut.
4. Zuerst	hat	er eine Maschine	aufgebaut.
5. Beim Aufbau	ist	ein Fehler	passiert.
6. Dann	hat	er den Fehler	repariert.
7. Am Donnerstagabend	ist	er	zurückgereist.
8. Er	hat	am Freitag die Reisekostenabrechnung	gemacht.

4 2. Ich habe es schon im Intranet heruntergeladen. • 3. Ich habe es schon ausgefüllt. • 4. Ich habe es schon eingegeben. • 5. Ich habe sie schon eingetragen. • 6. Ich habe es schon abgespeichert. • 8. Ich habe sie schon abgeschickt. • 9. Ich habe ihn schon heruntergefahren.

5 … aktualisieren. Er hat die Aktualisierung heruntergeladen und installiert. Nun muss er den Computer nur noch hochfahren.

6 2A • 3B • 4E • 5F • 6D

7 2a. ist • 2b. gegangen • 3a. hat • 3b. geöffnet • 3c. eingegeben • 4a. hat • 4b. formuliert • 4c. geschrieben • 5a. hat • 5b. aktiviert • 5c. geprüft • 6a. hat • 6b. korrigiert • 6c. gelöscht • 7a. hat • 7b. abgeschickt

9D Beim Trainee-Stammtisch

1a 3D • 4A • 5F • 6B • 7C • 8E

1b 2. haben: hat • 3. sein: ist • 4. haben: hat • 5. haben: hat • 6. haben: haben • 7. sein: sind • 8. sein: sind • 9. sein: sind • 10. haben: hat

2a 1. der • 2. den • 3. die • Die • 4. die • 5. das • Das

2b **Akkusativ:** welchen (M) • welches (N) • welche (F) • welche (Plural M, N, F)

2c 2. … Drucker druckt in Farbe? – Dieser Drucker druckt in Farbe. • 3. Welche Preise sind aktuell? – Diese Preise sind aktuell. • 4. Welches Formular soll der Einkauf ausfüllen? – Dieses Formular soll der Einkauf ausfüllen. • 5. Welche Waren soll ich verpacken? – Du sollst diese Waren verpacken. • 6. Welchen Katalog bekommt der Kunde? – Diesen Katalog bekommt der Kunde. • 7. Welche Adresse stimmt? – Diese Adresse stimmt. • 8. Welches Smartphone ist für mich? – Dieses Smartphone ist für dich.

2d 2. Dieser • 3. Diese • 4. Dieses • 5. Diese • 6. Diesen • 7. Diese • 8. Dieses

Rechtschreibung

1 2. geschrieben • 3. sprechen • 4. gebracht • 5. vergleichen • 6. verstanden • 7. beginnen • 8. gefunden

Lektion 10

10A Eine Dienstreise

1a 2D • 3A • 4B • 5F • 6H • 7E • 8G

1b der Flughafen • die Flugreise • die Flugverbindung • die Flugzeit • die Reisedauer • die Reiseverbindung • die Reisezeit • die Zeitreise

2a 2. Frau Peters fliegt nicht mit Lufthansa, sondern mit SWISS. • 3. Sie fährt nicht mit dem ICE, sondern sie nimmt den Regionalexpress. • 4. Nicht Frau Peters bestellt die Tickets, sondern Frau Abel.

2b 2. Sie macht keine Privatreise, sondern eine Dienstreise. • 3. Sie braucht kein Hin- und Rückflugticket, sondern nur ein Hinflugticket. • 4. Frau Abel bucht keinen Flug mit Stopp, sondern einen Direktflug.

2c

1. Hauptsatz / Satzteil	Position 0	2. Hauptsatz / Satzteil
2. Sie fliegt nicht zurück,	sondern	eine Freundin nimmt sie mit.
3. Frau Peters braucht kein Ticket für den Rückflug,	sondern	(sie) bestellt nur den Hinflug.
4. Frau Peters macht keine Dienstreise nach Chur,	sondern	(sie) besucht dort eine Freundin.
5. Sie hat keine Freunde in Zürich,	sondern	(sie) kennt dort nur Kollegen.

3 2. denn • 3. aber • 4. sondern • 5. und • 6. denn • 7. oder • 8. aber • 9. und

4 2. fliegen • 3. landen • 4. abfliegen • 5. dauern • 6. ankommen

10B Wetter und Kleider

1a 2G • 3B • 4I • 5D • 6A • 7E • 8J • 9H • 10C

1b 2I • 3D • 4E • 5C • 6H • 7G • 8F • Es gibt keinen Satz zu: J

1c 2. schwach • 3. schnell • 4. heiter / klar • 5. kalt • 6. bedeckt / bewölkt / regnerisch

1d 2. Die Temperatur sinkt auf minus 1 Grad Celsius. • 3. Die Temperatur steigt auf plus 1 Grad Celsius. • 4. Die Temperatur beträgt 6 Grad Celsius.

1e 2. war • 3. wird • 4. war • 5. ist (Je nach Standpunkt passt auch: war / wird) • 6. wird

1f 2. Es gibt ein Gewitter am Vormittag. / Am Vormittag gibt es ein Gewitter. • 3. Der Wind hört mittags auf. / Mittags hört der Wind auf. • 4. Es ist sonnig am Nachmittag. • Am Nachmittag ist es sonnig. • 5. Es wird sehr kalt am Abend. / Am Abend wird es sehr kalt. • 6. Die Temperatur sinkt nachts auf −10 °C. / Nachts sinkt die Temperatur auf −10 °C.

2 2. In Chur ist es −1 °C und es schneit. • 3. In Lausanne sind es 6 °C und es ist neblig. • 4. In Lugano sind es 13 °C und es ist sonnig. • 5. In Luzern sind es 6 °C und es regnet. • 6. In Zermatt sind es 11 °C und es ist heiter.

3a 1. b. der Blazer, – • c. der Schal, -s • 2. a. der Handschuh, -e • b. die Hose, -n • c. der Pullover, – • 3. a. die Bluse, -n • b. der Rock, ⸚e • c. der Stiefel, – • 4. a. das Kleid, -er • b. der Schuh, -e • c. die Socke, -n • 5. a. die Krawatte, -n • b. das Hemd, -en • c. der Mantel, ⸚

3b 2. b • c • 3. a • b • 4. b • c • 5. a • b

3c ♀: der Blazer • die Bluse • der Hosenanzug • das Kleid • das Kostüm • der Rock • ♂: der Anzug • das Hemd • die Krawatte • das Sakko • ♂ / ♀: die Hose • die Jeans • der Mantel • die Mütze • der Pullover • die Regenjacke • der Schal • die Schuhe • die Socken • die Stiefel

10C Die Niederlassung

1a 1. Tortengrafik • 2. Balkengrafik • 3. Liniengrafik

1b 1C • 2A • 3B

1c 2. a • b • 3. b • c • 4. a • b • 5. a • b

1d 3. Die Firma hat ihren Marktanteil erhöht. • 4. Die Firma hat Marktanteile verloren. • 5. Die Firma hat Personal eingestellt. • 6. Die Firma hat acht Mitarbeiter entlassen. • 7. Die Mitarbeiterzahl ist gestiegen.

2a 2. musste • 3. sollten • 4. durften • 5. wollte • 6. Konntest • 7. Musstet

2b 1. durfte • musste • 2. sollte • konnte • musste

3 *Mögliche Lösung:* **Positive Entwicklung:** … Firma Meyer war im Jahr 2014 sehr gut. Wir konnten den Umsatz erhöhen. Der Absatz ist gestiegen. Wir haben den Marktanteil erhöht. Wir konnten 3 Mitarbeiter einstellen. • **Negative Entwicklung:** … Firma Meyer war im Jahr 2014 nicht so gut. Wir konnten den Umsatz nicht erhöhen. Der Absatz ist gesunken. Wir haben den Marktanteil verloren. Wir mussten 3 Mitarbeiter entlassen.

10D Frühstück international

1a die Banane • das Brötchen • die Butter • das Croissant • der Frühstücksspeck • der Honig • die Gurke • der / das Joghurt • der Käse • die Marmelade • die Orange • der Orangensaft • das Rührei • der Schinken • das Spiegelei • die Tomate

1b **Backwaren:** das Brötchen • das Croissant • **Obst / Gemüse:** die Banane • die Gurke • die Orange • die Tomate • **Milchprodukte:** der / das Joghurt • der Käse • **Aufschnitt:** der Frühstücksspeck • der Schinken • **Eierspeisen:** das Rührei • das Spiegelei • **Brotaufstrich:** die Butter • der Honig • die Marmelade • **Getränke:** der Orangensaft

1c Es fehlen: das Ei • die Margarine • das Müsli • der Quark • der Toast • die Wurst • das Würstchen

1d *Mögliche Lösungen:* der Bananensaft • das Butterbrot • das Frühstücksei • das Honigbrot • der / das Apfeljoghurt • der / das Bananenjoghurt • der / das Orangenjoghurt • das Käsebrot • der Orangensaft • der Schinkenspeck • das Schinkenbrot • das Schwarzbrot • das Tomatenbrot • der Tomatensaft • das Weißbrot • die Weißwurst • das Wurstbrot

2a Ja, das stimmt. • Ach, Sie sind auch Arzt? • Aber ich bin kein Arzt. • Ach, interessant. • Und wo leben Sie jetzt? • Ach, Sie haben in Bremen studiert, das ist ja nett. • Sind Sie auch beim Kongress? • Nein, ich bin geschäftlich hier.

Rechtschreibung

1a 2. Honig • 3. Würste • 4. Orange • 5. Anzug • 6. Säfte • 7. Landung • 8. Müsli • 9. Äpfel • 10. Brötchen • 11. Sonne • 12. Butter • 13. Bahn • 14. Flüge • 15. Röcke • 16. Mantel • 17. Gurke • 18. Söckchen

Im Folgenden finden Sie die Transkriptionen der Hörtexte im Übungsbuch, die weder dort noch in den Lösungen abgedruckt sind.

Lektion 2

▶ 2|39 *Sprecher:* 1. Meine Nummer ist 6 2 4 2 1 8.

▶ 2|40 *Sprecher:* 2. Die Nummer von Erler & Co ist 0 7 1 1 / 5 9 2 8 3.

▶ 2|41 *Sprecherin:* 3. Hallo Sarah, ich bin in Köln. Hier meine Mobilfunknummer: 0 1 6 5 – 72 44 12.

▶ 2|42 *Sprecher:* 4. Guten Tag. Das ist die Nummer 0 8 9 / 45 54 0 86. Bitte sprechen Sie nach dem Piep-Ton.

▶ 2|43 *Sprecherin:* 5. Hallo, Tim. Wie ist die Nummer von Tina?
Sprecher: Die Nummer ist: 0 170 – 21 23 78.

▶ 2|44 *Sprecherin 1:* 6. Ach, Frau Wolf, wie ist die Telefonnummer von Herrn Büren, bitte?

Sprecherin 2: Die Nummer von Herrn Büren? Ähm, die Vorwahl ist: 0 2 2 1 und dann: 14 39 13.

▶ 2|45 *Sprecherin:* Gespräch 1
Fr. Hinze: Guten Tag, Herr Winkler.
Hr. Winkler: Grüß Gott, Frau Hinze.
Fr. Hinze: Wie geht es Ihnen?
Hr. Winkler: Danke, gut. Ich komme gerad aus Linz.
Kollegin: Frau Hinze, Telefon!
Fr. Hinze: Na, dann auf Wiedersehen, Herr Winkler.
Hr. Winkler: Ja, auf Wiederschau'n, Frau Hinze.

▶ 2|46 *Sprecherin:* Gespräch 2
Franka: Hallo, Melanie. Wie geht's?
Melanie: Ah, Hallo Franka. Gut, und dir?
Franka: Auch gut.
Melanie: Äh, das ist Urs. Er kommt aus Bern.
Franka: Hallo, Urs.
Urs: Hoi.
Melanie: Du, bis später dann! Tschüss.
Franka: Tschüss
Urs: Tschau

▶ 2|47 Sprecherin: Gespräch 3
Markus: Hallo, Klaus. Das ist Stefan. Er kommt aus Wien.
Klaus: Hallo, Stefan.
Stefan: Servus
Klaus: Seid ihr in einem Team?
Markus: Ja.
Klaus: Na, dann viel Spaß!
Markus: Tschüss, Klaus.
Stefan: Servus.
Klaus: Tschüss.

▶ 2|48 *Sprecherin:* Gespräch 4
Hr. Braun: Ah, der Herr aus der Schweiz von der Firma Lanz-Design kommt!
Guten Tag, Herr Lanz. Willkommen bei Techno-Design.
Hr. Lanz: Grüezi, Herr Braun.
Fr. Widmer: Grüezi, Herr Lanz.
Hr. Lanz: Grüezi. Ah, Sie kommen auch aus der Schweiz?
Fr. Widmer: Ja, ich komme aus Winterthur.
Hr. Lanz: Freut mich. Ich komme aus Basel.
Fr. Widmer: Monika Widmer. Mhm, o.k. Ich komme.
Hr. Braun: Gehen Sie nur, Frau Widmer.
Fr. Widmer: Danke, Herr Braun.
Hr. Lanz: Uf Wiederluege, Frau Widmer.
Fr. Widmer: Uf Wiederluege, Herr Lanz. Und auf Wiedersehen, Herr Braun.
Hr. Braun: Wiedersehen! Kommen Sie, Herr Lanz. Das hier ist unser …

Lektion 4

▶ 2|52 *Sprecher:* 1. Guten Tag, Messeplan München, Färber am Apparat. Ihre Anfrage: Die Messe für Bademode „Bademode International" ist im April, Kalenderwoche 19 vom 15. bis 20. 04. Auf Wiederhören.

▶ 2|53 *Sprecherin:* 2. Hier Petra, hallo Angelika. Dein Flug nach London geht am 02.07., das ist ein Dienstag, um 07.30 Uhr. Du hast die Flugnummer 372. Tschüs.

▶ 2|54 *Sprecherin:* 3. Messebau Müller, Saxinger am Apparat. Guten Tag Herr Lüder, das Hotel Karoliner hat ein Zimmer für Sie, und zwar vom zweiten bis vierten Zweiten. Anreise bitte bis 22:00 Uhr. Das Frühstück ist von 7:00 bis 10:30 Uhr.

Bildquellen

Cover Corbis (68/Ocean), Berlin; **8** Thinkstock (DragonImages), München; **12.1** Thinkstock (Creatas Images), München; **12.2** Thinkstock (Dragon-Images), München; **12.3** Thinkstock (DragonImages), München; **13.1** Thinkstock (Wavebreakmedia Ltd), München; **13.2** Thinkstock (kzenon), München; **13.3** Thinkstock (tetmc), München; **13.4** Thinkstock (decisiveimages), München; **13.5** Thinkstock (Szepy), München; **13.6** Thinkstock (Alexander Raths), München; **13.7** Thinkstock (Roman Milert), München; **13.8** Corbis (Hiya Images), Düsseldorf; **13.9** Thinkstock (CAUNOZOLS), München; **13.10** Thinkstock (David De Lossy), München; **16** Thinkstock (Didem Hizar), München; **18.1** Thinkstock (g-stockstudio), München; **18.2** Thinkstock (Jupiterimages), München; **18.3** Thinkstock (Andrey Popov), München; **18.4** Thinkstock (damiangretka), München; **18.5** Thinkstock (Wavebreakmedia Ltd), München; **22** Fotolia.com (Peggy Blume), New York; **28.1** Thinkstock (lukas_zb), München; **28.2** Klett-Archiv (Ilse Sander), Stuttgart; **30.1** Thinkstock (Wavebreakmedia Ltd), München; **30.2** Thinkstock (MF_vxw), München; **30.3** Thinkstock (AND-ONE), München; **31** Stiftung Warentest; **32.1** Thinkstock (cg-vaibhav), München; **32.2** Thinkstock (Hemera Technologies), München; **32.3** Thinkstock (John_Kasawa), München; **32.4** Thinkstock (Ryan McVay), München; **32.5** Thinkstock (kurga), München; **32.6** Thinkstock (Coprid), München; **32.7** Thinkstock (Sofiya Yermakova), München; **32.8** Thinkstock (Ryan McVay), München; **32.9** Thinkstock (leisuretime70), München; **32.10** Thinkstock (robynleigh), München; **32.11** Thinkstock (winterling), München; **32.12** Thinkstock (kevin mayer), München; **32.13** Thinkstock (ferlistockphoto), München; **32.14** Thinkstock (mihalec), München; **32.15** Thinkstock (Roman Ivaschenko), München; **32.16** Thinkstock (jo unruh), München; **34** Thinkstock (sidmay), München; **35** Dieter Marquardt Kunststoffwerk GmbH & Co. KG (www.marquardtsaar.de), Kleinblitterdorf; **38.1–38.6** Doppelmayr Seilbahnen GmbH (www.doppelmayr.com), Wolfurt (Österreich); **41.1** Thinkstock (genphoto_art), München; **41.2–41.4** Shutterstock (Ishan Madhusanka), New York; **42** Shutterstock (Alliance), New York; **45.1** ISPO MUNICH; **45.2** apv communications ltd.; **45.3** PREMIUM Exibitions II GmbH; **45.4** Reed Exhibitions; **50.1** Fotolia.com (elen31), New York; **50.2** Hugo Vogelsang Maschinenbau GmbH; **50.3** Fotolia.com (industrieblick), New York; **50.4** Fotolia.com (Friday), New York; **50.5** Thinkstock (RGtimeline), München; **52.1** Thinkstock (-ALEKSA-), München; **52.2** Thinkstock (Baz777), München; **52.3** Fotolia.com (markus_marb), New York; **52.4** Thinkstock (Natalya Aleksakhina), München; **52.5** Fotolia.com (amiganer), New York; **52.6** Thinkstock (Aliaksei Lakamkin), München; **54.1** Thinkstock (Michal Rozewski), München; **54.2** Thinkstock (Denyshutter), München; **54.3** Thinkstock (Baloncici), München; **54.4** Thinkstock (nidwlw), München; **54.5** Thinkstock (i_frontier), München; **54.6** Thinkstock (VvoeVale), München; **54.7** Thinkstock (Zoonar RF), München; **54.8** Thinkstock (Trovor), München; **54.9** Thinkstock (pol_1978), München; **60.1** Thinkstock (poplasen), München; **60.2** Thinkstock (Mike Watson Images), München; **60.3** mauritius images (Peter Lehner), Mittenwald; **60.4** Fotolia.com (Marzia Giacobbe), New York; **62.1** Thinkstock (maxkabakov), München; **62.2** Dreamstime.com (Stockyimages), Brentwood, TN; **62.3** Thinkstock (GooDween123), München; **62.4** Thinkstock (Fuse), München; **64.1** 123RF.com (Maksim Shebeko), Nidderau; **64.2** Thinkstock (Elena_Danileiko), München; **64.3** Thinkstock (olgna), München; **64.4** Fotolia.com (Mike Richter), New York; **64.5** Thinkstock (gbh007), München; **64.6** Thinkstock (HandmadePictures), München; **64.7** Fotolia.com (fineart-collection), New York; **64.8** Fotolia.com (Quade), New York; **64.9** Thinkstock (Tomo Jesenicnik), München; **64.10** Fotolia.com (unpict), New York; **64.11** Dreamstime.com (Natalia Lisovskaya), Brentwood, TN; **64.12** Fotolia.com (Barbara Pheby), New York; **67** Thinkstock (olaf herschbach), München; **70.1–70.3** Firmengruppe Liebherr (www.liebherr.com), Biberach; **71.1–71.12** Firmengruppe Liebherr (www.liebherr.com), Biberach; **75.1–75.2** Thinkstock (sidmay), München; **76.1** Qualitätsumzüge Gerhards (www.umzuege-gerhards.de), Hennef; **76.2** Thinkstock (koo_mikko), München; **76.3** mauritius images (Alamy), Mittenwald; **76.4** Qualitätsumzüge Gerhards (www.umzuege-gerhards.de), Hennef ; **76.5** Fotolia.com (Oli_ok), New York; **76.6** Thinkstock (Wavebreakmedia Ltd), München; **82.1–82.3** Schade Maschinenbau (www.schade-maschinenbau.de), Wildeshausen; **83** Schade Maschinenbau (www.schade-maschinenbau.de), Wildeshausen; **86** Schade Maschinenbau (www.schade-maschinenbau.de), Wildeshausen; **88.1** Thinkstock (Iakov Kalinin), München; **88.2** Thinkstock (dulezidar), München; **88.3** Thinkstock (Andrej ï¿½tojs), München; **88.4** Thinkstock (Yuri Arcurs), München; **88.5** Thinkstock (gbh007), München; **88.6** Thinkstock (Pierre-Yves Babelon), München; **88.7** Thinkstock (fotokostic), München; **88.8** Thinkstock (Jupiterimages), München; **94.1** Thinkstock (Goodshoot), München; **94.2** Thinkstock (webphotography), München; **94.3** Thinkstock (Bet_Noire), München; **94.4** Thinkstock (Wavebreakmedia Ltd), München; **94.5** Thinkstock (Pixland), München; **94.6** Thinkstock (Zoonar RF), München; **98** Fotolia.com (AntonioDiaz), New York; **102.1–102.5** Schade Maschinenbau (www.schade-maschinenbau.de), Wildeshausen; **103.1** Shutterstock (Dmitry Kalinovsky), New York; **103.2** Thinkstock (Bogdanhoda), München; **103.3** Thinkstock (kadmy), München; **103.4** Thinkstock (kzenon), München; **103.5** Thinkstock (trismile), München; **103.6** Thinkstock (Rostyslav Pietukhov), München; **104.1** Germanwings GmbH; **104.2** AIR FRANCE; **104.3** Swiss International Air Lines; **104.4** Deutsche Lufthansa AG; **107.1** Thinkstock (zakazpc), München; **107.2** Thinkstock (lucato), München; **107.3** Fotolia.com (Alexandra Karamyshev), New York; **107.4** Fotolia.com (kantver), New York; **107.5** Thinkstock (demidoffaleks), München; **107.6** Thinkstock (zakazpc), München; **107.7** Thinkstock (Suljo), München; **107.8** Thinkstock (Ivan Gulei), München; **107.9** Thinkstock (nikitabuida), München; **107.10** Thinkstock (PhotoBlink), München; **107.11** Thinkstock (ewastudio), München; **107.12** Thinkstock (karammiri), München; **107.13** Fotolia.com (Alexandra Karamyshev), New York; **107.14** Thinkstock (Levent Konuk), München; **107.15** Thinkstock (adisa), München; **107.16** Thinkstock (sunstock), München; **107.17** Thinkstock (Ziviani), München; **107.18** Thinkstock (Dimedrol68), München; **107.19** Dreamstime.com (Viovita), Brentwood, TN; **107.20** Fotolia.com (BEAUTYofLIFE), New York; **110.1** Thinkstock (cynoclub), München; **110.2** Fotolia.com (robert6666), New York; **110.3** Thinkstock (VvoeVale), München; **110.4** Dreamstime.com (Pixelrobot), New York; **110.5** Thinkstock (pioneer111), München; **110.6** Thinkstock (tarasov_vl), München; **110.7** Thinkstock (Zoonar RF), München; **110.8** Thinkstock (pbnew), München; **110.9** Thinkstock (Zeljko Bozic), München; **110.10** Shutterstock (Diana Taliun), New York; **110.11** Thinkstock (anopdesignstock), München; **110.12** Thinkstock (belchonock), München; **110.13** Thinkstock (MariaShumova), München; **110.14** Thinkstock (Anton Prado PHOTOGRAPHY), München; **110.15** Thinkstock (Eivaisla), München; **110.16** Thinkstock (anna1311), München; **110.17** Thinkstock (denphumi), München; **110.18** Thinkstock (MariuszBlach), München; **110.19** Dreamstime.com (Xtremepixel), Brentwood, TN; **110.20** Thinkstock (Carole Gomez), München; **110.21** Shutterstock (bonchan), New York; **110.22** Thinkstock (Cogent-Marketing), München; **110.23** Thinkstock (yvdavyd), München; **110.24** Thinkstock (GooDween123), München; **110.25** Thinkstock (msk.nina), München; **118.1** Shutterstock (Monkey Business Images), New York; **118.2** Dreamstime.com (Candybox Images), Brentwood, TN; **118.3** Thinkstock (kjekol), München; **118.4** Shutterstock (Alexander Raths), New York; **118.5** Thinkstock (diego_cervo), München; **118.6** Thinkstock (kzenon), München; **118.7** Fotolia.com (dalaprod), New York; **118.8** Thinkstock (monkeybusinessimages), München; **120.1–120.4** Klett-Archiv, Stuttgart; **127.1** getty images (Roy Mehta), München; **127.2** Thinkstock (Wavebreakmedia Ltd), München; **127.3** Thinkstock (monkeybusinessimages), München; **127.4** getty images (Olaf Tiedje), München; **130** Thinkstock (Hemera Technologies), München; **131** Thinkstock (MF_vxw), München; **132.1** Thinkstock (AND-ONE), München; **132.2** Thinkstock (Wavebreakmedia Ltd), München; **135.1–135.2** Thinkstock (sidmay), München; **142** ISPO MUNICH; **146** Fotolia.com (Friday), New York; **147.1** Thinkstock (Aliaksei Lakamkin), München; **147.2** 123RF.com (Udo Schotten), Nidderau; **147.3** Think-

Textquellen

S. 35: Dieter Marquardt Kunststoffwerk GmbH & Co. KG © www.marquardtsaar.de; **S. 38/39:** Doppelmayr Seilbahnen GmbH © www.doppelmayr.com; **S. 70/71:** Firmengruppe Liebherr © www.liebherr.com; **S. 76:** Qualitäts-Umzüge Gerhards © www.umzuege-gerhards.de **S. 82:** Schade Maschinenbau © www.schade-maschinenbau.de; **S. 102/103:** Schade Maschinenbau © www.schade-maschinenbau.de

Alle Audios (auf CD) und alle Filme (auf DVD) im Medienpaket und gratis online auf: www.klett-sprachen.de/daf-im-unternehmen-online

Internetverbindung mit mind. 2 Mbit, Internet Explorer 9 / Firefox 25 / Google Chrome 25 / Mobile Safari unter IOS6 / Chrome für Android 4.2 oder höher